我最大的心愿，就是做一个站在唐诗宋词"仙山秘境"入口处，向游客指点入山之路、解说沿途风景的导游，告诉大家，哪里别有风味、哪里又曲径通幽。

莫砺锋　章池

杜甫传

莫砺锋　童强　著

长江出版传媒　长江文艺出版社

图书在版编目（CIP）数据

杜甫传 / 莫砺锋，童强著. -- 武汉 ：长江文艺出版社，2024.1
ISBN 978-7-5702-3325-0

Ⅰ. ①杜… Ⅱ. ①莫… ②童… Ⅲ. ①杜甫（712-770）－传记 Ⅳ. ①K825.6

中国国家版本馆 CIP 数据核字（2023）第 186669 号

杜甫传

DU FU ZHUAN

策划编辑：张远林

责任编辑：张 贝　　　　　　　　　责任校对：毛季慧

封面设计：胡冰倩　　　　　　　　　责任印制：邱 莉　杨 帆

出版：长江出版传媒　长江文艺出版社

地址：武汉市雄楚大街 268 号　　　邮编：430070

发行：长江文艺出版社

http://www.cjlap.com

印刷：武汉市首壹印务有限公司

开本：640 毫米×970 毫米　　1/16　　印张：19

版次：2024 年 1 月第 1 版　　　　2024 年 1 月第 1 次印刷

字数：222 千字

定价：45.00 元

目　录

引　子

　　当杜甫随着滔滔江水漂泊到夔州时，正是大历元年（766）的春天，这位身后享有盛名的诗人此时却是孤苦零丁、默默无闻。他已是五十五岁的老人了，病魔缠身，形容憔悴，正踏上他艰辛而又悲壮的人生轨迹中最后的历程。

　　唐代的夔州城就坐落在今重庆市奉节县东面十里左右的江边，这里正是有名的长江三峡之一——瞿塘峡。瞿塘峡口的北岸峙立着一座险峻陡峭的山峰，名叫白帝山。夔州城就建在白帝山的半山腰。相传汉代公孙述依循山体起伏，修建了这座方圆七里的山城，起名白帝城。如今这夔州城就是在老城的基础上扩建起来的。所以唐人又把这夔州城径直称为白帝城。白帝城中屋宇相连，亭台楼阁错落相间，虽没有什么雄伟、繁华的外观，然而却以一种独特的古朴、宁静与这周围群山连绵、层峦叠翠的景致相协调。山城被这一眼望不到边的大山包围着，只有城外的一条江水与外界相连。站在城上向下俯瞰，江流两岸绝壁相对，犹如两扇大门，世称"夔门"。这不仅是三峡之门，也是入蜀的水路关口。大江两侧直立的山崖挤压着江面，仅留下几十丈宽的河道，江水从上游奔腾直泻而来，在此更是激浪滔天、汹涌澎湃。

　　转眼之间到了秋天。杜甫登上夔州古城城楼，放眼远望。木叶扶疏，峰峦顶上的红砂石岩在一片落日余晖的映照下发出黯淡的红光，浩瀚的江水奔流不息，不时传来的拍岸浪涛声仿佛在讲述着什么。逝者如斯夫，江水东流，这漫长而曲折的河道不仅是杜甫后半生漂泊的路径，也激起了他对自己曲折坎坷的人生经历的深沉思考。他回想起自己无忧无虑的少年时光，吴越齐赵的漫游，困顿不安的长安生活，以及在安史之乱中颠沛流离的经历……诗人在心潮澎湃的回首中，挥毫写下了一首动人心魄的长诗——《壮游》：

　　……七龄思即壮，开口咏凤凰。九龄书大字，有作成一囊。性豪业嗜酒，嫉恶怀刚肠。脱略小时辈，结交皆老苍。饮酣视八极，俗物都茫茫。

第一章　浪迹丰草长林

1."诗法乃家学所传"

杜甫,字子美,他在诗中自称少陵野老,所以后人径称他杜少陵。他最后的官衔是检校工部员外郎,故世称杜工部。唐睿宗太极元年(712),他出生在河南巩县城东二里的瑶湾村(今河南巩义市西南)一个官宦人家。他的父亲杜闲此时已三十出头,曾做过奉天(今陕西乾县)县令。母亲崔氏在生下他后没几年就去世了。对于母亲,杜甫没有什么印象,在诗文中也几乎从未提起过她。诗文中提到的那些弟妹都是继母卢氏所生。

失去母亲的孩子是不幸的,但好在他重新得到了母亲般的爱护。

由于家中无人照看,所以,童年的很多时间里,杜甫都是寄养在东都洛阳仁凤里的二姑家。姑母很善良,把小杜甫看作亲生的孩子。一次,他与姑母的孩子同时得了病,姑母精心照料他俩,又问女巫怎么办。女巫说:"孩子放在门槛的东南角就没事了。"姑母就把自己的孩子从东南角移开,把小杜甫安顿在那里。不想,杜甫的病果然从此就好了,而姑母自己孩子的病却一天比一天重,终于死了。杜甫后来一想起姑母,就不禁联想到历史上的鲁义姑。

据《列女传》记载：齐国军队进攻鲁国时，在郊外远远看见一位妇女怀里抱着一个孩子，手里还牵着一个孩子。她看见齐军过来，就扔下了怀里的孩子，一把抱起牵着的孩子就跑。齐兵本想射她，可是见此情形，觉得奇怪，上前问："抱着的孩子是谁？"妇女回答："是哥哥的儿子。"那么抛下的是谁的儿子呢？是她自己的儿子。齐兵问道："为什么要抛下自己的孩子呢？""母亲保护自己的孩子，仅仅是私爱；姑母爱护侄儿，这是公义。背公向私，我是不会做的。"齐军见鲁国竟然有这样的持守节行的女人，就撤兵了。鲁国人从此称她为义姑。杜甫姑母的行为确实可与鲁义姑相媲美。

在人们心目中，母亲的地位是任何人也不能替代的，然而庆幸的是杜甫重新遇到了一位慈母，虽然她无法取代杜甫的亲生母亲，但她毕竟给了他很多的关爱。杜甫生性敏感，又对人间富有一种深广的同情心，这与他早年失去母亲而又遇到富有爱心的姑母有很大的关系。

杜甫对人间充满爱心也得益于他的家庭传统。

杜甫的父亲虽然只是县令，但他的家庭却是"奉儒守官，未坠素业"，有着良好的儒家文化传统。杜甫后来一直为有这样的家庭和值得称赞的家世而感到自豪，每每在诗文中夸耀自己的两位祖先——杜预和杜审言。这在过去，称作"述祖德"，作为封建社会士大夫的传统一直普遍流传着，杜甫也概莫能外。

杜预离杜甫远了点儿，是杜甫的十三世祖，西晋有名的大臣，儒林中人。曾任镇南大将军，都督荆州诸军事，在灭吴的战争中战功显赫，为西晋的统一立过汗马功劳。灭吴之后，他在江南兴修水利，发展生产，颇有政绩。杜预不仅有治世之才，而且学术上也很有成就。他博学多术，政治、经济、军事、律令、历法、算术、工程等方面都有涉猎，人称"杜武库"。特别值得一提的是，他钻研群经，特好《左传》，著有《春秋左氏经传集解》三十卷，为现存最早、最具权威性的《左传》注本，后被收入最重要的儒家经典著作汇编《十三经注疏》中。

这么一位能文能武的祖先，难怪杜甫要对他推崇备至。中国传统儒家思想中，一直是把"立德、立言、立功"以及"修身、齐家、治国、平天下"作为士人的理想。而在杜甫看来，建功立业、著作传世的杜预不仅在历史上有着重要的地位，而且简直就是儒家的理想人物了。

这位祖先给杜甫树立起了榜样。开元二十九年（741），三十岁的杜甫从山东回到洛阳后，便在首阳山下的尸乡亭附近建了几孔窑洞——所谓的"尸乡土室"，在此居住以缅怀他的先人，因为他的远祖杜预和祖父杜审言都葬在这里。他写了一篇《祭远祖当阳君文》，颂扬当阳县侯杜预说："圣人之后，世食旧德。降及武库，应乎虬精。恭闻渊深，罕得窥测，勇功是立，智名克彰。"而他筑室首阳山下，正表示自己"不敢忘本，不敢违仁"的意思。实际上，"不敢违仁"，并非是他在一篇普通的祭文中随便所说的冠冕堂皇的话，也并非是他年轻时一时进取心的表现，而是他一生的道德追求和人生理想。这固然有杜甫秉性上的原因，但是"奉儒守官"的家庭传统以及杜预的事迹无疑给了他很大的影响和激励。杜甫之所以成为杜甫，在于他一生嫉恶如仇，对普通大众怀有深厚的仁爱之情。正如他自称"嫉恶怀刚肠""穷年忧黎元"。而这种个性、行为准则，正与他的家庭环境、早年经历大有关系。

幼年的杜甫天资聪颖、勤奋好学，很小的时候就开始读书习字、写诗作文。他诗思敏捷，七岁时就以《凤凰》为题作诗，不几年，诗作更多，以致日后自己在诗中还回味："七龄思即壮，开口咏凤凰。九龄书大字，有作成一囊。"在后来的日子里，杜甫从没有中断过创作，并且越写越勤奋，越写越好。到了三十九岁时，他的诗作就有一千多篇。

在古代，人们总是对天才的艺术家怀有虔诚的崇敬，出于这种崇敬，人们不断地给艺术家渲染上一层神奇的色彩。杜甫在世的时候，诗名并不很高，但随着时间的推移，他的地位日趋上升，诗才越来越为后人瞩目；到了五代时期，杜甫也像李白被称为"谪仙"一样，有了一段神奇的来历。五代冯贽《云仙杂记》记载：

> 杜子美十余岁，梦人令采文于康水。觉而问人，此水在二十里外，乃往求之。见鹅冠童子告曰："汝本文星典吏，天使汝下谪，为唐世文章海。九云诰已降，可于豆垄下取。"甫依其言，果得一石，金字曰："诗王本在陈芳国，九夜扪之麟篆熟，声振扶桑享天福。"后因佩入葱市，归而飞火满室，有声曰："邂逅秽吾，令汝文而不贵。"

故事虽是后人编撰，荒诞不经，但却反映出后人对诗人才华的惊讶与仰慕。

杜甫热爱诗歌创作，并在创作上取得了巨大成就，与他家族的传统，特别是与祖父杜审言诗歌的影响分不开。

杜审言是高宗朝进士，武后时曾任著作郎、膳部员外郎，中宗朝因依附张易之而被流放，后召还授国子监，加修文馆直学士。杜审言平生在政治上没有什么作为，人品亦不甚高，但是他的文才在当时享有盛名，少时即与李峤、崔融、苏味道齐名，时称"文章四友"。晚年与沈佺期、宋之问唱和，对今体诗形式的确立颇有贡献。杜甫对他这位以诗著名的祖父甚为推崇，他在《进雕赋表》中称祖父杜审言，"修文于中宗之朝，高视于藏书之府，故天下学士到于今而师之"，同时还把杜审言精于诗学的特长看成是杜家的传统。他说"吾祖诗冠古"（《赠蜀僧闾丘师兄》），虽不免夸大其词，但"诗是吾家事"（《宗武生日》）却是一句恰如其分的实话：诗歌确实是杜甫家族的传统。在诗艺上，杜甫与杜审言一脉相承，不仅在句法、章法上有摹仿乃祖的痕迹，而且在意境的构思和意象的塑造上也接受杜审言的影响。难能可贵的是杜甫继承了杜审言注重五言律诗创作的传统，并发扬光大，用联章律诗和五言排律的形式创作出了许多优秀的诗篇，取得了巨大的成就。

富有文化传统的家庭环境，为一位伟大诗人的产生营造了良好的成长氛围，《苕溪渔隐丛话》称"其诗法乃家学所传"，信矣乎！

2. 盛唐艺术的熏陶

决定一个诗人的成长因素很多，社会文化环境即是其中重要的因素之一。

从唐代开国到杜甫的时代已经有百年的历史，这段时期不仅唐帝国逐步走向强盛，而且民族的心智迅速成长、成熟，所以被称为"一个健康的时代"。此时社会相对稳定，经济上也有较大的发展，特别是交通便利之后，汉民族与周边民族的交流日益频繁起来。西域民族有的通过陆路经过敦煌、凉州直达长安，进行贸易；有的由海路经过广州、泉州，北上扬州。当时胡商的足迹遍布海内，胡僧的寺院麇集两京。这种交流不仅给唐人带来了外族——特别是西域民族——的金银器物等有形的东西，更主要的是也带来了许多无形的文化财富。当时的中国不仅门户敞开着，而且民族的心灵也是敞开着的。正是有了这种开放的心灵，唐人面对着纷至沓来的异域文化，不仅不感到有什么威胁，反而主动地从中获取于己有利的各种滋养。在这种交流中，音乐常常是最容易传播的内容。当听惯了凝重迟缓的雅乐和轻柔婉转的采莲曲的唐人初次接触西域的胡旋舞、胡腾舞时，一下子便被吸引住了，那快速急促的节奏、活泼有力的舞姿、令人耳目一新的音乐样式着实让唐人入迷。

当时流行的歌舞有健、软风格上的不同。有一种健舞叫"剑器"，表演者女着戎装，飒爽英姿，手执兵器，风风火火地再现战争的场面。表演时还有歌曲伴舞。唐诗人姚合曾写过《剑器词三首》描写这种舞蹈："掉剑龙缠臂，开旗火满身。积尸川没岸，流血野无尘。今日当场舞，应知是战人。"又说："雪光偏著甲，风力不禁旗。阵变龙蛇活，军雄鼓角知。今朝重起舞，记得战酣时。"从诗人的描写中可以想见出这种舞蹈雄健的特点。当时还有一种舞叫"泼寒胡戏"，表演者在寒冬腊月里，裸体而跳，泼水投泥，齐歌急鼓而舞。这种舞蹈让一些保守人士看了很不以为然，上疏皇帝下令禁止。此舞不久被禁止。但是，从泼寒胡戏演变过来的"浑脱舞"却在民间更为流行。这种浑脱舞后又与其他舞蹈融合，形成各种新的舞蹈。武后末年，浑脱舞与上述剑器舞相融合，就形成了"剑器浑脱"——一种新的舞蹈。这种舞大约有一个女子领舞，女子手持双剑，一身戎装打扮，左右开合，舞姿雄健有力，富有异国情调。同时后面还有一队伴舞者，伴舞衣着华艳，手执器仗，在音乐声中翩翩起舞，烘托出宏大壮观的场面。敦煌曲子词《剑器词》中有"剑器呈多少，浑脱向前来"一语，当是描写这种领舞与伴舞的场面。开元初年，教坊舞女中精于剑器浑脱舞的，首推公孙大娘。开元五年（717），杜甫年方六岁，此时随家人住在河南郾城，在这里，他有机会看到了公孙大娘表演剑器浑脱舞。公孙大娘玉貌锦衣，楚楚动人，她那顿挫淋漓、酣畅洒脱的舞姿给杜甫留下了极为深刻的印象。五十年后，杜甫已到垂暮之年，可是，当他看到公孙大娘的弟子再次舞起剑器浑脱时，眼前又一次浮现出当年公孙大娘的舞姿，他情不自禁地写了一首《观公孙大娘弟子舞剑器行》：

> 昔有佳人公孙氏，一舞剑器动四方。观者如山色沮丧，天地为之久低昂。㸌如羿射九日落，矫如群帝骖龙翔。来如雷霆收震怒，罢如江海凝清光……

唐帝国的首都在长安，一旦关中歉收，皇帝便率宫卫百官"就食"洛阳，于是洛阳便有了东都之称，一时间成为与长安旗鼓相当的政治文化中心，云集着不少的王公贵族和诗人墨客。日渐长大的杜甫在当时前辈的援引下，经常出入精通音律的岐王李范和唐玄宗的宠臣崔涤的宅邸。李、崔经常延请一些艺人来宅中表演。杜甫有几次正赶上当时著名的歌手李龟年的演唱，李龟年的歌声就像公孙大娘的舞蹈一样，使他难以忘怀。杜甫晚年在潭州（今湖南长沙）再次遇到李龟年，当年的歌声又一次在诗人的耳畔回响，诗人写下了《江南逢李龟年》一诗，记录下重逢的感慨：

> 岐王宅里寻常见，崔九堂前几度闻。正是江南好风景，

落花时节又逢君。

除了音乐艺术，中国的绘画艺术对杜甫也有很大的影响。他在
二十岁时曾游江宁（今江苏南京），秦淮河的北面有一著名的寺
院，名叫瓦官寺，为晋武帝时所建。寺内建阁，竟有二十四丈之
高。李白《横江词》曰："一风三日吹倒山，白浪高于瓦官阁。"
正是形容这高耸的楼阁。这寺不但有高阁，更主要的是拥有顾恺
之的壁画。顾恺之是东晋时著名的画家，特别精于人物肖像、禽
兽、山水等，描绘人物注重点睛，善于"传神写照"，时人有
"才绝、画绝、痴绝"之称，对后世绘画影响很大。顾恺之的宅
子就在瓦官寺东北不远的地方，相传他在自己的宅中建起了一座
小楼作为画室，平时刮风下雨、炎热酷暑，他从不提笔作画；逢
到微风和煦、天朗气清时，他便登楼作画。他一上楼就撤去梯
子，旁人无法打扰，就连妻子和孩子也难得一见。当时瓦官寺要
翻修重建，众僧设会，遍请朝贤出力捐献，可是每笔捐款从没有
超过十万钱的。寺僧找到了顾恺之，画家提笔在捐款簿上写下捐
献百万，众僧惊喜万分，可又将信将疑，不知道他怎么拿出这百
万之巨。画家让僧人们给他在寺院中准备好一面粉墙，接着他便
在寺院中关门闭户、断绝往来。一个多月过去了，他终于画好了
一幅维摩诘像。像是画完了，可就是差点睛了。画家对僧人说，
我要当众为维摩诘像点眸子，众人可来看，不过，第一日来观看
的，各请施钱十万，第二日来观看的，可施钱五万，第三日来
的，可以随意施舍。消息传出，万民耸动。等到壁画的门窗洞
开，光照一寺，前来观赏的人挤满寺院，众人纷纷解囊，不多时
便得到了百万钱。

杜甫来到江宁，特意到瓦官寺观赏维摩诘像，大师的艺术给

诗人留下了极为深刻的印象，他如醉如痴地观看着，真是要把整个画铭刻在脑海里。好画永远看不足，杜甫便从当地一位姓许的朋友那里弄到了顾恺之维摩诘像的摹本带在身边，时时欣赏。事有巧合，乾元年间，杜甫竟然又与这位姓许的朋友同在肃宗朝里任拾遗，彼此成了同僚。许拾遗要回江宁省亲，杜甫写了一首诗相送，在诗里杜甫特意提起当年观看顾恺之绘画的经历："看画曾饥渴，追踪恨渺茫。虎头金粟影，神妙独难忘。"（《送许八拾遗归江宁觐省甫昔时尝客游此县于许生处乞瓦官寺维摩诘图样志诸篇末》）"虎头"即指顾恺之，"金粟影"指维摩诘的画像。从诗中可以看出来，过了几十年，诗人对于大画家的绘画仍然记在心中。

艺术是相通的，所有优秀的艺术在努力地塑造完美的艺术形象的同时，又在一次次地唤醒人们内心的情感；在展示艺术魅力和审美理想的同时，也在培养着欣赏者的艺术感受力。细致、敏锐、健康的艺术感受力是所有艺术创作和欣赏的基础。盛唐时期各种艺术的繁荣发展，给少年的杜甫以丰富的营养，顾恺之的绘画、李龟年的歌唱和公孙大娘的舞蹈这些优秀的艺术，对于他日后形成敏锐的艺术感受力、从事诗歌创作无疑有直接的影响。

杜甫十四五岁时，已经成长为活泼健壮的少年，后来他在《百忧集行》诗中回忆说："忆年十五心尚孩，健如黄犊走复来。庭前八月梨枣熟，一日上树能千回。"从中不仅反映出他矫健的体格，而且也可以见出他天真质朴的禀性。勤奋学习，使得杜甫少年老成，"脱略小时辈，结交皆老苍"。和当时其他少年相比，他已是学业初成、文采出众，从同辈少年中脱颖而出。他的家人也在为他尽早地考虑前程，想办法让他更多地接触当时的王公巨卿、文士名流，为其今后的功名仕途铺平道路。"结交皆老苍"，与他交游的都是年长的前辈，这一方面说明杜甫乐于向前辈学习，另一方面也表明他的才华受到他们的赏识、称赞。"往昔十四五，出游翰墨场。斯文崔魏徒，以我似班扬。"崔即崔尚，魏即魏启心，两人虽在后世没有名声，可都是当时的名士，在时人眼里也绝非平庸之辈。杜甫不仅能与他们交往，而且还被比作班固与扬雄。前辈的赏识增强了少年杜甫进取的精神和强烈的自信心。这些对于任何杰出的人物都必不可少。"饮酣视八极，俗物都茫茫"，少年杜甫傲气的眼神充满了优越感和对未来的自信。

3. "开元全盛日"

天宝四载（745）的秋天，杜甫遇到了大诗人李白，他写了一首《赠李白》，诗曰：

> 秋来相顾尚飘蓬，未就丹砂愧葛洪。痛饮狂歌空度日，飞扬跋扈为谁雄？

读罢掩卷，李杜二人痛饮狂歌、飞扬跋扈的形象一下子便浮现在我们的眼前。这首诗看上去是描绘李白的狂放平生，但更是李、杜二人的共同写照。诗中的"飘蓬"和"未就丹砂"是李、杜二人的共同的经历，"痛饮狂歌"是二人的共同举止，"飞扬跋扈"也是二人共有的神态，所以，这首诗虽是赠送李白的，其中也含有浓重的自抒怀抱的感情成分。《新唐书·杜甫传》中称杜甫"放旷不自检"，正有此意。

《赠李白》是一个放荡不羁的狂士的自嘲、自赞之词。诗中所体现出来的诗人的精神面貌不仅与当时诗坛的浪漫气氛氤氲相融，而且与整个盛唐的时代精神也十分吻合。

这是帝国的鼎盛时代，也是民族的鼎盛时代。

一个帝国和民族的成长也像个人的成长一样，大多会经历诞生、成长、鼎盛与衰落。大唐前期的一百五十年，正是帝国最为强盛的时期，而整个民族又正值上升时期，处处充满了昂扬、向上、恢宏、奋进的精神，到处洋溢着青春的气息。

唐王朝自李渊建国以后，经过唐太宗贞观之治和其他几位皇帝的苦心经营，终于使帝国的发展进入了急速成长的时期。唐初开始实行均田令和租庸调法，较为完善的税收制度和土地政策不仅使农业迅速发展、百姓生活安定，确保了帝国前期一个多世纪国家财政的正常运转，而且使国势日益强盛，有了一个较长时期的社会稳定。

唐前期沿用隋代府兵制度，中央政府可以随时调集到大量的兵员，保证了国家强大的军事力量。全国六百三十四个折冲府可以在短时间内调集到五六十万大军。民族的融合为北方地区集中了大量的具有马上作战经验和能力的汉化游牧民以及有异族血统的汉人，这为唐帝国建立一支强大的精锐部队提供了条件。此时的北方贵族、望族子弟大多在国家的精锐部队中担任军官。他们作为世家大族在即将退出历史舞台之前，还发挥着一种其他阶层所不能发挥的特有的作用。这些北方游牧民族的后裔，具有草原文化熏陶出来的各种特长，崇尚武功、追求荣誉、豪爽好动。他们富于挑战，能够胜任各种战争事务，爱好马匹，对饲养业有浓厚兴趣。没有这批将官，唐帝国在前期一百年中不断拓展自己的国土和势力范围就难以设想了。

长期以来，中国的北方一直受到突厥等外族入侵的威胁。唐帝国建立之初，尚没有力量对抗这些强悍的突厥人，不得不称臣退让，待机反击。唐太宗登基后，向突厥和吐谷浑出击，从此为帝国打开了通向西域之路，也在周边国家形成了大唐帝国的威慑力量。西至阿富汗，东至朝鲜平壤，北至贝加尔湖、外兴安岭，南至越南河内，都有唐军的足迹。富足的财力、强大的军事力量使得帝国的疆土和控制领域不断地扩大。

开拓的成功为唐帝国与外域的持续的贸易提供了保证，也维护了本土相当长的时间不受外族侵扰，同时，给国人带来了前所未有的视野和想象力，大大激发了其他时代少有的自信心和自豪感。李白的父亲李客带着全家从楚河河畔的碎叶城（唐时属安西都护府，今属吉尔吉斯斯坦）来到内地，纵游于西蜀、山东一带，行程万里。这一路上大唐帝国辽阔的疆土和千姿百态的风光所给他们的感受、体验和想象绝不是一个来自小国寡民之地的人所能领略到的。没有这一领略，李白是发不出"一百四十年，国容何赫然"这样的感慨来的。

百年的积累终于创造出唐玄宗开元、天宝间那个灿烂辉煌的景象。

唐帝国建立以后，有过两个被史家称为盛世的时期，前一个是唐太宗贞观时期（627—649），后一个是唐玄宗开元时期（713—741）。论政治清明，当然是贞观胜过开元；但论经济发达，则开元堪称后来居上。自贞观以来，虽然政治上也出现过比较混乱的阶段，但是唐初制定的各项开明的土地政策却一直在促进着生产的发展，经过近一百年的积聚，唐帝国终于在开元间达到了隆盛的顶点。

此时社会安定，经济繁荣。杜甫后来回忆开元全盛时代，在《忆昔》诗中写道："忆昔开元全盛日，小邑犹藏万家室。稻米流脂粟米白，公私仓廪俱丰实。"据史书记载，这一时期海内富实，一斗米的价钱才十三钱，盛产粮食的青州、齐州一带一斗米才卖到三钱；一匹绢，钱二百；道路边都有店铺客栈，准备酒食以招待行人；店有驿驴，旅行千里都很安全，不用带什么兵器。此时国家的财政收入相当可观，经济上的成功使国民对未来充满了信心。

初、盛唐时期尽管也有各种战争、灾难，也有各种困难、挫折，士人百姓也都有各种各样的忧郁、悲伤，但是唐人始终都是那样自信，那样地充满着希望。尽管悲伤，仍感轻快；虽然叹息，总是轻盈。这是当时的时代氛围、精神取向。若从民族的整体来看，若从民族的集体无意识来看，当时唐人的精神世界中确实很少有担心、哀伤和失望，通体散发出一种蓬勃、昂扬、向上的气息。

帝国各个社会阶层的力量都被充分动员起来了。旧有贵族还在相当程度上拥有很高的地位，他们在军队、朝廷中仍然拥有很大势力。人数最多的平民百姓在拥有了一片可以养活自己的土地的同时，也找到了自己在这个社会中恰当的地位。社会中间阶层直至小民百姓还可以通过特定渠道进入社会上层，直至国家权力中心。府兵制与进士试，一武一文，成为平民出身的杰出之士发迹的两条道路。农民中家道殷实而又身体壮健者，可以加入府兵，在南北征战中建立功勋；若是聪颖杰出的子弟则可以读书求学参加科举，进入仕途，步入上层。那些已经成功的士人活生生的例子无疑给后来人带来了无限的希望。这批士人进入权力中心之后也给国家的设计、构想以及治理注入了新鲜的力量。

杜甫就是在这样的一个环境中成长起来的，盛唐的时代风貌、时代精神给了他最充分的影响。他与李白共同具有的那种豪放、热烈、向上的精神也正与这个时代的精神完全相呼应。作为这个时期的佼佼者，杜甫也应该是这个时代的精神本质的最鲜明的体现者。可以说，不理解李白、杜甫，也就不能很好地理解盛唐，乃至整个唐代。

天宝末年，唐帝国经历了一场大动荡——安史之乱。安史之乱前后的几十年，不仅是唐帝国由盛转衰的转折点，而且是整个中国封建社会的盛衰转折点。颇能缓和社会矛盾的均田制遭到破坏，社会冲突加剧，无限制的土地兼并以及由此引起的异族入侵和藩镇割据的形成，不仅彻底动摇了大唐帝国统治的基础，而且也在一定程度上勾画出了此后一千年左右中国社会面貌的草图。杜甫一生经历了玄宗、肃宗、代宗三个皇帝的统治，正好与唐帝国由盛至衰的急剧变化的时代相始终。然而，人们在谈到杜甫的时代背景时，往往单单强调其所经历的唐帝国转折衰败的时期，特别是安史之乱以后那个多灾多难的大动乱时代。实际上，对于诗人的成长来说，其所经历的唐帝国的鼎盛时代同样重要。这一时期经济、文化的繁荣以及社会安定不仅在物质上为诗人的读书、游历提供了条件，而且也培养了他青年时代的浪漫气质；这一时期不仅给他留下了极为美好而又深刻的印象，也使他在动乱之中始终对恢复太平盛世抱有热切的希望。

就在帝国最为辉煌的最后一段时期，杜甫拉开了他青年时代的序幕。

4. 漫游吴越

开元十八年（730），洛阳遭受到了一场洪水的袭击：洛水、瀍水泛滥成灾，当地的天津桥、永济桥都被大水冲垮了，许多船只沉没，房屋被冲毁。为了躲避这场洪水，十九岁的杜甫远行到了晋之郇瑕（今山西猗氏），这里或许有他的一些亲戚。不过，这次远行时间不长，除了结识后来都做了刺史的韦之晋、寇锡以外，似乎没有什么可说的。但不论怎样，这是他人生的第一次远行。

第二年，他开始了历时四年之久的吴越之游。他从洛阳出发，乘船经广济渠、淮水、邗沟，渡江至江宁（今江苏南京）。在江宁稍事停留，即往吴越游历。这是他终生难忘的"壮游"：

> ……东下姑苏台，已具浮海航。到今有遗恨，不得穷扶桑。王谢风流远，阖闾丘墓荒。剑池石壁仄，长洲荷芰香。嵯峨阊门北，清庙映回塘。每趋吴太伯，抚事泪浪浪。蒸鱼闻匕首，除道哂要章。枕戈忆勾践，渡浙想秦皇。越女天下白，镜湖五月凉。剡溪蕴秀异，欲罢不能忘。归帆拂天姥，中岁贡旧乡……

"王谢风流远"指的是江宁。当年衣冠如云、人文荟萃的六朝古都金陵此时已经失去了往日的繁华，不再是江南的政治、经济中心。从行政区划上看，它属于润州，润州的州治在今江苏镇江，不远的扬州迅速发展，成为附近最繁华的城市，一时间取代了江宁的地位。徜徉在金陵古都，朱雀桥、乌衣巷，石头城、凤凰台，秦淮河畔的歌声，王导、谢安的故宅……所有这一切都在触发着诗人的怀古之情。

相比之下，吴越的风光更加吸引年轻的诗人。杜甫来到苏州这个有着旖旎风光又充满着各种传说故事的地方。他看着眼前碧绿的湖水在江南轻柔的微风中泛着涟漪，萋萋芳草和茂密的树丛掩映着的那些古老的遗迹，还有那些让人感慨万分的断壁残垣。

他听着潺潺的河水和悠悠的白云讲述那些遥远的故事。这位从北方过来的年轻人不仅被这湖光山色迷住了，也被东吴各种传说迷住了。他想象着那些往日的风流人物，自己仿佛也走进了遥远的古代。

这里确实流传着许多历史名人的传说。就说这姑苏台吧，相传吴王阖闾曾在苏州姑苏山（胥台山）积材五年修建成姑苏台，以作春夏游赏之地。后来吴王夫差又在台上别立春宵宫，以作长夜之饮；又开凿出天池好泛青龙之舟，日日与西施嬉戏；又作海灵馆、馆娃宫，皆珠玉为饰，铜沟玉槛，豪华无比。后越人伐吴，吴太子友兵败，将此台付之一炬。如今诗人来到这里，楼台早已荡然无存。诗人想象着当年可以沿着九曲路登上姑苏台上的情景，极目远望，一览无余三百里，那自然可以见到大海。因为此时的苏州还是一座名副其实的沿海城市。诗人想象自己站在高台之上，遥望远处码头边桅樯林立的景象，自忖道，为何不浮海远航，东渡扶桑前往日本国呢？

吴公子光设酒宴请吴王僚，让刺客专诸把匕首置于鱼腹之中进之，借机刺杀了吴王僚。公子光自立为吴王，这就是后来的阖闾。阖闾死后葬于虎丘，随葬有"时耗""鱼肠"等许多名剑，其冢修筑好三日，便有白虎踞其上，当时人以为是其金精结集而成。秦始皇东游至此，决心发墓求剑，可是白虎当坟而踞，秦始皇拔剑刺虎，白虎向西而去。秦始皇发墓一无所获，凿开的巨岩，便成了著名的剑池。当年吴王游猎的长洲苑，此时也是一片寂静，诗人只能面对着一池默默地散发着芳香的荷花遥想当年吴王游猎时的盛况。

这里还有吴太伯庙。吴太伯是周朝祖先古公亶父的长子，他有两个弟弟：仲雍和季历。当时周王认为季历贤明，而且他有一个具备了"圣德"的儿子姬昌（即后来的周文王），所以周王想破除王位必传给长子的老例，而把王位传给三子季历。太伯知道了父亲的想法后，便和仲雍一起出走到勾吴，他们后来成了吴国的始祖。王位终于传给了季历，后来又传到了周文王手里；到了周武王时，周灭掉殷商，统一了天下。吴太伯让国的举动对周王朝的强盛有重大影响，所以历来受人敬仰。诗人拜谒了吴太伯之庙，景仰他的德行。

吴地的故事实在太多了。"除道哂要章"，诗人还想起了汉代朱买臣的故事。朱买臣是吴人，一生只爱读书，家里贫困；他又不治生计，只能随会稽郡的守邸者寄居求食。妻子不忍穷困，离他而去。后来他当上了太守，故意穿着过去的破旧的衣服，怀里揣着官印，先回到了原先寄居的郡邸。郡邸里的官吏们并不理会这位微服的太守，不过还像往日一样招待了他一顿饱饭。吃饭时，守邸者才发觉朱买臣怀里时隐时现的官绶，觉得奇怪，扯出来一看，竟然是会稽郡太守的大印。众人吓坏了，立即站在中庭列队拜谒。会稽郡的官员们知道太守来了，立刻发动民夫清扫道路，打扫卫生。迎送太守的车辆竟然有百十来乘，浩浩荡荡地开了过来。正巧前妻和她的后夫在修整道路。买臣驻车，让夫妻二人乘上后面的车子，一同到了官舍，并且把他们安置在园中，招待了一个月。买臣的前妻惭愧，便自杀了。这个有趣的故事使诗人兴味盎然。

诗人渡过钱塘江，一边想着越王勾践卧薪尝胆的事迹以及秦始皇盛大的巡游，一边走进了浙东秀丽的山山水水。在绍兴城东南三十多里的地方有一道清澈的溪水，这便是闻名遐迩的若耶溪，相传明艳照人的西施曾在这里浣纱。溪水沿着山石曲曲弯弯地从北面流入清澄的镜湖。这一泓碧水恰似翠绿的山林中放置着的一面镜子，清澄幽静，让人浮想联翩。著名的天姥山在新昌县东，高三千五百丈，方圆六十里，层峦叠嶂，千姿百态，若能登上最高峰拨云尖，相传便可以听到天姥的歌谣。谢灵运在他的诗中记录了游天姥山的踪迹，李白也在有名的《梦游天姥吟留别》诗中热情赞美了天姥山。

杜甫这一路上，目不暇接，尽情游览。剑池巨岩陡峭。吴王墓冢荒落，池塘荷香，越女婀娜，碧水鉴湖，绮丽天姥……所到之处皆是秀丽之景，年轻的诗人仿佛进入了仙境一般。多么美好的景色，多么美好的时光！到了晚年，诗人每每想起吴越的山山水水，依旧情有独钟。吴越不但景色秀丽，而且一向是人文荟萃之地，当时的文人骚客都爱来此游赏。所以诗人的这番游览，不但开阔眼界、增长见识，丰富了对自然的感受，而且还意味着他开始逐步踏上社会。

早年的这番漫游不是一场单纯的游山玩水，它还有着更深的意蕴。

唐人一向有漫游的风气，只要看看当时诗人的生平就不难发现这点。大诗人李白一生中的大部分时光都在游历中度过，出蜀之后，先后游历梁宋、湘楚、吴越、齐鲁等。李白称："大丈夫必有四方之志，乃仗剑去国，辞亲远游。"在他的笔下，这种漫游被渲染上一层剑侠的浪漫气息。孟浩然一生游历甚广，足迹遍及湘楚、吴越、川蜀、中原等地。其他如王维、李颀、高适、岑参等莫不如此，读万卷书，行万里路。实际上，唐人的这种漫游并没有像诗人笔下描写的那样浪漫，仅仅是一种闲情逸致；相反，它有着更为实际的目的。

在唐代，对当时的士人而言，只有一种可以选择的"职业"——进入仕途去做官。从儒家思想来说，做官一方面可以为国家效力，另一方面可以获得俸禄，养亲并维持生计。所以，古人有比较强烈的从政意识，并且竭力谋求官职实有现实的原因。

在唐代要进入仕途，一是可以通过国家有关的考试，获得授官资格；另一是以祖荫授官。对于大多数人来说，只能寄希望于前者。唐承隋制，设立科举考试以选拔人才。但从整个封建时代的文官选拔制度的形成过程来看，唐代的科举呈现出一种过渡的特性。也就是说，此时的选拔并没有像后代那样完全依赖死板的考试，在考试制度上也还没有形成后代那种严格的规范。汉代以来的举荐办法仍然得到相当程度的重视，王公贵族和德高望重的廷臣的意见对于录取名单的决定仍然占有十分重要的地位。于是，为了能够顺利通过考试，应试者们往往在考试之前，利用各种方式扩大自己在显达人士中的名声，方式之一便是"行卷"，即把自己的诗文作品，写在卷轴上，呈献给主考或有能力影响主考的人。投献作品的人多了，生怕大官忘了自己的名字，于是隔个几天，再送上诗文，或者创作上意犹未尽，于是再三投献，便称"温卷"。应试举人以此显示自己的才华，加深主考官员对自己的印象，从而在考试时更容易获选。

行卷可以展示自己的文采，而漫游则可以扩大交游的范围，并获得美名。士人在漫游中当然可以开扩眼界、陶冶性情，但更主要的是这种漫游活动能够显示出淡泊潇洒、卓荦高洁的德行，通过游历时的交游活动又能把这种名声传播出去。这种观念实来自魏晋。

魏晋时，谢灵运、王羲之、孙绰等人都十分看重游赏山水。在他们看来，山水风物与人物有着必然的联系。能够在山水中有所体悟，自然便是名士；否则，便是俗人。在他们的心目中，自然山水不是僵化的"物"，而是一个生命体。魏晋玄学和佛学兴盛，士人们善于借助对山水景物的欣赏和理解，阐发自己对于玄道的认识和体悟。

这种人与山水的观念，到了唐代仍在一定程度上流行。隐于江湖、游历于山林之中的士人，在当时更容易获得较高的名声。杜甫在他的《进三大礼赋表》中自称"浪迹于陛下丰草长林，实自弱冠之年矣"，对于自己早年的游历无疑是肯定和自赏的口气。后来他在《奉寄河南韦尹丈人》中说："有客传河尹，逢人问孔融：青囊仍隐逸，章甫尚西东？……"意思是说有人从河南过来，传达了河南尹韦济的问候，问诗人现在是在隐逸学道，还是在东西漫游。于此可见，漫游隐逸在当时很受推崇；同时，也可以看出诗人早年在这方面也颇为出名。

在吴越一带，杜甫有一些亲戚。他的叔父曾任武康（今浙江德清武康）尉，姑父曾任常熟主簿，杜甫此行得到了他们很多帮助。山明水秀的吴越，一时间真让他流连忘返。转眼间诗人已经二十四岁了，直到一场考试来临，才使他回到洛阳。

5. "一览众山小"

开元二十三年（735），杜甫自吴越回到老家巩县，准备参加这年的进士考试。按照当时的规定，只有两种人有资格参加考试，一是各地学馆里推举出来的"生徒"，一是由乡里保荐、州县甄选的人才，称为"乡贡"。所谓"贡"就是各地给皇帝的进献。进献可以是在本地精挑细选出来的金银珠宝、珍禽异兽，也可以是本地遴选出来的可以为朝廷服务的人才。既是"贡人"，就可以享受朝廷的待遇，赶考时可以搭乘州县运送贡品的公车一同进京。杜甫获得了州县的推举后，便乘上公车出发了。

车队并不是像往常那样直奔西北长安，而是来到了东都洛阳。因为那几年长安地区一直多雨，粮食打不上来，皇帝便领着文武大臣迁居洛阳，解决吃饭问题。既然唐玄宗在东都，这年的进士考试也自然在这里举行了。

当杜甫随着数以千计的投考者一起走进阴森森的考场时，他的心情倒是一点畏惧都没有。相反，他充满了自信。这几年他的诗文写作长进很大，周围不少士人评价很高，对他都寄予很高的期望。一致的赞扬使得杜甫自视甚高，信心十足，一时间，他连古代的大文豪屈原、贾谊、曹植、刘桢都不放在眼里，自然也没有把进士考试当作一个什么难题。一个才华横溢的诗人在二十四岁时是不会有什么难题的。

唐时报考进士试的人数常常有两三千人，每次录取的一般不到百分之一。这年的考试由考功员外郎孙逖主持，最后发榜下来，登进士第的有贾至、李颀、萧颖士、李华等二十七人。杜甫把金榜反反复复看了几遍也没有看到自己的名字，他落榜了。

这或许曾给杜甫带来了几天的沮丧、愁闷，但他很快就平复了。少年不知愁滋味，因为他还有太多的年华、太多的未来、太多的机会，当然也就有无限的希望。"暂蹶霜蹄未为失"（《醉歌行》），不多时，人们又看到一个生机勃勃、热情豪爽的青年诗人。第二年，杜甫再次背上行李，踏上去往齐赵的行程。

齐、赵相当于现在的山东东北部和河北南部一带。此时杜甫的父亲杜闲在山东兖州任司马，他去看望父亲，并在这一带游历。兖州司马在地方官中属于中等位置，父亲的俸禄足够应付年轻诗人平日的开销，所以杜甫在这一段时间里，物质上没有什么困难，还能过上一种较为悠闲的生活。没有生活的重担，诗人的游历就更加无忧无虑、满怀豪情，在这一带通都大邑、田园山林中一游就是五年。

兖州地处齐鲁，具有悠久的文化传统，是儒家学说的发源地。附近的名胜古迹也很多。当年秦始皇东行时，路过与兖州相邻的邹县，登上邹峄山。秦始皇一登高就要想起自己一统天下的功业，于是把当地的儒生们召集来，让他们拼凑成几句歌功颂德的话，刻在石碑上，立于山顶。秦始皇早已不在了，那石碑还留着几行模糊的字迹屹立在山上，足以供后人遐想。兖州的东面与孔子的家乡曲阜相连，这里有汉时鲁恭王建造的灵光殿，不过，此时只留下了一些遗迹。杜甫住在城里，常常在城里游逛。这一日，他登上了城南的城楼，极目远望，深有感触，写下一首诗：

东郡趋庭日，南楼纵目初。浮云连海岱，平野入青徐。孤嶂秦碑在，荒城鲁殿余。从来多古意，临眺独踌躇。

与兖州相邻的渤海、岱宗、青州、徐州都展现在诗人的眼前。原野广袤，白云悠悠，诗人仿佛还看到了秦始皇的石碑，还有当年气势宏伟的鲁灵光殿残存的石阙、殿基。岁月无情，这些历史遗迹展现在诗人面前意味着什么呢？诗人开阔的视野已经透露出宽广的胸怀。杜甫七岁就写诗，但在漫游齐赵之前的诗歌都散失了，在这以后才有一些诗歌保存下来，被收入杜甫诗集中。这首《登兖州城楼》是杜甫诗集中最早的几首诗之一，也是最早的一篇律诗。

兖州北面不到百里即是著名的泰山。泰山高数百丈，方圆一百六十里，群山连绵、林木繁茂，有山路四十余里盘曲环绕，自下而上，经南天门拾级而上，即至绝顶。泰山属五岳之一，虽然山高不及恒山，奇丽不及衡山，雄伟不及嵩山，险峻不及华山，可是它在历史上出名最早、名声最大，所以被推为五岳之首，尊称为岱宗。早在战国时代，齐鲁的儒生就登上这座大山，当他们看到脚下一眼望不到边的云海时，便庄严地宣布泰山是五岳之中最高的山。既然是最靠近苍天的地方，那么封禅祭祀就应该在泰山上举行，所以，秦皇、汉武都曾在此封禅立碑。杜甫到了兖州，也登上了泰山，有感而发，写下了那首流传甚广、被后人誉为"气骨峥嵘，体势雄浑"的诗——《望岳》：

> 岱宗夫如何，齐鲁青未了。造化钟神秀，阴阳割昏晓。
> 荡胸生层云，决眦入归鸟。会当凌绝顶，一览众山小。

诗歌，需要我们熟悉，可有时，却因为过于熟悉反而使我们对其中更为深层的蕴含视而不见、味而不觉。艺术，需要我们保持适当的好奇；只满足于从字面意思来解读，必然使我们远离诗人的灵魂。还是让我们先扔掉"熟悉"的心理，重新开始吧。

杜甫是抱负很大、意志很强的诗人，他所接受的教育和人生阅历都在强化他内心确立起来的人生目标以及实现自己宏大理想的强烈愿望。许多人在青少年时代怀揣着各种愿望和理想，不论是献身于崇高的事业，还是仅仅为了显赫的功名。可是，随着日益"成熟"，他们猛一回头，才发觉自己少年的愿望和理想不是那样幼稚，就是如此离谱、不着边际，而自己却在渐渐谙熟世故中，不知不觉走上了另一条道。他们暗中一笑，忘掉了少年立志这回事。而另一些人，他们的志向与对生命的意识紧紧联系在一起，他们本能地感受到生命的成长、成熟、兴盛和衰老，自始至终感受到生命之火在燃烧，感受到生命之河在他们身上流过。这些对生命感受最深的人也是最珍爱生命的人，他们不愿耗费生命仅仅为了谋取衣食，不愿年华虚度。因此，他们不论成功与失败，始终抱着早年立下的志向，用生命去做最值得的事情。

杜甫属于后一类执着于少年时代理想的人。他渴望尽早走上仕途，像历史上许多贤达那样辅助帝王、治理国家，成就一番大事业，做一个青史留名的人物。可是，眼下却并没有丝毫能够成就这番事业的眉目，举进士不第，父祖又不是高官显达，周围又无名公巨卿能够竭力推荐自己……入仕的希望在什么地方呢？出路又在哪里呢？一腔热血何时才能报效国家？何时才有施展才能的机会呢？"路漫漫其修远兮，吾将上下而求索。"辗转曲折到了今天，自己却还是在父亲的羽翼下，茫然地等待着未来，今后的生计一点着落也没有……迷茫、郁闷，还有青年人常有的那种伤感盘踞在他的心头。当他登上泰山顶峰，极目远望时，山峦起伏，大地苍茫，他心中的迷茫伤感此时竟然酝酿成一种喷薄而出、激情昂扬的力量，他不禁从心底喊出了——泰山啊！齐鲁大地啊！你就是这样青苍一色伸向远方。自然的造化竟是如此神奇，鬼斧神工地创造出这样神奇秀丽的江山。日月阴阳究竟凭着什么力量创造出这无限广袤的大地、如此昼夜晨昏的变化？这是什么力量？这是什么造化？我激情荡漾，无法平静。岩风山岚，松涛阵响，我正感到一种无限壮大的力量；风起云涌，沧海茫茫，就像我的心绪在激荡；我要高飞，山鸟远翔，正引领着我的目光伸向远方；我要登攀，当我登上最高峰时，必将是千里江山，尽收眼底，曾经是需要仰视的奇峰险山，此时也尽在脚下。

此时，他真正感受到了当年孔子"登东山而小鲁，登泰山而小天下"（《孟子·尽心上》）时的那种宏大、壮阔、充满着生命力量的境界。

"岱宗夫如何，齐鲁青未了。"在这里，我们听到诗人对自然的质询。我们在战国时代伟大诗人屈原那里也曾经听到类似的质询，屈原在《天问》中大声地问道：九天啊！哪里是你的边际？你又与哪里连起？苍天啊！大地啊！你们又在哪里会合？十二星座怎样等分？日月如何附着于苍天之上？群星又怎么能够布满这深邃的夜空？……在这种质询中，我们清楚地感到了一种震撼，只有那些伟大的诗人才能通过这种质询传达出这种震撼。自然是无限的，自然是无言的，自然正是以它那种深远、无穷、永恒而具有了一种不可质疑的力量。第一个质问苍天的人，是那种最具有精神伟力的人；当人类开始质问自然时，人类的精神也开始在这种与自然的抗衡中获得了成长、获得了解放。屈原在《天问》中一口气向冥冥苍天、悠悠远古发出了一百七十多问。而杜甫的质询并没有这样复杂，但在质询的背后，杜甫与屈原所体现出的那种强大、雄健、顽强、执着的精神力量是相同的。从杜甫后来的经历中也可以看出来，他身上的不屈不挠、勇敢地面对逆境、始终不渝地坚持自己的理想信念的精神与屈原的精神是相通的。

伟大的心灵总能产生共鸣，它们在本质上都是相通的。

不独《望岳》体现出杜甫的这种精神力量的伟大，他在这一时期的其他诗歌也有着相同的蕴含。如《房兵曹胡马》：

胡马大宛名，锋棱瘦骨成。竹批双耳峻，风入四蹄轻。所向无空阔，真堪托死生。骁腾有如此，万里可横行。

胡马泛指塞北或西域所产的马。中国长期在与匈奴交战中广泛使用马匹，西域大宛国所产马最有名，一向为汉唐人所重。杜甫一生都爱马，多次咏马，赞颂马的神骏与威武。他赞叹的不仅是胡马矫健的外形，更重要的是战马表现出来的纵横驰骋、所向无敌的力量。它代表了诗人崇高的人生理想:"所向无空阔,真堪托死生。骁腾有如此,万里可横行。"

另一首诗《画鹰》:

> 素练风霜起,苍鹰画作殊。㧐身思狡兔,侧目似愁胡。绦镟光堪摘,轩楹势可呼。何当击凡鸟,毛血洒平芜。

洁白的丝绢上为何陡然生起一股风霜肃杀之气,原来是画家绘出了一幅形神俱到的苍鹰。苍鹰瞪圆侧视的双目,就像聚焦凝神的猢狲的眼睛,㧐着身子时刻准备展翅飞扑,攫取狡兔。画家描绘得多么逼真,雄鹰足上的金属圈一旦卸掉,这只苍鹰便立即可以展翅高飞,去搏斗凡鸟狡兔,只见"风毛雨血,洒野蔽天",苍鹰赢得了最后的胜利。这种歌咏赞美绘画作品、阐发画意、寄托感慨的诗歌作品,称作题画诗。这种诗在宋代以后一般题在画上,诗情与画意可以相得益彰。诗、书、画结合,这是我国视觉艺术极为独特的一种样式,极受历代士人的喜爱。唐人主要还是以诗赞画、以诗评画。杜甫这类题画诗颇多,对后世影响很大,终唐之世无人能出其右。

以《望岳》等诗登上诗坛的杜甫年仅二十四岁。此时孟浩然四十八岁,王昌龄四十七岁,常建四十多岁,高适和王维也已经有三十六岁,李白三十五岁,储光羲大约三十一岁。除了岑参二十刚出头以外,杜甫在这一批盛唐诗人中是年纪最轻的。当他登上诗坛时,李白、孟浩然等诗人早已蜚声诗坛了。然而,杜甫最初的这批诗歌即使置于前辈诗中也是势均力敌、毫不逊色。李白曾在天宝初上泰山,并且作《游泰山六首》,间有佳句。李、杜之作,特色不同,但论体势雄浑,李白之作稍逊杜甫的《望岳》。

当然，以杜之名篇对比李之平常之作，不尽妥当。但至少可以看出，杜甫一进入诗坛便体现出自己雄厚的实力，同时，带着一股强劲的冲力一下子走在了前列。

"会当凌绝顶，一览众山小"，这首诗赢得了后人的交口称赞，它不但体现了意气风发的盛唐精神，而且也表现了青年杜甫敢于攀登绝顶、俯视群山的气概和雄心。后来的事实也正是这样，这位盛唐诗坛的后起之秀，终于用自己艰辛的努力，突过前人而攀上了诗国的顶峰。

6. "放荡齐赵间"

齐赵一带有不少有趣的人物，也有不少可以游览的地方。当地有一位姓张的朋友，是一位高人，性情淡泊，避害远世，与世无争。杜甫生性耿介，颇能与这样的朋友合得来，心中也特别赞赏这样的品格。张氏时常邀请诗人前往他的隐所。其地距离杜甫的住处不远，就在附近的山上，诗人每次往返，一边前行，一边饶有兴味地欣赏山中的景色。时值早春，凝结了一个冬天的严寒尚未被春天的温暖化尽，山涧残留着冰雪，仿佛在催促着春天的步伐。春山寂静，不时地传来林人伐木的丁丁声，间或还有一两声鸟鸣，诗人不禁想起了"鸟鸣山更幽"来。体味之际，诗人也吟咏出自己的诗句："春山无伴独相求，伐木丁丁山更幽。涧道余寒历冰雪，石门斜日到林邱。"（《题张氏隐居二首》其一）山中寂静并不使人感到孤独，一人走在山林中，处处感到生机，感到生命的力量在勃发。还有什么能使人这样感到欣慰、平静和喜悦呢？

一位高士，一位诗人，两人或是对饮，或是泛舟，甚为相

29

得。年轻的诗人毫无拘束，一边喝酒，一边高谈阔论，还与友人开玩笑。他指着桌上的酒说："瞧，这酒是我本家杜康发明的。酒即出于杜家，我喝自家的酒，自然不会客气，就用不着您殷勤相劝了。""瞧，这些梨长得多好，这就是潘岳《闲居赋》中的'张公大谷之梨'呵。这本来就是你们张家的特产，不用到别处去找了。"诗人的诙谐把张友也逗乐了。两人酒饮得正酣，诗人看看天色不早，就要告辞。张友见诗人已经醉了八分，劝他在此住下。诗人立起身来，透过蒙眬的双眼，再次环顾这夕阳映照之下一片宁静的山庄，又拉住隐士的胳膊说道："不了，我能走得来，自然……自然也能回得去。谢谢你的好酒，没有酒，世上可就不会有这么多的乐趣了。迎着春风，乘着酒气，正是赶路的好时光。"

诗人别过友人，迈着有些踉跄的步子，向着林中之路走去。朋友的深情厚谊，知己的肺腑之言，林间和煦的春风，西天灿烂的云霞，此时此刻都在诗人微醉的心海中泛着美好的光彩。诗人心中一阵热乎，感慨万分，诗句也不禁从心田中流出。于是他一边走，一边手舞足蹈地吟唱起来：

> 之子时相见，邀人晚兴留。霁潭鳣发发，春草鹿呦呦。
> 杜酒偏劳劝，张梨不外求。前村山路险，归醉每无愁。
> ——《题张氏隐居二首》其二

高适是一位很有成就的诗人，幼年曾随父旅居岭南，父亲死后，长期流寓于梁宋之间。家境破落，他不得不务农以维持生计；有时境况不好，他甚至过着乞讨的生活。不过，他仍然刻苦读书练武，希望有朝一日能够有所作为。后云游四方，奔赴边疆，入京赶考，广交士人友朋，但是一直也没有成功。当他与李白、杜甫相遇，并同游宋中时，他已经四十四岁了。在唐代著名诗人中，高适是最为显达的一位。不过，杜甫在齐鲁汶水之上遇到高适时，他正落魄潦倒，但两人都没有因为仕途失意而失去了那份豪气，依旧是呼朋唤友，纵歌豪饮。这是那个时代的人生态度，这是人生的真正洒脱。随着那个时代的结束，这种人生态度、精神传统也湮没在一片疲软、无力、患得患失的叹息声中了，难得再听见它的回响。杜甫晚年在成都草堂作《奉寄高常侍》诗中说："汶上相逢年颇多，飞腾无那故人何。"提到的正是早年两人相遇的经历。

齐赵之间，使杜甫终生难忘的还有苏源明。杜甫在《壮游》中回忆当年的情景道：

> ……放荡齐赵间，裘马颇清狂。春歌丛台上，冬猎青丘旁。呼鹰皂枥林，逐兽云雪冈。射飞曾纵鞚，引臂落鹙鸧。苏侯据鞍喜，忽如携葛强……

苏源明也是一位了不起的人物。少年时失去了父母，只身一人徒步来到徐州、兖州一带。为了将来能有所作为，他长年住在泰山上，埋头苦读。到了没有吃的的时候，便下山到莱芜县去背一点口粮回去。尽管条件很差，在夜里只能点着柴火照明读书，没有衣服换洗，穿脏的衣服都生了霉斑，但是他丝毫不在意，一心一意地刻苦学习，终于学业有成，写得一手好诗文，在天宝间很有名气。

杜甫遇到苏源明时，苏已做了监门胄曹。两人一见如故，彼此引为知己。时值春天，苏源明陪着青年诗人登上古丛台。古丛台在邯郸（今属河北）城中，相传是战国时赵王所建。两人登临怀古，纵情高歌，抒发自己的怀抱。当然最惬意的莫过于骑马打猎了。两位好友纵马飞奔，在当年齐景公游猎过的青丘猎场上驰骋纵横。冬天的猎场格外迷人，厚厚的积雪覆盖了山林和坡冈，林中的皂荚树、栎树的枝干上也积满了雪，放眼远望，一片银装素裹、分外妖娆，令人心旷神怡。两位骑手或是拍马疾走，或是持弓守望。忽然，林中雪地上一物飞蹿，好似一只狡兔受惊逃躲。苏源明眼疾手快，一个侧身，张弓搭箭，眼看着箭羽离弦，狡兔就要饮箭而亡时，两人定睛一看，才发觉不是兔子，而是树枝上落下的积雪。两人相视，不禁大笑起来。他们的笑声惊动了林中的鸟，一只青灰色的大鸟疾速飞起，在彤云密布的天空中划过，正待远去。诗人沉着道："看我的。"只见他一手稳持雕弓，一手搭箭，回身仰面，拉弓满月，"嗖"的一声，箭出手，空中飞禽应声而落。苏源明大叫一声"好"，振臂放开猎鹰，去取猎物。

"真是好身手!"苏源明道，"每次出猎，我都会想起晋代的征南将军山简。"

"有其父必有其子，"一提起山简，诗人也打开了话匣子说了起来，"其父山涛是晋代名士，饮酒饮至八斗方醉。山简继承父亲遗风，也好饮酒。当时四方寇乱，社稷倾覆，山简以为不能匡救，则为晋朝之罪人。"

"是啊，这位将军不同于一般纸醉金迷的昏官，很有些济世之心。无奈当时天下分崩，志士一人无力扶危救倾，所以只能优游卒岁，惟酒是耽。"

"说起怀抱志向，苏兄倒是与山简将军相仿佛。看看这身装扮，头戴闪闪银盔，盔上的红缨光彩夺目，一身铠甲，脚蹬马靴，跨在这匹白额五花马上，手持长枪，腰系弓箭，前有猎犬飞奔，上有苍鹰盘旋，多么像当年的征南将军呀!"杜甫拉着马缰，兴致勃勃地说着。

"哈哈……我若是当年的山简，那杜兄就是山简的爱将葛强了。葛强经常跟着山简一道出游打猎，那情景也一定和我们今天的游猎一样激动人心。"

"哈……哈……"两人都笑了。

笑声在山谷林间久久地回荡。

7. 陆浑庄：风林纤月，看剑引杯

诗人从齐鲁回到洛阳时已是开元二十九年（741），他整整三十岁了。

洛阳东面、偃师县西北二十多里的首阳山下有一陆浑庄，这是他祖上留下来的庄子，杜甫的远祖杜预和祖父杜审言都葬在这里。这年寒食节来临之前，诗人在这里修筑了几孔窑洞，作为自己的家。他要结婚了。他后来在诗中经常称"偃师故庐""尸乡土室""土娄旧庄"都是指这个地方。清明寒食，土室落成，杜甫先作祭文，昭告远祖，真诚地表示自己"不敢忘本，不敢违仁"的决心，期望有所建树，为国效力，光宗耀祖。

不久，诗人结婚了。妻子杨氏是司农少卿杨怡的女儿。一对新人就住在新建的窑洞里，在这里度过了难得的一段平静时光。杜甫后来常常怀念这里，不仅因为这里是他的新居，是他们新生活的开始，也因为这里给他们留下了人生中最美好的记忆。夫妻二人感情深厚，虽然历经各种磨难，但同甘共苦，直到白头。

确实，对于杜甫而言，人生这一段平静安定的生活多么难得呵。诗人此时不仅生活较为安定，而且心境相对平和。陆浑庄附近有诗人宋之问留下的陆浑别业，这里山水俱佳，景致幽美；又靠近洛阳，朝发夕至，来往方便，是做官之余寻找清静、娱情养性的好地方。由于地缘相近，诗人常常枉道路过这里，寻找一番老诗人的遗迹。宋之问与杜审言是同时代人。两人很早相识，曾同为修文馆直学士。宋虽然人品上有瑕疵，为时议所非，但作诗甚有名，尤其律诗属对精密、音韵和谐，对唐代律诗的形成、发展产生过一定的影响。前人已去，池馆零落，杜甫颇多感慨："淹留问耆老，寂寞向山河。更识将军树，悲风日暮多。"（《过宋员外之问旧庄》）

附近还有一个左氏庄，诗人与庄主熟悉，也常来此地游赏。他曾写过一首《夜宴左氏庄》，诗曰：

风林纤月落，衣露静琴张。暗水流花径，春星带草堂。检书烧烛短，看剑引杯长。诗罢闻吴咏，扁舟意不忘。

杜甫的诗歌才能是多方面的，他既能抒写宏大磅礴的场面，又善于抒写委婉别致之景：一痕纤月刚刚落下，四周更加幽暗，诗人披露静坐，轻抚琴弦，只能听到轻风吹拂林叶的沙沙声响，还有涧水从花径流过的清泠之音。虽无明月，但是一天闪烁的繁星，正将碧空织成了一幕透明的屏风，衬映出草堂的轮廓。夜已深，可宾主却兴致正浓，烧烛检书，疑义相析，奇文共赏，何其乐也；看剑引杯，有几多豪情壮志。正待知己推心置腹，相与酬唱，忽然又听到吴音吟咏，一下子使诗人回想起几年前轻舟游历吴越的情景。这正像后来韦庄所说的："人人尽说江南好，游人只合江南老。春水碧于天，画船听雨眠。"与其役役于名利，真不如一叶扁舟，啸傲江湖。

杜甫在陆浑庄的这一年，伊水、洛水及其支流都发起了大水，河水汹涌，冲毁农田庄稼、民人居舍，洛阳天津桥及东西漕也都被水冲垮。这时杜甫的弟弟杜颖在齐州临邑（今山东临邑）任主簿，掌管治河防范。弟弟来信对于自己肩负的重任深感忧虑，于是诗人写了一首诗《临邑舍弟书至，苦雨黄河泛滥堤防之患，簿领所忧，因寄此诗，用宽其意》，诗人着力地描写洪水泛滥、波涛汹涌的情景："燕南吹畎亩，济上没蓬蒿。螺蚌满近郭，蛟螭乘九皋。徐关深水府，碣石小秋毫。白屋留孤树，青天失万艘。"洪水滚滚，一片汪洋，燕南、济上都已经浸在了大水之中，徐关如今成了深水府，而碣石此时也在一片不断上涨的洪水中只剩下秋毫那么一点了。城中成了螺蚌的栖息地，而原来的山林高地此时也成为鱼虾蛟龙出没的地方。村村落落没于水中，只剩下树梢浮出水面，汪洋一片，再也不像平时那样有许多船只往来。所写洪泛场面，令人读了历历在目，充分显示出诗人在状情写物上的功力。

8. "方期拾瑶草"

一个时代如果产生了一位伟大的诗人，那就很幸运了。可是唐代在 700 年至 770 年（基本上是盛唐时期）的这七十年里，却一下子产生出两位巨星般的诗人，那就更为难得了。这一对光彩夺目的双子星，一位是杜甫，另一位即是李白。

无论当时还是后代，李白在人们的眼中始终充满了传奇色彩。他比杜甫大十一岁，字太白，号青莲居士。武则天长安元年（701）出生于中亚细亚的碎叶城，祖籍是陇西成纪（今甘肃天水附近），隋时因罪迁至西域，到了李白五岁时，他家才内迁至绵州昌隆（今四川江油）的青莲乡。他父亲是商人，所以，李白的早期教育颇为与众不同，既能像一般士大夫家庭的子弟享有读书的条件，又比他们的子弟享有更多的自由与宽松。因此他读书很杂，选择面很宽。到了十五岁时，他已经能通诗书、精剑法、懂道术了。他自称："十五观奇书，作赋凌相如。"（《赠张相镐》）这种难得的自由与宽松培养了他广泛的兴趣、豪放不羁的性格。青年时代他又跟随赵蕤学习纵横术，情投意合。赵蕤专门研究纵横之学，曾经著书《长短经》，任侠而有豪气，在蜀中一带颇有名声。李白一生都崇尚侠义，青年时代更是以侠客自诩，曾经"手刃数人。与友自荆徂扬，路亡权窆，回棹方暑。亡友糜溃，白收其骨，江路而舟"（魏颢《李翰林集序》）。

李白十分向往隐者的生活，在蜀中时就与隐士有交往。赵蕤即是一位隐士。李白还曾与东严子同隐于岷山之阳，又与后来做了道士的元丹丘过从甚密——日后，两人还同隐于嵩山。出蜀后，李白在江陵还拜访了当时著名的道士司马承祯——南朝道教最显赫的人物陶弘景的三传弟子。

李白性格豪放，气魄宏伟，才气勃发，所以他什么事都想试一试、做一做。读书学剑，求仙问道，隐居行侠，包括当时士人普遍具有的匡世济时的愿望，都是他热切向往的理想。不过在这些事情中，受时代潮流的影响和儒家传统的教育的结果，李白还是把"兼济天下"作为人生最为突出的目标。不过，与众人不同的是，李白是一个天真、富于想象的诗人，他常常不是把事情放在现实的环境中去理解，而是在自己的想象中去把握。他晚年毅然参加永王李璘的幕府，正是由于他对于当时各种政治关系缺乏客观的了解，看不到现实政治的复杂性，而只是主观地想象自己如此便可以实现多年济世报国的理想，致使获罪长流夜郎。后代有些人对李白此事颇有微词，实在是不理解李白的天真。

诗国的天真走进现实，就会变成幼稚。诗人在现实中的不少悲剧大多因此而起，但也由此产生出许多美丽的诗篇。大诗人必然是天真的；没有天真，诗国就无法存在。杜甫也极天真，李白比他还要天真。天真的李白在设想自己人生的成功轨迹时，用他所特有的方式进行了一番"诗化"，他想象自己是一位具有仙风道骨的逸人，从峨眉山上飘然而来，以天为容，以道为貌，不屈己，不干人，仿佛超人一般，倚剑天外，挂弓扶桑，浮游四海，横行八荒，出宇宙之寥廓，登云天之渺茫，好似天马行空，独来独往。他想象着自己具有高洁的品质和超然出世的精神的同时，又具有一种伟大的人间情怀，于是，不安于御风而行，来往于自己的心灵和宇宙之间，而在挥手之间帮助世间的帝王，澄清天下；然后功成身退，还游江湖。儒家的入世精神与道家的出世态度，在诗人李白那里非常有机地联系在一起，诗人用想象弥合了两者之间所有的冲突。

四十二岁的李白终于以自己的诗名为朝廷所闻，被召到长安，入翰林。诗人以布衣身份在一夜之间就登上天子之堂，总算实现了自己多年的愿望。李白唱着"仰天大笑出门去，我辈岂是蓬蒿人"（《南陵别儿童入京》）的歌曲，气宇轩昂，来到了京城，着实让朝野上下轰动一番。一时间，其作《大鹏赋》人人竞相传阅，家家珍藏一本，洛阳为之纸贵。

然而，诗国的天真何以能够对抗现实的狡猾。才高众忌，李白性格又很疏放，很快遭尽谗毁。皇帝对诗人的热情也因此骤减，一年多之后，即天宝三载（744），"帝赐放还"，李白重新过起往日的那种漫游生活。四月，即往东都，就在这里，他见到了杜甫。

两颗千载一现的明星在广阔的天宇中偶然相遇了。

杜甫已在洛阳奔波了两年，什么结果也没有。面对着周围那些摇尾乞怜、投机钻营的家伙，他非常看不惯。就在他牢骚满腹、抑郁不欢的时候，遇见同样不能"摧眉折腰事权贵"的李白。两人相见，心境相似，一拍即合。杜甫有诗《赠李白》曰：

> 二年客东都，所历厌机巧。野人对腥膻，蔬食常不饱。岂无青精饭，使我颜色好？苦乏大药资，山林迹如扫。李侯金闺彦，脱身事幽讨。亦有梁宋游，方期拾瑶草。

李白刚从翰林出来，所以是"脱身金闺"，有向往山林的好性情。李白要去梁宋一带游历。他的从祖李彦允任陈留采访使，唐时汴州，一度改称陈留郡，即在梁（今河南开封）、宋（今河南商丘）一带。正好杜甫的继祖母在陈留郡去世，所以两人约好，杜甫忙完丧事，到了秋天时一道去游览一番。初次见面，两人年龄又相距较大，故彼此相知还不算很深，李白此时似没有诗留赠，而杜甫在这首诗中，李白也仅仅被视为一个淡泊飘逸的隐士而已。但不论怎么说，两人初次的见面十分愉快。

李白有仙风道骨，一生喜好讲论神仙道术，与杜甫见面，大谈灵芝仙丹、真人道士。谈论之间，杜甫甚感兴趣，周身仿佛清香四溢，身轻如燕，所以杜甫在诗中有"苦乏大药资，山林迹如扫"之类的出世语。王屋山就在洛阳西北不远的地方，那里有著名的道士华盖君住持的道观，何不就此到那里一游，撷拾瑶草？

秋天到了，李、杜两人如期赴约。他们乘着一叶小舟渡过了怒涛汹涌的黄河，直奔王屋山。

王屋山属于中条山的分支，在今天的山西垣曲与河南济源之间，是济水的发源地，传说中愚公移山的故事就发生在这里。此山山势巍峨，树木繁茂，多有道观，为道教胜地。山中有山洞，据说周回曲折，宛若迷宫，山洞的长度加在一起竟有万里。人称此洞为"小有清虚之天"，为道教"三十六洞天"之首。两人游过"小有清虚之天"，即往华盖君的道观而去。

他们沿着崎岖的山路，拾级而上，"三步回头五步坐"（《忆昔行》），不时地停下来休息，并欣赏四周一片秋景："千岩无人万壑静""松风涧水声合时"。（同上）远远就看见道观青青的屋瓦和几间白茅草屋掩映在丛丛秋树之中，平日冷清的道观此时更加显得寂静。蒿草没膝，院门虚掩，两人心下不觉有几分奇怪。呼唤了半天，才有一位长者出来。但这位长者并不是华盖君，而是华盖君的大弟子卢老。卢老悲戚戚地告诉来访的诗人，华盖君已经仙去，如今弟子大多四散，各奔东西，只有卢老等几个人守在这里。两位诗人好生失望。好在卢老颇为热诚，也为两位求访者的虔诚所打动，便带着二人在道观中游览，还特意打开了封锁已久的华盖君修行炼丹的静室，让他们凭吊致意。

门"吱吱"地响着被推开了，门外的亮光一下子照进昏暗的静室。在黯淡的光线映照下，可以看清屋里的陈设，一个坐床、几个水盂、陶罐和几件华盖君的衣物。人去室空，屋里已经积了一层薄薄的灰尘，这些微尘仿佛还混着华盖君捣药时的粉尘，散发着淡淡的余香。阶前炼丹的炉火早已熄灭，还剩着一膛灰烬。"秋山眼冷魂未归，仙赏心违泪闪堕。"（同上）通往长生仙境的道路已经断绝，诗人只好回到红尘扰攘的人间。他们在落日余晖中下了山，不久就开始了梁宋之游。

9. "亦有梁宋游"

梁、宋都有着十分悠久的历史。相传汉文帝的少子梁孝王刘武曾徙封于梁，即今河南商丘一带。吴、楚、齐、赵七国反时，梁王坚守睢阳城（商丘），成功地阻挡了吴、楚向西进军长安。梁王身为天子宠儿，又有显赫战功，所以能够居于这块天下膏腴之地。其地北界泰山，西到高阳，境内四十余城，多为富庶大县。梁王所得的赏赐又多，所以在其封地大兴土木，修筑规模宏大的梁园（又名东苑、梁苑、菟园），此园据称有三百余里。梁、宋两地相距本不远，直线距离不到三百里，所以其游苑差不多遍布了整个封地。梁王又扩建睢阳城七十里，大治宫室，并修筑一条宽路，通向自己的各个宫室，最后直达著名的建筑——平台。

睢阳古县在两汉、六朝时称为梁国、梁郡；到了隋代时改称为宋州，治所称为宋城（商丘县南）；唐天宝元年（742）曾改宋州为睢阳，后仍其旧。汉时称梁，唐时称宋，又加上梁、宋地缘相近，故多相混，历代许多人都认为平台等遗址在开封一带。但据杜甫《遣怀》以及高适《宋中十首》等可知，梁王的一些古迹多在商丘一带，而不在开封（隋、唐时期通称开封为大梁，梁王初都于大梁）。杜甫在《遣怀》诗中说道："气酣登吹台，怀古视平芜。芒砀云一去，雁鹜空相呼。"宋中离芒砀百余里，在高台上能望见之，而汴州距芒砀山三百余里，即使登上高台也不可能望见。

正巧，诗人高适也在此地活动，与李、杜相遇。于是一道游赏。三人同行，一路上，开怀畅饮，纵情高歌，登高怀古，互诉衷肠，彼此间有了更多的了解，也加深了情谊。杜甫在诗中称：

"两公壮藻思，得我色敷腴。"（《遣怀》）杜甫赞叹李、高的壮丽文思，而他们与杜甫在一起也感到特别畅快。

相传当地有一仓颉师旷城，城上有列仙的吹台，梁王曾加以扩建，成为一处可以登高游览的好去处，这便是有大道与宫室相连的平台（也称吹台、繁台、雪台）。

三位诗人来到古吹台，只见原野一片青葱，有一荒凉古台卓然挺立于风烟之外。三人登上古台，极目远望，远处山色袤袤，近处民舍相接，竹木萧然，风景独好。千年的雷电风霜，古时的英雄、美人、狂徒、谋士、长戟、短枪、筹策、锦囊都消失了，唯有荒草树丛中的古台还巍然独存。岁月无情，诗人目睹遗迹，远想古人，怀古之情油然而生。遥想古人的功业，感叹今天的落魄与不遇，无限的感慨也随之而来。

站在这曾经繁华的胜地，总会给诗人一种很复杂的感想，感叹年华易逝，青春不再。想要对酒当歌，尽情游乐，但又不忍就此沉溺，无所作为，最终带着慷慨、强烈的激情，再次投身到现实的旋涡之中。到了晚年，杜甫在《遣怀》诗中回想起这段经历时，还是充满着无限的激情，称述当时："气酣登吹台，怀古视平芜。"

唐时的梁、宋仍然极为繁华，"邑中九万家，高栋照通衢"（《遣怀》），城中高楼广阔，鳞次栉比，富室大户，遥遥相望，人口稠密，经济繁荣。尤为突出的是，通衢大道分布很广，又有广济渠经过，因此水陆交通都十分便捷，被杜甫称为"舟车半天下"（同上）。正因是老地方，古代的遗风留存不少。豪门望族生活奢华，与过去梁王时候的情形差不多，门下云集着众多的宾客幕僚、游说之士，朱门之中，诗酒歌舞，欢声笑语，此起彼伏。特别不同的是游侠之风炽盛。杜甫在诗中形容道："白刃仇不义，

黄金倾有无。杀人红尘里，报答在斯须。"（同上）

离宋城不远，有芒山和砀山，两山相去八里，皆在今安徽砀山东南。诗人们来到这里寻找古人的遗迹。高适常年客于梁、宋，对于这里的名胜古迹、趣闻轶事很熟悉，一路前行，一边指点。这芒砀山也是有历史的，早年汉高祖刘邦曾隐于芒砀山泽间，所居之上，据说常有云气，如今却是"芒砀云一去，雁鹜空相呼"（同上）。

宋州的李太守和单父县的崔县令见到这几位大诗人，特别是曾受过皇上优遇的前翰林待诏李白，十分高兴，邀请三位诗人在附近的孟渚泽一带打猎。本来就爱好游猎的诗人们当然欣然答应。太阳刚刚升起，原野还飘荡着薄薄的晨霭时，这队打猎的人就已经结伴携徒，跨马控弦，在猎场上奔驰开了。只听到阵阵弦响，嗖嗖箭发，就看到兔死狐亡。顷刻之间，鸟兽走散，四野空荡。打猎直到日暮黄昏才收场。众人扛着猎物，回到城里，就势在单父东楼置酒设宴，各献所获，炮炙佐酒，好不热闹。太守召来两位官妓表演歌舞，为诸位助着酒兴。长袖飘舞，姿态若仙，欢声笑语，夜阑酒酣，直到第二天清晨，大伙儿这才兴尽而散。

此时的杜甫完全还是一位沉浸在盛唐浪漫主义氛围中的翩翩少年，而他后来成为忧国忧民的写实诗人，需经历多么艰难的转变呵！

10. 李、杜的知己之交

这年秋天，杜甫再次来到兖州（天宝元年改称鲁郡），故地重游，颇多感触。李白一直有家小寄住在鲁郡的任城（今山东济宁），附近还有一些田地。在外游荡了几年之后，李白回到家中看望，杜甫应邀前往。朋友异地重逢，格外亲切。两人情同手足，一起把酒豪饮，相对促膝夜话，或谈天，或高歌，或登览，或访友，彼此真正成了知音。

一日正是"雁度秋色远，日静无云时"（李白《寻鲁城北范居士失道落苍耳中见范置酒摘苍耳作》），两人痛饮狂歌了好几天。闲着无事，想着遇到这么个秋高气爽的天气，该到什么地方游赏一番才是。李白忽然想起来在附近山中"闲园养幽姿"的范居士。他可是一位十分有趣的人物。两人赶紧上马，一同向范氏的居所奔去。

范氏的居所，李白好几年前来过，这会儿骑马出了城，却茫茫然不知道该走哪条路，是这杨树小道，还是那溪边大道？两匹马在荒坡上来来回回转了好几圈……噢！对了，是那一条有苍耳的小道，准没错。李白掉转马头，直冲过去，走得急了，一下子从马上摔下来，一头扎进苍耳堆里。那苍耳是一种有刺的菊科植物，宽大的叶子上布满了锯齿，结的果实叫苍耳子，壳硬，还带着刺，动不动就粘在人的身上。诗人坐在苍耳丛中，一抬手，只听"嘶啦"一声，他身上那件漂亮的翠云裘被撕破了，头发上、胡子上、衣服上到处粘上了苍耳果子，那样子实在滑稽。李白乐了，杜甫早已笑得前俯后仰。他下马过来，拉起同伴。范居士见到李白这副天真、滑稽的模样大笑不已，把臂将诗人们引进屋里，摆上水酒，好好地与老友畅叙一番。不吃别的山珍海味，主人特意上了一盘可口的炒苍耳苗。李白道："刚才它欺负我，现在我可是要吃它了！哈哈……"真是"风流自簸荡，谑浪偏相宜"（李白《寻鲁城北范居士失道落苍耳中见范置酒摘苍耳作》）。

杜甫作有《与李十二白同寻范十隐居》一诗，记叙了访友的经历，但更动人的是其中记叙了两位诗人真挚的友情。随着两人相处日久，杜甫对于李白也越来越了解，不仅理解他的豪爽，也推崇他的诗歌："李侯有佳句，往往似阴铿。"阴铿是南朝诗人，擅长五言诗，风格清丽，长于写景，为时所重。杜甫称赞李诗已经达到了古人的境界。"余亦东蒙客，怜君如弟兄。醉眠秋共被，携手日同行。"东蒙即是鲁郡一带。这几句生动地描写两位大诗人之间的友情的诗句，历来为人们所称道。

李白还是忘不了修道炼丹，常常带着杜甫寻访附近的真人炼师。杜甫很感兴趣，受李白的影响，他学得还挺认真。"东蒙赴旧隐，尚忆同志乐。伏事董先生，于今独萧索。"过了很多年，"独萧索"的杜甫在《昔游》诗中还是把与李白等"同志"跟随董炼师在修行静室、炼丹炉旁参悟学习的经历看成一大乐事。

杜甫很珍惜这段生活，可是，现实并不允许诗人永远这样浪漫下去，青年人总要不断地走向成熟。

两位诗人要分别了。杜甫写了一首《赠李白》诗，诸事都不太经意的李白此时也写了一首《鲁郡东石门送杜二甫》诗为杜甫送行，写得"情深于辞"，颇为动人：

> 醉别复几日？登临遍池台。何时石门路，重有金樽开？
> 秋波落泗水，海色明徂徕。飞蓬各自远，且尽手中杯。

杜甫要去长安。两位诗人自此天各一方，再也没能见面。

杜甫到长安不久，收到李白的《沙丘城下寄杜甫》诗。沙丘城指鲁郡的治城瑕丘（即兖州城）。杜甫走后，李白大病一场，此时病刚刚痊愈，秋风乍起，李白想起自己的这位年轻朋友。诗曰：

我来竟何事？高卧沙丘城。城边有古树，日夕连秋声。鲁酒不可醉，齐歌空复情。思君若汶水，浩荡寄南征。

冬天来临时，李白也起程出游。他先到达宋城，接着踏上了漫游吴越的旅程。在长安的杜甫常常思念起他的这位朋友，曾写了《冬日有怀李白》《春日忆李白》表达自己的思念之情。后一首诗曰：

　　白也诗无敌，飘然思不群。清新庾开府，俊逸鲍参军。渭北春天树，江东日暮云。何时一樽酒，重与细论文？

经过一段"醉眠秋共被，携手日同行"的生活，杜甫对李白有了更多的了解。此时李白在他的心目中，不再仅仅是一位高士，他的诗歌也不再是仅有几句与古人诗句相仿佛的佳句。他称颂李白情思飘然流宕、卓尔不凡，称赞他的诗歌已经达到了"无敌"的境界。更为突出的是，杜甫准确地抓住了李诗的特点：清新、俊逸。庾信是南北朝时北周的文学家，世称庾开府。他擅长诗赋、骈文，在当时声名极大，其作品清新艳丽，晚年风格转为苍凉沉雄。鲍照是南朝宋时的文学家，因做过临海王刘子顼的前军参军，故人称鲍参军。他长于乐府诗，特别是七言歌行写得酣畅感人，风格俊逸，影响很大。杜甫用庾信与鲍照的例子具体说明李白诗歌在风格上的特点。对于李白诗能够如此具体、准确地把握，可见，杜甫体察之深。可以说，杜甫是李白在诗歌上的真正的知己。两座高峰之间的距离总是最短。

　　杜甫此时在长安，故称"渭北"，景色是"渭北春天树"；李白此时所在的江浙一带，称为"江东"，杜甫想象他游历所见的景致是"江东日暮云"。两句写景实很平淡，可是上句下句放在一起时，却呈现出新的含义：杜甫在渭北思念江东的李白时，想象着远在江东的李白正在怀想自己。杜甫抬头远望，渭北一片春树伸向远方，仿佛寄寓着诗人无限的情思；而想象中的李白此时也正在举目遥望，西天一片暮云，也正带着深深的情谊飘向天边。"春树暮云"后来就成了意指思念远方朋友的成语。结句诗人道出自己的期望，什么时候朋友能够再度相逢，像过去那样对床夜话、把酒论诗呢？

不久，杜甫的朋友孔巢父要辞官归游江东。孔氏与李白很熟悉，早年两人与韩准、裴政、张叔明、陶沔等曾隐于徂徕，人称"竹溪六逸"。杜甫写了一首诗《送孔巢父谢病归游江东，兼呈李白》为孔氏送行，诗最后说："南寻禹穴见李白，道甫问讯今何如？"表达自己对李白的问候。

李白也很理解杜甫。据说他曾有一诗《戏赠杜甫》，诗曰："饭颗山头逢杜甫，头戴笠子日卓午。借问别来太瘦生，总为从前作诗苦。"此诗后人多疑为伪作，但诗中描写杜甫的形象颇为生动，说杜甫由于"作诗苦"而"太瘦生"，尤其抓住了杜甫的特点。李白天才俊逸，又不拘约束，作诗才思倾泻，援笔立就，斗酒诗百篇；而杜甫虽为人坦荡，年轻时裘马清狂，但独于作诗，态度谨严，一丝不苟，字斟句酌。到了中年之后，心中抱负难望成就，于是便把"诗卷长留天地间"作为自己的人生目标，倾注全身心力集中于诗歌创作，呕心沥血，力求尽善尽美，所以杜甫作诗用心良苦是有名的。两位大诗人相处在一起，在创作上的不同特点就显得更加鲜明。对照自己下笔如注的写作特点，李白更能清楚地看到杜甫的"作诗苦"。从这方面说，杜甫是李白诗的知音，李白也是杜诗的知己。平庸只能欣赏平庸，只有伟大才能发现伟大。

李、杜的创作个性虽然相差很大，风格表现不尽相同，志趣亦有差别，但是，两人个性之中本质的东西却极为相同、相通，都具有一种雄放、张扬、坦荡、执着的强大力量。这也是他们彼此成为知己的基础。诗国的天才常常是寂寞孤独的，李、杜同生于一个时代，又能相遇、相识，彼此成为知己，确实很幸运。

在后来的很多年里，杜甫常常想起自己的这位朋友，对李白的敬仰、同情也永远留在他的心里。然而，李、杜两人年龄相差十一岁，在人生的旅途上也并不同步。南下吴越的李白早已经历过在长安政治舞台上昙花一现的短暂辉煌，此时正带着失望与牢骚远离帝国的政治中心而去。可是杜甫却抱着跃跃欲试的心情进入长安，希望在那里寻找机会大展雄图。李白的经验似乎并没有影响杜甫的情绪，也许他认为李白的失败部分该归因于他那狂傲不驯的性格。杜甫是比较沉稳冷静的，他准备沿着正常的道路（包括科举）逐步进入仕途。

那么，在长安城里等待他的又是什么样的命运呢？

第二章　旅食京华的悲辛

1. "旅食京华春"

杜甫与李白在鲁郡石门握手话别之后，回到了洛阳。在家里小住了一些时日，到了第二年，天宝五载（746）即打点行装，直奔长安，准备参加朝廷举行的招贤考试。

唐玄宗发出诏书：皇上欲广求天下之士，故命通一艺以上、有一技之长的人皆到京师就选。这是一个大好机会！对此，杜甫充满了信心。经过这几年的艰苦努力，如今的诗文才学可不是当年洛阳考试时可比了，杜甫心中很有把握。他早早来到京城，广泛结交名流，扩大自己的名声，使自己获选更有希望。

长安城有一个大人物汝阳王李琎，是宁王李宪的长子。当年睿宗李旦在为立太子颇伤脑筋的时候，长子李宪主动提出来，让弟弟李隆基做太子。李隆基做了皇帝以后，感激李宪，将胜业坊东南角的一处宅邸赐给他，开元末年宁王卒，追封他为让皇帝，他的十个儿子也多封为王公。李琎被封为汝阳郡王，任太仆卿，与贺知章为诗酒之交。他善诗文、书法，有儒雅之风，很像他的父亲。居父丧期满，加特进，唐时文官散阶正二品为特进，因此，李琎当时的地位很高。

杜甫家似乎与唐王朝宗室有些沾亲带故。杜甫到长安不久，就与李琎家有了交往。他精心构思，写成了《赠特进汝阳王二十韵》呈献给李琎。诗的上半部称赞他德行出众，气度不凡，学识广博，文章华美，所谓"学业醇儒富，辞华哲匠能。笔飞鸾耸立，章罢凤骞腾。精理通谈笑，忘形向友朋"。诗的后半部说李琎就像当年的曹植一样，对于我这样的文士很器重，常常设宴款待，相邀游赏，我内心感激。诗最后说："淮王门有客，终不愧孙登。"诗人将李琎比作尊贤爱士的淮南王，把自己比作孙登。汉代淮南王刘安好方术，养士数千人。孙登是魏晋时期的隐士，曾居于汲郡北山，好读《易经》，抚一弦琴，时游人间，所过之家或设衣食相待，一无所受，后人都推崇他的人格。自比孙登，可以看出诗人自视甚高，戛戛然有一股傲然之气。实际上在后来的人生道路上，杜甫身上的这种傲然骨气虽然迫于现实的各种压力，不再溢于言表，但始终未曾磨灭。

在长安，杜甫有一位非常亲密的朋友叫郑虔，郑虔的侄儿郑潜曜娶了玄宗皇甫淑妃的女儿临晋公主，成了一位驸马，在当时也颇为显赫。杜甫或许由于郑虔的关系，此时成了郑驸马家的一位常客，与郑驸马关系很熟。后来，驸马的岳母去世，郑潜曜还特意请诗人写了神道碑，看得出来，他对诗人颇为赏识。郑驸马家在神禾原，家中宅第豪华，园林幽美，府中还有一个莲花洞，到了盛夏，主人在洞中设宴，清凉幽爽，别有情趣。杜甫参加主人的洞中宅宴，特意写了一首诗描写洞中之宴的盛况。

除了这些王公贵族，杜甫还常与一些诗人如王维、岑参等相往来。科考在即，杜甫信心百倍，内心自有稳操胜券的把握。他情绪饱满，乐观自得，在诗中写道："快意八九年，西归到咸阳。"（《壮游》）将与李白相处时的那种浪漫豪爽、任性放达的气概一直带到了长安。

春节到了，这是杜甫到了长安之后的第一个春节。他回不了家，只好待在客栈中过除夕。"今夕何夕岁云徂，更长烛明不可孤"（《今夕行》），一年一次的大年三十可不能寂寞地度过。屋外大雪茫茫，夜风狂舞，屋内生着大火盆，火盆上架着陶壶，柴火正旺，壶水沸腾，火光、蒸汽把一屋子熏烤得热气腾腾。然而，比这炉火更热乎的却是杜甫和他的那些客舍中的朋友。他们聚在一起闹酒，杯盘狼藉。在烛火、炉火的映照下，只见四五个壮汉子埋首炕上的小几，旁边还围着五六个汉子观看。这十来个人一会儿鸦雀无声、聚精会神，一会儿大吵大闹、相持不下。叫声、笑声、火光、柴烟、汗味、酒气，汇聚在一起，仿佛要把小小的客栈掀个底朝天。原来，诗人正与朋友们相聚赌博。

真没想到，诗人杜甫这会儿赌得正起劲，满脸红光，一头热汗，挽着袖子，端起炕边上的大碗，又喝了几口酒，润润嗓子眼，一边高声发誓，一边举起骰子，使劲摇着，准备再掷一次，看看运气。樗蒲在中国很有年代了，上至王公巨卿，下至草民百姓，没有不玩的。东晋大将军刘毅曾于东府聚樗蒲大掷，一局设下赌注数百万。杜甫想起当年刘毅家里没有一点点积蓄时，挥金如土，一掷百万，不禁慨叹：

……英雄有时亦如此，邂逅岂即非良图？君莫笑，刘毅从来布衣愿，家无儋石输百万！

天子下诏的制举考试进行了。杜甫以及当时另一位颇有名气的诗人元结都参加了这次招贤考试。考试结果，杜甫落榜了，其他所有的人也都落榜了。全国大规模的招贤考试竟然没有一个人被选上。原来，这是一场阴谋。

考试由宰相李林甫主持，他生怕前来应试的草野之士，说话大胆，在圣上面前揭露朝政的黑暗，"泄漏当时之机"。因此，选送之初他就议于朝廷说："这些举人卑贱愚聩，不识礼度，恐有俚言，污浊圣听。"于是，命令各郡县长官严加考试，个别灼然超绝的应试者，具名送到台省，委派尚书复试，御史中丞监督，从中故意刁难，设置障碍。此时李林甫权倾天下，诸官员敢怒不敢言，于是一场考试下来，没有一个中选。李林甫竟然还上表祝贺皇帝说，大选天下之士，没有一个中第，这是"野无遗贤"，即是说，有才能的，该选的都早已选上来了。

唐帝国进入天宝以后，逐渐发生了一些变化。看上去，帝国前期所达到的繁荣由于发展的惯性还在继续；但是，繁荣的表面之下，已经滋生出各种衰败的毒素。此时的繁荣在国家的根基上已经不能与帝国早期的强盛同日而语。前期的繁盛之中尚有生长、向上的力量，而此时的繁华，仅仅是前期的延续；当年精明、拓展、生长的力量逐渐为奢侈、懒惰、无所用心所取代。繁盛相似，本质各异。进入天宝之后，大唐帝国的生命力正在衰退；而唐玄宗开元时期的那种励精图治的精神也在失去。李林甫这样的人竟然大权在握，主持朝政达十九年，在一定程度上正表明了这种变化。

李林甫是唐朝宗室，曾祖父长平王李叔良是唐高祖李渊的叔伯兄弟。李林甫的祖父、父亲官职不高，只担任过长史、参军一类的小官，他自然得不到以荫授官的特权。但他心怀狡计，善于察言观色，揣度形势，迎合人主的意思，又会溜须拍马，讨好奉承，因此很快得到武惠妃和武三思之女的宠信，不仅早早当了官，而且还官运亨通。他对于中官妃家，一向厚贿结托，借以打探宫中各种内部消息，察看圣上的动静。稍有变化，他立即知晓，等到皇上问起来，他出言进奏，无不称旨。就凭着这些本事，不学无术的李林甫的官竟然能够越做越大。

开元二十二年（734），李林甫从吏部侍郎升为黄门侍郎；第二年，任礼部尚书，同中书门下三品，旋封晋国公。这样的人当政，朝野怨声载道。为了压制、排挤朝中反对自己、不利于自己的官员，他肆无忌惮，胡作非为。杖杀李邕、裴敦复，又奏分遣御史往贬所赐皇甫惟明、韦坚兄弟等死，逼死李适之、王琚等，制造了大量的冤案。一时间朝野震惊，路人侧目，朝政混乱，风气败坏。李林甫死后两三年，即爆发了安史之乱，这与他当政时期造成的混乱有着很大的关系。

野无遗贤的考试即是李林甫诸多恶事中的一件。杜甫原来抱有很大的信心，希望着通过这次考试获得成功，走向仕途，从而逐步实现其多年以来即有的“致君尧舜上，再使风俗淳”的理想。可是如今两次考试均未成功，一事无成，自己已过了而立之年，却还在徘徊游荡，入仕无门。他焦虑、不安，他感叹、愤懑。直到五六年以后，杜甫想起这件事，还是沉痛不已。他在《奉赠鲜于京兆二十韵》中说：“破胆遭前政，阴谋独秉钧。微生沾忌刻，万事益酸辛！”此时李林甫刚死，故诗中称“前政”。“阴谋”句就是写李林甫大权独揽，制造阴谋，致使无一人获选。“忌刻”即是忌人之能的苛刻心理。有着远大抱负然而又在社会上孤弱无援的诗人经历这样的遭遇，无疑是“万事益酸辛”。对于杜甫来说，这不只是单纯的考试失败，而是“窃比稷与契”，欲以天下为怀的诗人失去了一次重要的机会。在某种程度上来说，这意味着他的人生轨迹可能的改变。

杜甫的人生第一次遇到这样的大挫折，然而，这只是开始。杜甫从此结束了他的浪漫生涯，开始了悲惨的人生之旅。

2. 献诗:"到处潜悲辛"

从初来长安,到安史之乱爆发的十年中,杜甫除了应诏就试之后有一段时期回到偃师和洛阳,其他大部分时光都是在长安度过的。难得的一次招贤考试没有结果,杜甫只能把希望寄托在王公贵族、显赫官员的推荐上。这对于一般人来说相当困难,杜甫没有任何特别的门路,只能四处奔走于权贵之门。

"朝扣富儿门,暮随肥马尘。残杯与冷炙,到处潜悲辛。"(《奉赠韦左丞二十二韵》)这种生活令人难以忍受。而对杜甫来说,就更加痛苦。他个性极强,自视甚高,极富自尊,而此时却要他卑躬屈膝、低三下四地去讨好、奉承那些达官贵人,他能不痛苦万分吗?诗人所言的"悲辛",充满了多少心酸的泪水呵!

诗人奔走于权贵之门,还经常向达官显贵们投赠诗篇,希望得到他们的赏识、援引。投赠对象不少,除了汝阳王以外,还有韦济。韦济出身于世家大族,他的祖父韦思谦、伯父韦承庆都官至高位;父亲韦嗣立是武后时的宰相,家中还有其他人也都做过宰相。有唐以来,差不多无人能与韦家相比。皇上对韦家也格外垂青。韦嗣立在骊山新建了一处别墅,唐中宗亲自到那里做客。景致优美,皇上流连忘返,就便给庄上的景点命名"清虚原""幽栖谷"等等。君臣欢洽,众人赋诗留念,中宗还亲自制序。临别,皇帝赏赐绢二千匹,封他为"逍遥公"。韦嗣立所受的荣宠可想而知了。

韦嗣立、韦承庆兄弟与杜甫的祖父杜审言同辈。杜审言虽然官位不及韦氏兄弟,但诗名很大,与韦氏兄弟同在武后朝中做事,有通家之好,所以杜甫能与韦济交往。

韦济并非纨绔子弟，他本人颇有才能，早年即以辞翰闻名。开元初年调补鄄城令，有人密奏唐玄宗说这次任命的县令，多为无能之辈。到了谢官日，唐玄宗便命这批县令上殿，当场接受考试。二百多个县令考下来，韦济得了第一。天宝七载（748）韦济担任河南尹，他曾几次到杜甫偃师陆浑庄上访问，打听杜甫的消息。杜甫听说后，颇为感动，写了一首《奉寄河南韦尹丈人》，抒写自己的怀抱，倾诉自己的遭遇。后来，韦济到了京城任尚书左丞，杜甫又写了《赠韦左丞丈济》，诗中渴望韦济能够给予他援引帮助："不谓矜余力，还来谒大巫。岁寒仍顾遇，日暮且踟蹰。老骥思千里，饥鹰待一呼。君能微感激，亦足慰榛芜。"与对一般官员不同，诗人从心底里尊重韦济，与他的关系也较为亲密，故称他为"丈人"。诗人不仅把韦济看成身居高位的官员，更把他看作知心朋友。在这首诗中，诗人自称"老骥"，而实际上他此时只有三十七岁，残酷的社会现实、冷漠的遭遇和生活的重压使得诗人过早地露出衰容："衰容岂壮夫?"更使人感叹的是，诗人几年前的那种痛饮狂歌、飞扬跋扈、青春勃发的心态消失了，更多的是悲叹、心酸、苍凉。

　　诗人把韦济当作自己的知心朋友，因此在献诗中，诗人能够直抒胸臆，畅所欲言，表露自己内心的真情实感。这是与给其他官员的献诗有所不同的地方。因此，《奉赠韦左丞丈二十二韵》在诸献诗中写得最好，就是置于杜甫名篇之中也毫不逊色。诗曰：

　　　纨绔不饿死，儒冠多误身! 丈人试静听，贱子请具陈。甫昔少年日，早充观国宾。读书破万卷，下笔如有神。赋料扬雄敌，诗看子建亲。李邕求识面，王翰愿卜邻。自谓颇挺出，立登要路津。致君尧舜上，再使风俗淳。此意竟萧条，行歌非隐沦。骑驴十三载，旅食京华春。朝扣富儿门，暮随肥马尘。残杯与冷炙，到处潜悲辛。主上顷见征，欻然欲求伸。青冥却垂翅，蹭蹬无纵鳞。甚愧丈人厚，甚知丈人真。每于百僚上，猥诵佳句新。窃效贡公喜，难甘原宪贫。焉能心怏怏？只是走踆踆。今欲东入海，即将西去秦。尚怜终南山，回首清渭滨。常拟报一饭，况怀辞大臣。白鸥没浩荡，万里谁能驯？

韦济似乎在仕途上也没有什么办法帮助杜甫。杜甫在京城奔波了好久，也没有求得一官半职。他早年漫游吴越齐鲁时，从没有为生计担心过，那时正值开元盛世，他的父亲杜闲又任地方官，有一定的收入，足可以提供杜甫生活与漫游的开销。所以，诗人那时的生活一直比较好过。他到了长安后不多久，他的父亲就去世了。如此一来。他的生活更没有着落，穷困潦倒，差不多已经沦落到社会的底层。诗人穿着下民的短衣，遇到灾荒时也只好像平民一样去买便宜的官米。无论是朝廷里做官的熟人，还是一般的乡里小儿，都不把穷困的诗人放在眼里。长安附近诗人祖上还留有几块薄田，可是也没有什么收成。诗人完全处在饥寒交迫的境地，更糟的是，诗人抵抗不住艰难生活的折磨，在一个秋天里终于病倒了。一位叫王倚的朋友见到杜甫，惊讶诗人怎么变得如此憔悴、面如菜色。诗人凄惨地答道，卧病在床，尝遍了各种艰难痛苦的滋味，"疟疠三秋孰可忍？寒热百日相交战。头白眼暗坐有胝，肉黄皮皱命如线"。(《病后过王倚饮赠歌》)

诗人在死亡线上痛苦地挣扎着。

正是这种悲惨的生活境遇使得诗人在给韦济的诗中，一开头便忍不住将满腹的愤慨、不平，冲口而出，有如江河决堤，有如电闪雷鸣，横空而起，奇绝突兀："纨绔不饿死，儒冠多误身！"纨绔子弟饱食终日，无忧无虑；而那些崇尚儒术的人，用儒家的思想、道德去规范自己言行的人却穷困潦倒，得不到应有的重视。诗人以往的献诗大多是上半部分称颂，下半部分自述并表达自己的请求，可是这首诗是个例外，竟然没有赞扬的话。诗人积郁的幽愤实在太强烈了，不如此不足以表达内心愤懑之深。诗人实在是一面镜子，他用诗篇真切地写出了一个恪守儒术、真诚朴实、仁慈善良的人在这个被权势、金钱、欲望扭曲的社会中所遭受的不幸。

诗人滔滔不绝地讲述自己的真才实学以及远大的抱负。少年弱冠，即往洛阳参加进士考试，并且有幸看到国朝文物之盛。他的诗赋文章皆能出众，足可以和扬雄、曹植相比肩，以致北海太守李邕、以"葡萄美酒夜光杯"而闻名的诗人王翰等名士，都十分器重自己。诗人自信自己的才能，以为能够捷足先登，在朝廷中担任重要的职务，从而实现"致君尧舜上，再使风俗淳"的理想。诗人把用自己的主张影响帝王的决策，从而达到改变社会风俗作为自己的理想，这也是当时士人中最为远大的理想。说到这里，诗人的笔下倾泻出高视阔步、睥睨一切、意气风发的心底波澜。

只有许诺自己伟大的人，才有可能成就自身的伟大。从没有人是在无意之间成就自身的伟大，成就事业的伟大。"天降大任于斯人"，正是崇高的使命感使杰出的人物去完成伟大的事业。杜甫从一开始就有一种异乎寻常的使命感，他知道自己的目标，他清楚自己的使命，也了解自己的才能，所以，他在自述时，充满了常人难以具有的自信。然而，社会并不理会这些，诗人沦落到了寄人篱下、悲苦凄惨的境地："残杯与冷炙，到处潜悲辛。"前后对照，形成更加鲜明的对比。诗人处在这种困境之中，十分感激韦济对自己的关照，然而前程无望，诗人意欲离去。

可是，诗人并没有真的像白鸥一样远翔于浩荡的江湖之上，他还在继续奔波。天宝九载（750）诗人又向翰林学士张垍投赠诗篇。张垍是唐时名相张说的儿子，与兄张均皆有文名。张说在朝中任宰相，两个儿子掌制诰，父子三人极为显赫。张垍后来娶了玄宗的女儿宁亲公主，成了驸马，深受恩宠，特许在禁中置内宅，受到赏赐的珍奇宝玩不计其数。对这么一位炙手可热的达官，杜甫精心献上一首《赠翰林张四学士垍》："翰林逼华盖，鲸力破沧溟。天上张公子，宫中汉客星。"郑重而又得体地把张公子赞扬了一番，同时，希望他能够对自己这样"此生任春草，垂老独漂萍"的旧友有所顾念。

天宝十载（751），杜甫又作《敬赠郑谏议十韵》，投赠谏议大夫郑审。天宝十二载（753），又作《奉赠鲜于京兆二十韵》，投赠的对象是京兆尹鲜于仲通。鲜于仲通，阆州新井县人，是当地的富户，兄弟都是行伍出身，但习书，有才智，颇为剑南节度使章仇兼琼所赏识。杨国忠出道之初。鲜于仲通常常接济他，又把他介绍给章仇兼琼，为杨国忠打开了通往朝廷仕途之路。杨国忠进京做了御史大夫，便引荐鲜于仲通为京兆尹。天宝十一载（752）十一月，李林甫卒，杨国忠为右相，两人关系更加密切。

献诗的开头，诗人一无例外地把鲜于仲通称赞一番："王国称多士，贤良复几人？异才应间出，爽气必殊伦。始见张京兆，宜居汉近臣。骅骝开道路，鹇鹗离风尘。"中间段自述，末尾云："交合丹青地，恩倾雨露辰。有儒愁饿死，早晚报平津。"汉武帝曾封公孙弘为平津侯，公孙弘开东阁以延贤人。这里借礼贤下士的平津侯指代杨国忠，诗人希望通过鲜于仲通，能够得到宰相的扶助。

所有献诗的结果都一样，诗人没有得到任何帮助。

3. 从军之念："何由却出横门道？"

仅仅是这样献诗，大概不会有什么结果，诗人对此也清楚。可是他没有别的办法。他也想过，像他的朋友高适一样，走从军这条路。在给韦济的赠诗中还表示要归隐江湖："今欲东入海，即将西去秦。"可是他哪儿也没有去。他仍然相信自己的事业在长安。可是现实无情，几年努力，他一无所获。

天宝六载（747），安西副都护高仙芝平息小勃律（在今克什米尔境内），第二年，高仙芝得胜回朝，长安街头挤满了围观的人群，众人赞叹着，欢呼着，一片热闹沸腾的景象。诗人挤在熙熙攘攘的人群中，看着高仙芝的军队凯旋，将士们骑着高头大马，踌躇满志，意气风发，他的心头不禁为之一震，情思陡然激动，感慨之际，真想抛开一切，毅然决然地奔赴边疆。诗人情不自禁地吟唱出《高都护骢马行》：

> 安西都护胡青骢，声价欻然来向东。此马临阵久无敌，与人一心成大功。功成惠养随所致，飘飘远自流沙至。雄姿未受伏枥恩，猛气犹思战场利。腕促蹄高如踣铁，交河几蹴曾冰裂。五花散作云满身，万里方看汗流血。长安壮儿不敢骑，走过掣电倾城知。青丝络头为君老，何由却出横门道？

诗人用酣畅的笔墨生动地描绘出胡马的神态与品格，并借此表现出对激动人心的生活的热切向往。诗人栩栩如生地描绘战马的外观，赞美战马的内在品质，又结合自身发出无限感慨。诗人以天下为怀，可是现在一直也没有机会施展自己的才能。长安城北出西头的第一个门叫横门，自横门渡过渭水向西，即是奔赴西域的道路。何时才能西出横门，走向大漠呢？诗人想象着自己像胡马一样驰骋疆场，功成名就。

从这首诗和《房兵曹胡马》等咏马诗来看，诗人不仅爱马，而且品赏胡马十分在行。唐朝马匹在军事、经济、交通中举足轻重，帝国的精锐部队都配备了马匹，骑兵携带弓弩等武器，作战能力极强，他们在一系列重大战役中起了决定性的作用。如高仙芝这次征讨小勃律，马匹充足是取得胜利的一个关键。马匹需要增多带动了对马的挑选、饲养等技术的普及。《高都护骢马行》中说这匹战马"腕促蹄高"，正与古代相马术相符。《齐民要术》卷六载："蹄欲得厚而大，腕欲得细而促。"马腿腕细促则矫健有力，马蹄厚高则坚硬耐险峻。诗人在《房兵曹胡马》中描写道："胡马大宛名，锋棱瘦骨成。"凸筋露骨，嶙峋耸峙，状如锋棱，这是胡马刚健善奔的特征；"竹批双耳峻，风入四蹄轻"，古人相马以为"耳欲得小而促，状如斩竹筒"（《齐民要术》卷六）的马为良马，而房兵曹胡马的双耳正如刀削斧劈一般，奔跑起来四蹄生风，轻快而飞速。从这些细节可以看出，杜甫对马很内行。

杜甫不仅熟悉马匹，而且还很留心军中的生活，因为他在盘算着是否从军。

从他在天宝十一载（752）所写的《前出塞九首》以及十四载（755）所作的《后出塞五首》等诗中，都可以看出他对军队生活很熟悉。《前出塞九首》用一组诗歌生动地描绘了一位青年"从军十年余"的经历。诗中用青年自述口吻，娓娓道来，真切感人。但此诗承袭乐府旧题，用乐府笔法，故其叙事的情节在虚实之间，与杜甫其他以诗纪史的作品不同。

"戚戚去故里，悠悠赴交河。"一位年轻人告别了家人，奔赴边塞。年轻的士兵刚刚入伍，人很老实，所以随军开拔，一路上忍气吞声，负戈前行。但不多久，他就成长为能够"走马脱辔头，手中挑青丝。捷下万仞冈，俯身试搴旗"的军中好手。离开亲人已久，常常思念家乡，可是，既然出来当兵，老是想家有什么意思呢？"丈夫誓许国，愤惋复何有？功名图麒麟，战骨当速朽。"青年人暗自起誓，要建立功勋，以身许国。然而，人非铁石，心中又总有各种矛盾、反复。行军路上刚巧遇到了家乡的熟人，这是多么令人惊喜啊！捎上一封信与自己的亲人，心中充满忧伤："哀哉两决绝，不复同苦辛。"与家人分别后，要想与亲人同甘共苦都不能了。人生的旅途总是充满曲折，"我始为奴仆，几时树功勋？"终于到达了前线，"隔河见胡骑，倏忽数百群"。战斗很快就打响了：

　　单于寇我垒，百里风尘昏。雄剑四五动，彼军为我奔。虏其名王归，系颈授辕门。潜身备行列，一胜何足论？

老实而腼腆的士兵不好意思当众讲述自己的功绩，偷偷站到了士兵的队列中。在军中十几年，"能无分寸功"？可是有不少人冒功请赏，当自己想要说出战功时，真怕被别人看成是那样的人。算了，"丈夫四方志，安可辞固穷"？

诗人对军中生活如此留心，了解得如此详尽，这一方面是因为诗人关心社会生活的各个层面，为诗歌创作收集素材；另一方面，也由于诗人有从军的打算。

天宝十一载（752），高适随河西节度使哥舒翰入朝，杜甫在长安又见到这位好久不见的老朋友。知己重逢，问长问短。听高适介绍军中的生活，杜甫真有不少感触。从军未必不是一条路。

早几年前，杜甫还认识一位武卫将军，将军去世时，诗人写了挽词三首悼念他。将军练有一身好武艺，挥剑斩蛇，开弓射虎，有胆有识。他曾带领部下，"横行沙漠外，神速自今称"（《故武卫将军挽词三首》其二）。就是将军去世后，外族一听说他的部队，还是闻风而去。然而这样一位将军，同样是英雄无用武之地，"封侯意疏阔"，封侯无望，伟业难成。将军尚且如此，他一介书生如果投笔从戎，又能怎么样？杜甫还在犹豫。

高适要走了，两人依依惜别。诗人写诗为他送行："饥鹰未饱肉，侧翅随人飞。高生跨鞍马，有似幽并儿。"高适戎装跨马，活脱是幽州、并州一带的勇士。幽州在今河北一带，并州在今山西一带，这些地方民风强悍，能骑善射，多勇士健儿。看着即将远行的朋友，诗人心中充满了阵阵酸楚，深情地嘱咐道："人实不易知，更须慎其仪。"六七年的长安生活使得杜甫发出了人心难知的感慨。尽管高适比他大十二岁，但他还是真诚地嘱咐他处事小心，耐心地在军中幕府熬个十年八年，至少可以做到主将、太守的位置。最后他对朋友说："边城有余力，早寄从军诗。"

果然让杜甫言中，高适最后做到了节度使，并且在诗歌创作上也有显著的成就。

与高适齐名的诗人岑参也在军中任职，同样是杜甫的朋友。天宝十一载（752），这几位诗人都在长安。

岑参比杜甫小十三岁，开元三年（715）生于河南仙州（今河南许昌附近）。岑参出身于世家大族，曾祖父岑文本是唐太宗的宰相，伯祖岑长倩为高宗的宰相，伯父岑羲做过睿宗的宰相。

岑参的父亲曾任刺史，不过去世较早，所以，岑参早年孤贫无助，生活艰辛。岑参早慧，五岁读书，九岁属文。十五岁时隐居于嵩阳。二十岁时西上长安，献书阙下，往来于京洛之间。天宝三载（744），他以第二名举进士，被授右内率府兵曹参军的职务。后赴安西（今新疆吐鲁番西），入安西节度使高仙芝幕掌书记。天宝十载（751）秋，返回长安。当高适进京时，几位诗人都相聚在一起了。杜甫对于军中生活的了解，与他有高、岑这两位军中的朋友有关。天宝十三载（754），岑参任安西北庭节度判官，随安西节度使封常清开赴边陲。岑参曾先后在边塞轮台（今新疆轮台）、北庭（今新疆孚远）生活了六年，他用七言歌行体写了许多描写边塞生活的诗歌。他的"北风卷地白草折，胡天八月即飞雪。忽如一夜春风来，千树万树梨花开"（《白雪歌送武判官归京》），"君不见走马川行雪海边，平沙莽莽黄入天。轮台九月风夜吼，一川碎石大如斗，随风满地石乱走"（《走马川行奉送封大夫出师西征》)等充满了奇特想象、风格豪放的诗句一直为人所称道。

杜甫与岑参的关系也十分密切，曾同登慈恩寺塔，泛舟渼陂。天宝十三载（754），岑参奔赴边陲，杜甫在重阳节里作了《九日寄岑参》诗寄赠岑参，诗中曰"出门复入门，雨脚但如旧。所向泥活活，思君令人瘦"。诗人的深情厚谊溢于言表。尽管杜甫与高、岑彼此非常了解，但是，他们从军的选择似乎并没有立刻对杜甫产生影响。"功名只向马上取，真是英雄一丈夫"（岑参《送李副使赴碛西官军》)，对杜甫似乎也没有产生什么触动。

杜甫在自己穷困潦倒、走投无路时没有毅然选择从军，一方面因为他还相信在长安仍有希望，而从军的前景并不十分明朗，但另一方面，也与他对军队的一些做法不满有关。在长安的后期，他在诗中常常批评军队。如果说在《前出塞九首》中诗人对于"君已富土境，开边一何多"还仅仅是出于对人的生命的珍视而发的感慨，那么在《后出塞五首》中他对于朝廷的穷兵黩武、主将的邀功请赏的批评则是基于对现实的清醒认识。同时，把问题的根源归结到最高统治者的不明智上。组诗第三首一开头就直截了当地说："古人重守边，今人重高勋。"当战争仅仅为了个人的私欲时，就陷入了不义之中。若从周边形势来说，正是"六合已一家，四夷且孤军"，较为和平的时期。"岂知英雄主，出师亘长云"，边将贪功，滥兴战事，本当制止，可是偏偏皇帝又好大喜功，故诗人用了"岂知"二字来隐含嘲讽之意。重赏之下必有勇夫，"遂使貔虎士，奋身勇所闻。拔剑击大荒，日收胡马群。誓开玄冥北，持以奉吾君"。为了迎合君主之意，边将欲收归极北的玄冥之地奉献君前。对此，诗人的不满的态度与嘲讽的语气十分鲜明。

可是，现实总是这样残酷，当诗人献诗、献赋都没有指望，走投无路，完全陷入困境时，他只好打算去军中碰运气。

天宝十三载（754），吐谷浑苏毗王款塞，玄宗诏哥舒翰到磨环川接应。哥舒翰派遣手下判官田梁丘入朝，处理有关事宜。杜甫见到他，并写了《赠田九判官梁丘》诗相赠。田梁丘原先推荐过高适入哥舒翰幕，如今高适在军中已有晋升，诗人在诗中表示希望得到田梁丘的推荐。杜甫差不多同时也给高适寄赠了一首诗《寄高三十五书记》，诗曰："叹息高生老，新诗日又多。美名人不及，佳句法如何？主将收才子，崆峒足凯歌。闻君已朱绂，且得慰蹉跎。"前半部分赞高适之诗，后半部分祝贺老友高升。诗中没有涉及自己，但"收才子""慰蹉跎"中似乎暗含着向往军旅的意思。

诗人请田梁丘将自己的献诗《投赠哥舒开府翰二十韵》转交给将军。诗中颂扬哥舒翰的功绩勋业，哀叹自己身老不遇、日暮途穷的苦情，希望将军能够收录自己入幕参谋军事。但是，赠诗哥舒翰也没有结果。不久，安史之乱爆发，杜甫再也没有从军的念头了。

4. 献赋："词感帝王尊"

在长安期间，杜甫除了献诗，也曾直接向皇帝献赋来寻找进身的机会。天宝六载（747），杜甫参加招贤考试失败之后，留在京师。这年十月，皇帝到华清宫，杜甫因为偶然机会能到兽坊去看看。唐代的兽坊，如同珍奇动物收藏馆，远方所贡的各种珍禽异兽，无不充仞其间。杜甫看了，真是大开眼界。诗人又走进一馆，只见馆舍豪华，宽敞明亮，"档次"明显在诸兽院之上。一问胡人，方知此乃天狗院。正说着，只见内中迎面冲出一只天狗。这种狗体形虽小，却长得神气威风，动作迅猛，吠声震耳，虽是隔着铁栅栏，诗人也不由得倒退了几步。胡人呵斥着，天狗这才张着大口，蹲在那里，两眼发着锐利的光芒，盯着陌生人。胡人告诉杜甫，这种狗勇猛刚健，没有任何其他的狗可以比得上，一旦它发怒起来，人们根本无法靠近它。从兽坊回来，诗人对天狗的印象特别深，因此作《天狗赋》。

最迟从汉代开始，赋已经发展成为一种可以让作者尽情铺陈抒写的文学样式。在内容上，它贴近帝王的生活，集中于描写都城、宫殿、游猎等场面；从层次布局上看，赋所用的是一一罗列、对称排比的格式；具体的描写则是堆砌，作者不论描写对象的实际情形如何，只是把所能找到的词语、名称全都用上，一一铺排开来。所以当时的赋，基本上可以用作字书，其中各种生字僻词，应有尽有。而赋也因此最能体现出作者的才力和学养。

这种以描写宏大壮观、令人目不暇接的场面为能事的赋，自然投合了帝王的好大喜功的心理。由于帝王的重视，汉宫中一直都集中着一些擅长写赋的作者，如枚乘、邹阳、司马相如、扬雄、班固、张衡等。到了魏晋南北朝，赋在宫廷中地位降低了，不再受到特别的重视，但是赋仍是文士们露才扬己的最好文体。北朝的魏收说："会须作赋，始成大才士！"此话正说出了当时多数文士的共同看法。

到了杜甫的时代，一般诗人都要写作几篇大赋。既是学力的表现，也是接受文体的训练。这一传统一直沿续到清代。翻阅历代诗人的集子，基本上都有赋作，而且一般编排在诗文集的最前面。

当然，后代的某些时候，赋也有一些特定的作用。此时杜甫作赋，就是想要呈献给皇帝，以得到他的重视。天狗院在诸兽坊之上，可见皇帝对于天狗的重视，杜甫向皇帝献《天狗赋》，应该说颇为切题。现存的赋中只有《序》，并没有相应的《进天狗赋表》。很可能此赋作好之后，并没有献上去。

天宝九载（750）正月，群臣屡次上表，请玄宗封西岳华山。皇帝同意了，命御史大夫王铁在华山上凿道，并在山上建立坛场。大约得了这个消息，杜甫便着手写作《封西岳赋》。赋写好了正准备投献，可此时情况有了变化。这年春天，关中大旱，岳祠发生火灾，皇帝下令罢封西岳。《封西岳赋》当然也就不宜再献上了。

这年秋天，杜甫作《雕赋》，投献在延恩柜中。延恩柜始立于武后时期。垂拱二年（686），武则天命铸铜为柜，分别设于东西南北四个方向，设在东面的为延恩柜，求仕者可以投献赋颂。杜甫投献《雕赋》时还作有《进雕赋表》，这是为了献赋专门写给皇帝的一个序言。此表中杜甫再次陈述自己目前的窘困，并请皇帝垂怜。表中说：

> 自先君恕、预以降，奉儒守官，未坠素业矣。亡祖故尚书膳部员外郎先臣审言，修文于中宗之朝，高视于藏书之府，故天下学士到于今而师之。臣幸赖先臣绪业，自七岁所缀诗笔，向四十载矣，约千有余篇。今贾、马之徒，得排金门、上玉堂者甚众矣。惟臣衣不盖体，常寄食于人，奔走不暇，只恐转死沟壑，安敢望仕进乎？伏惟明主哀怜之。倘使执先祖之故事，拔泥涂之久辱，则臣之述作，虽不足以鼓吹六经，先鸣数子，至于沉郁顿挫，随时敏捷，而扬雄、枚皋之流，庶可跂及也。有臣如此，陛下其舍诸？伏惟明主哀怜之，无令役役便至于衰老也！

上陈皇帝，诗人哀词恳请，两次说道"伏惟哀怜"，几近号哭，千载之下，其情状犹可想见。从赋本身而言，《雕赋》写得比《天狗赋》要好得多。天狗多少是一个玩物，抒写难以淋漓酣畅，而雕则不同，"有英雄之姿"，又有"大臣正色立朝之义"，所以诗人抒写颇能挥洒如意。其描写雕曰："以雄材为己任，横杀气而独往。梢梢劲翮，肃肃逸响。杳不可追，俊无留赏。彼何乡之性命，碎今日之指掌。伊鸷鸟之累百，敢同年而争长！"颇能传达出雕之强悍俊异的神韵。当它为虞人（掌田猎的官员）所得，必在它饥寒困乏之时："气禀玄冥，阴乘甲子。河海荡潏，风云乱起，雪洈山阴，冰缠树死。迷向背于八极，绝飞走于万里。朝无以充肠，夕违其所止。颇愁呼而蹭蹬，信求食而依倚。"

赋虽然写得伟丽可观，可是投献上去，根本无法打动皇帝。皇帝此时的心思丝毫不在文学上面，而在讲道教、求长生上面。

天宝十载（751）正月，皇帝一连举行了三次大的祭祀活动：朝献太清宫、朝享太庙、合祭天地于南郊。于是杜甫作《朝献太清宫赋》《朝享太庙赋》《有事于南郊赋》等三大赋投献朝廷。在《进三大礼赋表》中杜甫再陈自己的处境：

> 臣生长陛下淳朴之俗，行四十载矣。与麋鹿同群而处，浪迹于陛下丰草长林，实自弱冠之年矣。岂九州牧伯，不岁贡豪俊于外？岂陛下明诏，不仄席思贤于中哉？臣之愚顽，静无所取。以此知分，沉埋盛时，不敢依违，不敢激讦，默以渔樵之乐，自遣而已。顷者，卖药都市，寄食友朋。窃慕尧翁击壤之讴，适遇国家郊庙之礼。不觉手足蹈舞，形于篇章。漱吮甘液，游泳和气。声韵寖广，卷轴斯存。抑亦古诗之流，希乎述者之意。

表里杜甫提到了自己早年的游历，也讲到了此时生活的窘困。杜甫旅食京华的十年里，常常为生活所迫，只好在都市设摊卖药，以贴补日用。后来在流寓地，当生活没有着落时，他也靠了卖药勉强维持生计。由于他在此前已经写过几篇赋，所以此时写起来，更加流畅，其中确有一些名句，如："九天之云下垂，四海之水皆立"（《朝献太清宫赋》）；"园陵动色，跃在藻之泉鱼；弓剑皆鸣，汗铸金之风马"（《朝享太庙赋》）；"战岐栗华，摆渭掉泾；地回回而风淅淅，天浟浟而气清清。甲胄乘陵，转迅雷于荆门巫峡；玉帛清迥，雾夕雨于潇湘洞庭"（《有事于南郊赋》）。

这些名句就是与古代赋家的作品放在一起比较，也毫不逊色。

三大礼赋投献上去以后，终于引起了玄宗的注意。皇帝奇之，使待制集贤院，命宰相试文章。杜甫听到这个消息，异常激动，极为兴奋。自己期待已久的愿望终于有了能够实现的机会，他真的很感激，一个久辱泥涂的小民、寄食于人的布衣竟然得到了圣上的垂顾，他能不感激吗？能不兴奋吗？他顿时觉得，生活这才真正开始，人生之旅这才有了转机，未来的道路这才真正显现出来。自己虽然已有四十岁，但是，这还不算晚，真所谓大器晚成，振作起来，还可以好好干一番事业。当年漫游齐鲁吴越时的那种激情重新回到了他的身上，他浑身是劲。这是多么不容易的事呀！长安奔波了六七年，眼看着就可能熬出头了。朋友们前来向他祝贺，众人一道开怀畅饮，共话未来。

集贤院即集贤殿书院，原名集仙殿丽正书院，玄宗开元十三年（725）改名集贤殿书院。集贤院隶属中书省，以宰相为集贤殿大学士，五品以上官员任学士，六品以下官员为直学士，下设校书、正字等官。书院的职能主要是撰写文告，校理经籍。

宰相要对杜甫进行考试，地点就在宰相们办公的地方——政事堂，杜甫在诗中称为"中书堂"。照例还是宰相出的题目，杜甫援笔铺纸，精心地回答试题。集贤殿的学士们都来了，大家都围在一旁观看。诗人心情异常激动，这是他有生以来得到的最大的荣耀，实际上，也是他生前最大的荣耀。杜甫身后一直被称为"诗圣"、中国古典诗歌的集大成者、居于诗国顶峰的人物，与此相比，他生前的荣耀简直太微不足道了。但是，这身后的名声又如何能够抚慰他生前的艰辛和寂寞呢？

对于此时的杜甫而言，待制集贤院当然是莫大的光荣。尽管杜甫答卷时异常激动，但他还是圆满地完成了。集贤殿的学士们看着他的答卷，纷纷议论。崔国辅和于休烈二位学士首先发表意见，他们认为杜甫的诗文水平都达到了相当的高度，而且从中可以看出他人品纯正、竭诚尽忠，是国家用得着的人才。两位首唱，其他诸学士一时也没有什么不同意见，于是宰相试文章就这样通过了。

杜甫十分兴奋，内心充满喜悦。这是他一生中最为得意的事情了。当他晚年漂泊西蜀，一些年轻的幕僚颇有些看不起这位貌不惊人、地位卑下的老诗人时，他愤愤然讲述自己这一段最风光的经历，重新提起这一件最感到自豪的事情：

> 忆献三赋蓬莱宫，自怪一日声烜赫。集贤学士如堵墙，观我落笔中书堂。往时文采动人主，此日饥寒趋路旁。
>
> ——《莫相疑行》

但是，试文章的结果却令他大失所望。朝廷给他的安排仅仅是"送隶有司，参列选序"，意思是有关部门已经将他列于候补的名册中了，他只需耐心地等待。

杜甫不是衣食无虞的人，可以不急不忙地等待。此时他生活窘困，度日如年，他怎么能有耐心候补呢？等了半年多，他准备回家去了。

他很失望，很伤心。他赠诗与崔国辅、于休烈两位学士告别，在这首《奉留赠集贤院崔、于二学士》诗中，他说道：太平盛世本该大有作为，可我如今已是垂垂老矣，毫无成就。在我走投无路之时，只好斗胆叫阍、献赋阙下，所献的三大赋"气冲星象表，词感帝王尊"，连皇帝都被我的文字惊动了。可是，这一切都没有结果，我就像遇到大风的鸟儿不住地疾飞，就像跳不过龙门的鲤鱼一样，只能曝腮点额而退。这其中难免有小人从中作梗，致使我至今"青冥犹契阔，陵厉不飞翻"，不能展翅翱翔于青云之上。像我这样的儒士都难以为世所用，还有什么办法呢？还是回故乡吧。我整理行装，又想到了两位学士，你们如此称赞我的三大礼赋，又对我大加提携，让我怎么感激你们的好意呢？

到了天宝十三载（754）二月，李林甫已死，杨国忠以宰相兼文部尚书进位司空，为穷困所逼的杜甫感到这或许是一个机会。他想起来那篇写好后一直放在那里的《封西岳赋》，于是，将赋进献上去。在《进封西岳赋表》中说："维岳授陛下元弼，克生司空。""元弼""司空"即指杨国忠。可是，这篇赋也没有给诗人带来任何结果。

偌大的一个朝廷，竟然没有诗人的安身之处。

5. 牢骚："儒术于我何有哉?"

杜甫满腹牢骚。他有大牢骚，不能不发出来！

"纨袴不饿死，儒冠多误身！"（《奉赠韦左丞丈二十二韵》）世间都以儒学为高，然而自己奉儒学为圭臬，却到了几近饿死的地步。这是什么道理？

"世儒多汩没"（《赠陈二补阙》），在这个世界上，究竟什么样的人能够得到重用呢？儒士都不用，又需要什么样的人呢？

"有儒愁饿死"（《奉赠鲜于京兆二十韵》），"儒术诚难起"（《奉留赠集贤院崔、于二学士》），儒术在世上真的像人们讲的那样具有崇高的地位吗？为什么真正实行儒术的人竟然落到了"愁饿死"的地步？是该怀疑儒学，还是该质问这个社会？

穷困的生活使得诗人的思考多了一份深刻，也使得诗人的感叹多了一份厚重。

他看到庭前生长着的甘菊花，不禁联想起自己的身世，叹息道：

> 庭前甘菊移时晚，青蕊重阳不堪摘。明日萧条醉尽醒，残花烂漫开何益？篱边野外多众芳，采撷细琐升中堂。念兹空长大枝叶，结根失所缠风霜。
>
> ——《叹庭前甘菊花》

庭前甘菊因为移种晚了，到了重阳节还没有开花。过了重阳开出来的菊花，又有什么意义呢？从甘菊身上，诗人看到了自己的影子。

看到了白丝，他又联想起染成各种颜色的绢丝讨世人的欢喜，为人所用，但同时素丝也失去了本色；能够保持做人本色的人为什么得不到世人的推崇，为时所用，而非得将自己改变、扭曲了才会得到社会的肯定呢？其《白丝行》曰：

> 缫丝须长不须白，越罗蜀锦金粟尺。象床玉手乱殷红，万草千花动凝碧。已悲素质随时染，裂下鸣机色相射。美人细意熨贴平，裁缝灭尽针线迹。春天衣著为君舞，蛱蝶飞来黄鹂语。落絮游丝亦有情，随风照日宜轻举。香汗清尘污颜色，开新合故置何许？君不见才士汲引难，恐惧弃捐忍羁旅。

如此不遇，如此困顿，使得诗人异常激愤。他来到长安东南不远的曲江。曲江本是秦之隑洲，汉武帝因秦宜春苑故址凿而广之，水流曲折，故名曲江。玄宗开元时更加疏凿，成为一时胜境。池边有紫云楼、芙蓉园、杏园、慈恩寺、乐游原等名胜，花卉环植，烟水明媚，一到春秋佳日，游客如云，热闹异常。可是，此时这里却是一片萧瑟，满目悲凉，风吹叶落，菱荷枯折。他站在江畔，迎着萧飒的秋风，内心止不住的抑郁也伴随着滔滔江水倾泻而出：

曲江萧条秋气高，菱荷枯折随风涛，游子空嗟垂二毛。白石素沙亦相荡，哀鸿独叫求其曹。

即事非今亦非古，长歌激越捎林莽，比屋豪华固难数。吾人甘作心似灰，弟侄何伤泪如雨？

自断此生休问天，杜曲幸有桑麻田，故将移住南山边。短衣匹马随李广，看射猛虎终残年。

无情的秋风扫荡着盛夏里残留的枯枝败叶，陈渣腐朽统统地去吧！我胸中激起的狂飙也像秋风扫荡着一切：功名呵，利禄呵，成就呵，名望呵，统统地见鬼去吧！诗歌呀，格律呀，也统统不值一提！没有什么是一个常数，没有什么是一个定则，没有什么规矩不能打破，也没有什么东西能够恒久。就让我这样长歌，沉痛的歌声横穿无边的林野；就让我这样大叫，绝望的呼喊摩击永不停息的风涛。不问什么格律，不论什么句式，不管章法的规定，不计行文的路数。就让我这样哀叹，就让我这样哭号！生命，你就这样匆匆而过；白发，你就这样无情爬上我的鬓角；苍天哪！就是问你什么，你也不会知道！我的心已如死灰，我的泪

72

水已经枯竭。拜谒也没有用，请求也无效，悲鸣又算得了什么，哭泣也换不回来温饱。回家去吧，守着几亩薄田，学着李广，游猎射虎，聊以发泄心中的一腔悲愤！

这就是杜甫的名作《曲江三章章五句》。从没有人写过这种诗，一首诗有五句，前三句连韵作一顿，后两句隔句押韵；押韵、章法以及整个形式都极为独特。这是杜甫的创体。然而，诗的这种形式正与诗人积郁太深、脱口而出的情状相契合，行文跳荡，情绪激昂，思绪有如泉涌一般。即事吟咏，随意抒写，这是古体常见的写法，可是此诗的句法又接近今体，所以诗人自称："即事非今亦非古。"

杜甫在长安十年中，与各色人士都有交往，世态炎凉，人情冷暖，实在经历过不少。面对着一些市侩之人，杜甫深恶痛绝。他在《贫交行》中写道：

翻手作云覆手雨，纷纷轻薄何须数？君不见管鲍贫时交，此道今人弃如土。

诗人感叹朋友交往以诚相待的准则如今已经没有什么人再看重了，众人只重视权势财利，而真诚的友情已经被人淡忘。过激的语言正从另一侧面反映出诗人对于友情的珍重，对于势利的憎恶。

前面提到杜甫在长安有一位知心朋友郑虔。郑虔是荥阳（今河南荥阳）人，早年家贫，喜好书法但苦于无纸，只好用柿叶代替纸张来练习书法。后来他得知慈恩寺有好几间屋子的柿叶，于是，借僧房而居，每天用柿叶练字，最后差不多把柿叶都写完了。又工绘画，善画山水，曾经将自己所书的诗歌与绘画，进献玄宗。皇帝很欣赏，于诗画的末尾亲笔题"郑虔三绝"。天宝九载（750）七月，朝廷置广文馆，以郑虔为博士总领词藻之士。郑虔将上任，茫茫然问宰相道："不知广文曹司在什么地方?"宰相答："广文馆新置，总领文词，故请像你这样有名望德行的人职掌。后代若要提起广文馆博士，一定会说那是从郑虔开始的，这不是好事吗?"郑虔走马上任。实际上，广文馆是一个闲散机构，仅仅是朝政的点缀而已，谈不上什么大有作为。办公地方条件很差，后来遇上久雨，办公屋子竟然整个坏了，无人来修，只好借国子馆办公。郑虔性本淡泊，故安于寂寞，寄情琴酒篇咏、书法绘画。

杜甫与郑虔相善，故常常在赠诗中一吐衷肠。郑虔任广文博士，杜甫作《醉时歌》相赠，诗曰：

> 诸公衮衮登台省，广文先生官独冷。甲第纷纷厌梁肉，广文先生饭不足。先生有道出羲皇，先生有才过屈宋。德尊一代常坎轲，名垂万古知何用? 杜陵野客人更嗤，被褐短窄鬓如丝。日籴太仓五升米，时赴郑老同襟期。得钱即相觅，沽酒不复疑。忘形到尔汝，痛饮真吾师。清夜沉沉动春酌，灯前细雨檐花落。但觉高歌有鬼神，焉知饿死填沟壑? 相如逸才亲涤器，子云识字终投阁。先生早赋归去来，石田茅屋荒苍苔。儒术于我何有哉? 孔丘盗跖俱尘埃。不须闻此意惨怆，生前相遇且衔杯。

此诗作于天宝十三载（754），此时杜甫在长安已住了八个年头，不仅仕途未达、理想不能实现，而且竟已沦落到与贫民为伍去购买减价官米的地步，甚至面临着饿死的威胁。残酷的现实使诗人发出"儒术于我何有哉"的激愤之语，他非但不再幻想进入仕途施展抱负，而且连白鸥清波的浪漫想法也不再出现在心头，只是想借酒浇愁和归隐耕田。诗的开首通过衮衮诸公的显赫奢侈与广文先生的位卑穷困的强烈对比，展现出诗人心中的不平、愤懑。郑虔性情淡泊，其道出于羲皇，勤于著述，极为有才，在社会中竟然坎坷不遇，实在让人为之不平。可是"杜陵野客人更嗤"，杜甫自己的遭遇就更惨了。在这种备受冷落的境遇中，只有你我相知，引为知己。

　　诗写到这里，诗人再次抛开各种束缚，将心底的愤慨倾吐出来。"得钱即相觅，沽酒不复疑。忘形到尔汝，痛饮真吾师。"纵情放歌，悲慨突起，一段沉痛牢骚，横插入诗，愁人相对，以沫相濡，真可谓推心置腹，心心相印。突然，诗人宕开一笔，插入一幅春夜对雨图："清夜沉沉动春酌，灯前细雨檐花落。"真是神来之笔！细雨绵绵，正如心中的愁绪，况以愁人醉眼观之，则更如银花散落，此情此景，人何以堪？诗人安慰郑虔说，当年司马相如善作赋、有逸才，与卓文君奔到临邛，尽卖车骑，开店沽酒。卓文君当垆，相如自己穿着犊鼻裈，与奴仆们一道在街边洗涤杯盘酒器。扬雄博学，多识奇字古文，曾校书于天禄阁上，后因事受牵连，治狱使者前来逮捕他，他自忖不能免，于是从阁上跳下，几乎跌死。像才高博学的相如、扬雄，尚未能免于操贱役、遭祸患，我等如此遭遇又有何不可？但管此时痛饮高歌如有神助，哪管死后怎么样！"名垂万古知何用"，"儒术于我何有哉"？还是痛饮吧！

　　一个极度痛苦的人，为什么不能让他在酒中暂时得到慰藉？为什么不能让他暂时抛开德行、功名等等让他日夜不宁并且因此备受折磨与痛苦的那些念头呢？落拓穷困至此，尚不肯离弃儒术。正因为诗人对儒术拳拳服膺、生死与共，他才会发出如此愤激的反语。从这些抑制不住的埋怨话中，正可体会诗人对理想的眷恋之深啊！

第三章　游离盛唐诗坛之外

1. 盛唐诗风

从裘马清狂到籴米官仓，诗人的生活有一个巨大的落差；从乐观热烈到苦闷愤懑，诗人的情绪也有一个巨大的落差；杜甫的诗歌无论是风格还是题材也都随之产生了巨大的变化。这个变化最主要特征就是，杜诗逐渐从充满了浪漫、理想色彩的盛唐诗坛中游离出来了，取而代之的是深沉、冷静、客观的写实风格。

中国古典诗歌发展到盛唐时期已经走过了颇为漫长的历程。

从东汉以来，历代诗人们就对中国古典诗歌——主要是五七言诗进行了不断的探索、创新，这使得五七言诗得到了充分的发展。及至盛唐，五七言诗在诗体形式、题材取向、艺术手段、风格倾向等各个方面都取得了巨大的成就，形成了自己鲜明的时代特征，也积累了丰富的经验。

到了盛唐，唐诗的鼎盛时期来临了。后人往往认为盛唐诗坛上主要有山水田园诗派和边塞诗派两个诗人群体。这样的概括不太准确，但大致说出了当时诗坛上两种倾向。孟浩然、王维、常建、储光羲等人的作品极为成功地描绘了美丽幽静的自然风光，并借以反映其宁谧的心境。孟浩然四十岁应进士试不第，一生大部分时光都是在各地游历、隐居，有很多的时间接触自然，体味自然。在他的笔下，山水呈现出一种清新质朴的气息："野旷天低树，江清月近人"（《宿建德江》）；"绿树村边合，青山郭外斜"（《过故人庄》）。树木花草也被赋予了一种生动的诗意："荷风送香气，竹露滴清响。"（《夏日南亭怀辛大》）在他的笔下，人与自然处于极为和谐的境界中。"北山白云里，隐者自怡悦。相望始登高，心随雁飞灭。愁因薄暮起，兴是清秋发。时见归村人，平沙渡头歇。天边树若荠，江畔舟如月。何当载酒来，共醉重阳节。"（《秋登万山寄张五》）

如果说孟浩然的诗是"清而旷"的话，那么，王维的山水诗则是"清而秀"。王维既在朝中做官，又营建辋川别业，过着亦官亦隐的生活。作为诗人，王维能够以一种独特的目光发现在常人眼里往往是司空见惯的山水："江流天地外，山色有无中"（《汉江临泛》）；"声喧乱石中，色静深松里"（《青溪》）。在王维山水诗中人与自然呈现出理想化的色彩："空山不见人，但闻人语响。返景入深林，复照青苔上。"（《鹿柴》）在清新鲜明的景象中展示出诗人高洁的情怀和理想的境界。

可以说，唐代的边塞诗最直接地体现了盛唐人奋进、激昂、浪漫、向上的气质。高适、岑参、李颀、王昌龄等人的边塞诗既歌颂了抵抗侵略的胜利及广大将士们的英勇精神，也谴责了当时由于过度开边而造成的对人民和平生活的破坏。这些诗交织着英雄气概与儿女衷情，兼有悲凉慷慨和缠绵宛转之情。如高适的《燕歌行》："男儿本自重横行，天子非常赐颜色……边庭飘飖那可度，绝域苍茫何所有。杀气三时作阵云，寒声一夜传刁斗。相看白刃血纷纷，死节从来岂顾勋？君不见沙场征战苦，至今犹忆李将军。"高适曾三次奔赴塞外，长期从军，其戎马生涯使得诗中所抒发出的英雄气概特别真切感人："总戎扫大漠，一战擒单于"（《塞上》）；"青海只今将饮马，黄河不用更防秋"（《九曲词》）。《塞下曲》描写天宝十二载（743）收复九曲之地的战斗，洋溢着唐人无所畏惧、所向无敌的精神。

与高适齐名的岑参同样有着长期从军和边塞生活的经验，他的边塞诗也多抒发自己追求功名、渴望报国的愿望："功名只向马上取，真是英雄一丈夫"（《送李副使赴碛西官军》）；"丈夫三十未富贵，安能终日守笔砚"（《银山碛西馆》）。其描写边塞戎马倥偬的场面极有感染力，如《走马川行奉送封大夫出师西征》，把"平沙莽莽黄入天""金山西见烟尘飞"的征战场面描绘得有声有色，在艰辛的战地生活画卷之中营造出英勇悲壮的氛围。

安史之乱前的诗歌创作散发着强烈的浪漫气息，或者表现为希翼隐逸，爱好自然，诗中的形象是"隐士"；或者表现为追求功名，向往边塞，诗中的形象是"侠少"。"隐士"与"侠少"反映了盛唐诗人由于生活道路的曲折而形成的得意与失意、出世与入世的两种互相矛盾的思想感情。不同的生活道路与不同的生活态度，使他们或者成为高蹈的退守者，或者成为热情的进取者，或者因时变化，两者兼之。前人所谓盛唐气象，在很大程度上，指的就是这种富于浪漫气息的精神面貌。这种富于浪漫精神的创作的最高成就无疑集中体现在李白的诗歌中。

诗歌，在李白这里已经不再是诗歌，而是强烈的生命意识的直接表现："君不见黄河之水天上来，奔流到海不复回。君不见高堂明镜悲白发，朝如青丝暮成雪。人生得意须尽欢，莫使金樽空对月。天生我材必有用，千金散尽还复来。"（《将进酒》）他要感慨，就是"白发三千丈，缘愁似个长"（《秋浦歌十七首》其十五）！他要发牢骚，就是"大道如青天，我独不得出"（《行路难三首》其二）！他要抱怨，就是"吟诗作赋北窗里，万言不直一杯水……骅骝拳跼不能食，蹇驴得志鸣春风"（《答王十二寒夜独酌有怀》）。他内心痛苦，走投无路，就是"金樽清酒斗十千，玉盘珍羞直万钱。停杯投箸不能食，拔剑四顾心茫然……行路难，行路难，多歧路，今安在？长风破浪会有时，直挂云帆济沧海"（《行路难三首》其一）。他不但要求打破名缰利锁的束缚，而且希望冲破有限时空对人生的限制："弃我去者昨日之日不可留，乱我心者今日之日多烦忧。长风万里送秋雁，对此可以酣高楼。蓬莱文章建安骨，中间小谢又清发。俱怀逸兴壮思飞，欲上青天览明月。抽刀断水水更流，举杯消愁愁更愁。人生在世不称意，明朝散发弄扁舟。"（《宣州谢朓楼饯别校书叔云》）在这里，我们感受到的不是一首一首诗歌，不是李白对某件事情的激愤、感慨、执着与眷恋，而是一首大诗，一首生命的大诗，一条浩瀚汹涌、奔流不息的生命之河。这是人的精神在寻找自己张扬生发、激昂奋进、奔突倾泻的出路的艰难历程。这是人的精神执着而痛苦地追寻自由的写照。

李白热爱现实生活中的美好事物，大胆追求精神境界中的自由，热情讴歌壮丽的自然以及社会与心灵中的光明面，又对黑暗、丑陋的现象表示无比的轻蔑，其作品的内涵丰富深邃超越了王、孟、高、岑等人。同时，李白那惊人的天才又使他能够得心应手地运用各种艺术手段创造出飘逸、壮丽的艺术风格，从而成为"众星罗秋旻"（李白《古风五十九首》之一）的盛唐诗坛上最为耀眼的明星。

盛唐诗坛的浪漫创作倾向与当时社会的繁盛分不开。然而天宝之后，种种衰退的因素已经在社会各个层面滋生，各种社会、民族、个人、心理的矛盾日益激化，浪漫倾向的诗歌创作实际上正在失去其社会、物质、精神上的基础。轻快、激荡、浪漫的诗歌已经走到了它的尽头。诗歌该往何处去，谁也不知道。但是敏感的诗人在结合着他个人生活经历所创作的诗歌中，却准确地预示着诗坛变化的方向。反映这一变化的标志性作品是杜甫的《饮中八仙歌》。

2.《饮中八仙歌》：浪漫群体中的清醒者

这一天，杜甫凑得几个小钱打算邀请郑虔一道喝酒。不巧，郑虔不在。诗人只好独坐小酒楼上自斟自饮。酒入愁肠，他不禁伤感起来。来到长安已经有好几个年头，四处奔走，干谒请求，可是仕途还是没有希望，生计丝毫没有着落。初来京师时那么充满希望，那么自信，现在看起来，多么不切实际；那时的理想多么远大，愿望多么美好，可此刻看起来，又是那地遥远。这就是现实！看看窗外，风和日丽，长安街头仍像往日一样热闹、繁华，可是此时，自己穷困潦倒，置身于繁华之外，置身于政治之外。这就是现实。唉！这么好的天气，要是能与二三子共饮，那该有多好呵！三杯两盏下肚，诗人自觉得神思飞动，感慨万千，脑海中不停地浮现起朋友的音容，浮现起痛饮狂歌的身影……

贺知章已经仙去，他的风度多么让人怀想。他是会稽永兴（今浙江萧山）人，少年时即以文词知名，性格狂放旷达，谈笑风生，风流倜傥，深为当时贤达之士所倾慕。晚年尤加纵诞，邀游里巷，无复规检，自号"四明狂客"。贺知章仕途比较顺利，不过，心中还是有不少牢骚和感慨。晚年他出家做道士，回到家乡，在《回乡偶书》中说："离别家乡岁月多，近来人事半销磨。惟有门前镜湖水，春风不改旧时波。""近来"一句，寥寥七字，正写出了当时时局的转变以及自己在官场上的处境。他醉后骑马的样子实在让人忘不了，他是南方人，惯于乘船，不善骑马，骑在马上摇摇晃晃犹如坐在船里，醉眼蒙眬，眼花缭乱，就是跌入井中也会酣睡无妨。

汝阳王李琎与贺知章为诗酒之交，也是秉性放达之人。不过，表面看上去，李琎十分谨慎。事实上，狂放是佯狂自晦，谨慎是小心避祸，都是出于同样的目的。其父李宪虽然让三弟李隆基做了皇帝，避免了一场家庭内部的厮杀，但玄宗的猜忌并没有完全消除。汝阳王李琎所处的地位不太有利，很难有所作为，除了沿袭司马相如的老套路，劝皇上不要耽于打猎以外，也只能钟情于酒了。杜甫了解李琎，他要饮酒三斗之后才入朝拜见天子。朝臣觐见天子，诚惶诚恐，而汝阳王饮酒三斗才能去做正事，其好酒之性由此可见。李琎路上看见酒车，就迈不动步子，竟然垂涎三尺，恨不能将自己的封地移到酒泉。

天宝饮者一定要算上李适之。李适之，恒山王李承乾的孙子。他雅好宾友，虽然嗜酒，但豪饮一斗，神志丝毫不乱，"夜则宴赏，昼决公务，庭无留事"，是一位能干的官员。他代牛仙客为左相，累封清和县公，后因受李林甫排挤而罢去宰相。他的儿子设宴招待客人，客人都害怕李林甫，没有一人敢去赴宴。李适之因此而赋诗曰："避贤初罢相，乐圣且衔杯。为问门前客，今朝几个来？"

酒馆伙计看见客官只呆坐在那里，走上前去，往杯中斟满酒。杜甫却好似什么也没有看见，依旧陷入深思。

提起崔宗之，那真是一位潇洒美少年。他是崔日用之子，袭封齐国公，与李白诗酒唱和。两人尝乘舟自采石往金陵，李白衣宫锦袍，于舟中顾瞻笑傲，旁若无人，可见崔宗之也是豁达无所拘束的人。他曾任监察百官的侍御史，在当时政治不够清明的时代，实在难有作为。这或许就是他后来被贬官的原因吧。崔宗之愤世嫉俗，在他的眼中，人间无非俗物，所以，只好不看厚地而看高天了，其内心苦闷与寂寞可想而知。

苏晋也是一位非常特别的豪饮之士。他是苏珦之子，少能属文，作《八卦论》，吏部侍郎房颖叔、秘书少监王绍宗读了，不禁赏叹说："这真是又出了一个王粲！"苏晋颇为知名，弱冠即举进士。玄宗监国，每每让苏晋和贾曾起草文件。苏晋数进谠言，深见嘉纳。后来，知吏部选事。当时已用"糊名考判"，但他却"独多赏拔"，并不以考卷而以平日名声为重，故选拔人才甚得当时之誉。如此仕途，却皈依佛门。苏晋长斋事佛，看起来是素心之人，可是一旦饮酒，就管不了那么多佛教的清规戒律，可见酒对他的吸引力要比佛力还大。实际上他是"以禅避世，以醉逃禅"。

诸位酒仙中，李白当推酒仙之首。他桀骜不驯，豪放纵逸，卓荦傲然，终身以酒为伴，醉后作诗，挥洒如意，疾如风雨。传说天子召唤，他正醉酒如泥，上不了天子派来接他的船，真是：戏万乘若僚友，视俦列如草芥！

杜甫想到这里，仿佛贺知章、李白诸人正和他坐在一起共饮。他举起酒杯致意，然后一饮而尽。

饮中之仙不能没有"草圣"张旭。这位著名的书法家是吴郡人，曾官金吾长史，世称张长史。他善草书，又好饮酒，每每大醉之后，号呼狂走，铺纸索笔，纵情挥洒，此时所书，龙蛇飞动，变化无穷，实在奇妙无比呀！他酒醒之后，看着自己的书法，不相信那是自己写的，以为一定有神灵暗中相助。人们都称他"张颠"。

焦遂虽是布衣，却曾与陶渊明的后裔陶岘、诗人孟云卿有来往，也是一位品行高绝、才能出众的饮者。他往往酒过五斗，方才渐入佳境，神情卓然，精神益振，高谈阔论，出语惊人。

杜甫倒尽壶中最后一滴酒，端起杯子，对着仿佛面对的酒中之仙们，干了。天色渐晚，夕阳余晖为远处皇宫渲染上梦幻般的金色。该起身走了。虽饮斗酒，可他神志异常清醒，步履不乱，出了小酒楼，走在金色大殿衬映着的一片灰色街巷中，诗人边走边吟唱道：

　　知章骑马似乘船，眼花落井水底眠。汝阳三斗始朝天，道逢曲车口流涎，恨不移封向酒泉。左相日兴费万钱，饮如长鲸吸百川，衔杯乐圣称避贤。宗之潇洒美少年，举觞白眼望青天，皎如玉树临风前。苏晋长斋绣佛前，醉中往往爱逃禅。李白一斗诗百篇，长安市上酒家眠。天子呼来不上船，自称臣是酒中仙。张旭三杯草圣传，脱帽露顶王公前，挥毫落纸如云烟。焦遂五斗方卓然，高谈雄辩惊四筵。

这就是杜甫有名的《饮中八仙歌》。天宝初在长安的八位才情高绝、品性卓荦的豪饮之士，杜甫称之为"饮中八仙"。诗人为八个人画了八幅生动传神的肖像画。全诗句尾虽然押同韵，但全篇无头无尾，各段互不关联，整个形式极为独特，像一架屏风，由各自独立的八幅画组合起来，而每幅又只用写意的手法，寥寥几笔，勾画出每个人的神态。

诗中所描写的李白等八人身份和社会地位各异，但是他们痛饮沉醉的狂态却甚为相似。后人评论此诗大多着眼于八仙身上的"仙气"，认为此诗抓住了个"仙"字，仗着这股"仙气"，使人物活灵活现，飞动起来。但醉态可掬、狂放不羁的形象仅仅是八仙的表面，其骨子里都有大隐忧在，醉酒并非完全是欢乐心情的体现，对此杜甫深有领悟。

虽然"饮中八仙"并非都以诗歌著称，但他们的精神状态正是盛唐诗坛风气的形象体现。在盛唐后期，即开元末、天宝初，朝政日趋腐败，社会日渐黑暗，可是这一切都掩盖在花团锦簇的繁华外表下面，所以诗人们（包括李白、贺知章）尽管对此若有所感，但由于受到巨大的惯性力量的支配，仍然以充满着浪漫情调的举止（如痛饮）来消解心底的惆怅失意。他们没有能够、甚至还不情愿睁大眼睛清醒地正视现实，所以整个诗坛仍然弥漫着浪漫的创作倾向。此时，只有杜甫是一个例外。

杜甫怀着深切的同情注视着这些醉酒者，因为他也曾是一个醉酒者，但是他现在已经不再用"醉酒"来逃避这"醉世"，他开始走向真正的清醒，以极度的理智而现实的目光注视这个世界，同时，也开始以清醒的旁观者的身份重新审视这"饮中八仙"的醉态。这意味着他的思想和观念开始扎根于现实，他的诗歌也开始从弥漫着一片浪漫色彩的诗坛中游离出来。

当杜甫后来登上慈恩寺塔时，他终于完成了这一游离、独立的过程。

3. "仙侣同舟"的游兴

长安西南百里远的地方有一个鄠县（今陕西西安鄠邑区），县西边五里有一泓碧澄的湖水，这就是常常为唐诗人歌咏的渼陂。陂即湖、池塘的意思。陂水出自终南山诸谷，汇合胡公泉，到这里的山谷积聚成一片宽阔的水域，方圆可有数里，陂水停驻，然后北流入涝水。渼陂四周景致绝佳，青山环抱，郁郁葱葱，有著名的紫阁峰，峰下陂水澄澈见底，水上又有芙蕖依依，时见凫雁上下，泛舟其中，清幽绝胜丝毫不减江南。

这一日，岑参兄弟与杜甫相约一道游览渼陂。岑参是一个十分好奇的诗人。岑参以边塞诗著称，当后人读到他的"轮台九月风夜吼，一川碎石大如斗，随风满地石乱走""侧闻阴山胡儿语，西头热海水如煮。海上众鸟不敢飞，中有鲤鱼长且肥"的诗句时，不能不为他的奇特的想象和奇异的诗风所折服。但实际上，岑参其他题材的诗歌也都很"奇"。岑参诗奇人亦奇，杜甫人奇诗更奇。杜甫称赞"岑参兄弟皆好奇"，可谓是情投意合。

人们游览都爱选在天晴日丽的时候，而诗人们却偏偏遇上了一个风云变幻的日子。一遇到浓云密布、电闪雷鸣的光景，游人大都游兴顿消，扫兴而回，可是，这几个好奇的诗人兴致丝毫不减，甚至更喜欢这样难得一遇的景致。天地异色，阴云笼罩，风浪乍起。湖水反射天空的光线。天空黯然时，湖水的颜色也随之变得深沉阴暗，此时，风大浪急，湖水涌起的波浪也更容易看得清，当凝神注视着波浪兴起的一瞬间，波浪便仿佛凝结成像琉璃一样的固体。

就在这许多人叹而止步的地方，诗人们却泛舟入湖。湖上狂风四起，波浪汹涌，游船也随着浪涛颠簸摇晃。诗人们起初很兴奋，可接下来又担心小船挺不住风浪，自己也将葬身鱼腹，那可是"鼍作鲸吞不复知"。诗人们也不禁焦急起来。可是没有料到，狂风竟然很快止息，湖面上恢复了平静，乌云散去，周围群山也逐渐变得清晰起来，一片苍翠欲滴。舟子高兴起来，一边鼓棹，一边悠扬地唱起渔歌，行舟惊动了荷花间的凫雁，凫雁振翅而飞，水鸟鸣畴犹如管弦，与舟子的渔歌互相应答，回荡在空翠的湖面和群山间。

遇到这样风云变幻的景象，遇到这样奇丽多姿的景色。能不留下诗篇吗？杜甫《渼陂行》曰：

> 　　岑参兄弟皆好奇，携我远来游渼陂。天地黤惨忽异色，波涛万顷堆琉璃。琉璃汗漫泛舟入，事殊兴极忧思集。鼍作鲸吞不复知，恶风白浪何嗟及。主人锦帆相为开，舟子喜甚无氛埃。凫鹥散乱棹讴发，丝管啁啾空翠来。沉竿续缦深莫测，菱叶荷花净如拭。宛在中流渤澥清，下归无极终南黑。半陂已南纯浸山，动影袅窕冲融间。船舷暝戛云际寺，水面月出蓝田关。此时骊龙亦吐珠，冯夷击鼓群龙趋。湘妃汉女出歌舞，金支翠旗光有无。咫尺但愁雷雨至，苍茫不晓神灵意。少壮几时奈老何，向来哀乐何其多？

　　游船从岸边始发，此时渐渐泛入渼陂的中央。船到水中央时，整个湖水幽暗，好像深不见底。这是因为终南山的倒影全映在陂水之中，南边的湖水能够把整座山都浸没在里面，看起来自然是下归无极、深不见底了。水波荡漾，山影摇动，呈现出奇异的景象。等到船只靠近东南岸时，远远地可以看到云际山上的大定寺的楼宇。日色将暝，船历寺前。水中山寺的倒影历历在目，诗人想象船舷经过水中楼宇时竟然发出"戛戛"的声音来。多么独特奇妙的想象呀！

　　月出蓝田，天色已晚，诗人接着描写月下所见所闻的景象。诗人凭借着想象而铺陈开一种神话般的境界，很像屈原的《楚辞》中滉漾飘忽、千态并集的神境……

4. 慈恩寺塔：览景与阅世的高度

如果说渼陂之行只是让诗人欣赏到了难得一见的美景，从而引起了阵阵惊愕，并在诗中激发出了许多奇妙神异的想象的话，那么，登览慈恩寺塔则给诗人的创作道路带来了一次极为重要的变化。

慈恩寺是唐高宗在做太子时为其母文德皇后所建，故名"慈恩"。贞观二十二年（648）寺院建成，坐落在长安城东南进昌坊。寺内的慈恩寺塔则是玄奘于永徽三年（652）所建，共有六层。后来由于年代渐久，塔也日益毁损，长安元年（701）改建，塔也增高为七级，高三百尺。此塔又名大雁塔，至今尚存，仍是登览胜地。

天宝十一载（752）的一个秋日，杜甫、高适、薛据、岑参、储光羲等五人一起登上了长安慈恩寺塔。登高远望，田野山河，千里苍苍，尽收眼底，诗人感慨万千。高适和薛据率先赋诗，杜甫等三人随即继作，各自驰骋诗笔，描绘眼前之景，抒发内心感想。

这是文学史上很值得纪念的一件盛事。时过九百年之后，王士禛还不胜景慕地说："每思高、岑、杜辈同登慈恩塔，李、杜辈同登吹台，一时大敌旗鼓相当，恨不厕身其间，为执鞭弭之役！"的确，这五位诗人都是一时之俊杰。杜甫、高适、岑参三人名垂千古，毋庸赘述。储光羲和薛据在当时的诗名也很大。殷璠在《河岳英灵集》中，共收录二十四位诗人二百三十首诗，储光羲诗入选十二首，薛据诗入选十首，可证其诗颇为时人所重。所以，这一次同题共作确实是诗人们吐露胸臆、驰骋才思的良机。由此也可以清楚地看出杜甫与当时诗坛的关系。

薛据的诗已佚，先看高适的《同诸公登慈恩寺塔》：

> 香界泯群有，浮图岂诸相？登临骇孤高，披拂欣大壮。言是羽翼生，迥出虚空上。顿疑身世别，乃觉形神王。宫阙皆户前，山河尽檐向。秋风昨夜至，秦塞多清旷。千里何苍苍，五陵郁相望。盛时惭阮步，末宦知周防。输效独无因，斯焉可游放。

这一年，高适已经五十三岁，他虽从二十岁起就谋求入仕，但终因无人援引而沉沦潦倒，长期过着渔樵和漫游生活。直到天宝八载（749）登有道科后，才得到封丘尉的小官，但是他很快就弃官了。此时，高适尚未被荐入哥舒翰幕而在长安闲居，所以他的心情一直很抑郁。高适这首诗中表现出较强的用世之志，诗中虽然也有"香界泯群有，浮图岂诸相"之类的句子，但毕竟不是"终篇皆彼教语"，特别是结尾"盛时"四句，说明诗人在登临佛寺浮图时并没有忘记要为国家效力。高适看到了登塔所见之外的东西。

诗人的出处不同，秉性各异，思想敏锐程度也不尽相同，当他们站在高塔这同一高度之上时，所见所感所思的深度与广度却有很大差别。

岑参、储光羲两人也像高适一样心中颇有些郁闷。岑参其时三十六岁，他虽然在天宝三载（744）就已进士及第，但仅得到一个兵曹的微职。天宝八载（749），赴安西入高仙芝幕。虽说塞外雄浑奇丽的自然风光和紧张豪壮的军中生活对他的诗歌创作大有裨益，并且确实大有收获，但是他在仕途上却并不得意。天宝十载（751）秋，高仙芝兵败回朝，他也随之回到长安闲居。此时他的心中一直都是抑郁寡欢，很不得志。

储光羲这年已有四十六岁了，他总算在朝廷里有一个职位，任监察御史。可是监察御史的官品为正八品上，这对于一个开元十四年（726）就进士及第的诗人而言，无论如何也不会是一件得意的事情，况且，就连监察御史他也是在上一年刚刚得到的。所以这一年里，他在《哥舒大夫颂德》一诗中说："顾我抢榆者，莫能翔青冥。游燕非骐骥，踯躅思长鸣。"可见他也有满腹牢骚。

正是这种郁闷，这种牢骚，使得两位诗人的诗作不仅结合了个人内心的深沉感慨，而且也表现出了较强的超越现实的愿望。岑参的《与高适薛据登慈恩寺浮图》曰：

> 塔势如涌出，孤高耸天宫。登临出世界，磴道盘虚空。突兀压神州，峥嵘如鬼工。四角碍白日，七层摩苍穹。下窥指高鸟，俯听闻惊风。连山若波涛，奔凑似朝东。青槐夹驰道，宫馆何玲珑。秋色从西来，苍然满关中。五陵北原上，万古青濛濛。净理了可悟，胜因夙所宗。誓将挂冠去，觉道资无穷。

储光羲《同诸公登慈恩寺塔》诗曰：

> 金祠起真宇，直上青云垂。地静我亦闲，登之秋清时。苍芜宜春苑，片碧昆明池。谁道天汉高，逍遥方在兹。虚形宾太极，携手行翠微。雷雨傍香冥，鬼神中躨跜。灵变在倏忽，莫能穷天涯。冠上阊阖开，履下鸿雁飞。宫室低逦迤，群山小参差。俯仰宇宙空，庶随了义归。崱屴非大厦，久居

亦以危。

　　两人诗作的共同特点在于写一个佛寺中的浮图，并把登塔时
所看到的景物与佛家教义紧密地联系在一起。岑参诗结尾"净
理"四句，虽然隐约地表示了自己对于现实的不满，但对现实的
超越只能是逃到佛家净域中去。储诗结尾"俯仰"句以下，更是
认为世间万物皆为虚无，只有佛家的"了义"才是最后的归宿。
如此一来，岑、储用了很大的气力、很大的篇幅来描写浮图之高
耸、以及景物之广远，都是为了象征或衬托佛家教义之高深、佛
教法力之广大。他们或许没有意识到社会潜在的严重危机，或许
隐约意识到，但却缺乏直接面对危机四伏、险象环生的社会现实
的勇气，至少他们没有在诗中表现出这一点。虽然两人未必虔信
佛教，但是登上慈恩寺塔时，他们的眼界并没有超出佛国的范
围。相比较而言，高适在诗中所表现出的济世态度无疑要比岑参
和储光羲积极得多。但充满危机的现实也并没有在他的诗中得到
展现，他关注更多的还是个人的前途。

　　眼界的扩大、目光的敏锐、思想的深刻，以及在诗中寄寓个
人感慨的同时，又以无比阔大的人间情怀关注着危机潜伏的社
会，只有在杜甫的诗中才得到了充分的体现。让我们看杜甫的
《同诸公登慈恩寺塔》：

　　　　高标跨苍穹，烈风无时休。自非旷士怀，登兹翻百忧。
　　方知象教力，足可追冥搜。仰穿龙蛇窟，始出枝撑幽。七星
　　在北户，河汉声西流。羲和鞭白日，少昊行清秋。秦山忽破
　　碎，泾渭不可求。俯视但一气，焉能辨皇州？回首叫虞舜，
　　苍梧云正愁。惜哉瑶池饮，日晏昆仑丘。黄鹄去不息，哀鸣

何所投？君看随阳雁，各有稻粱谋。

与上述三诗相比，杜诗展现出完全不同的风貌。诗的开头四句，用语奇崛，气势喷薄，一下子展现出高塔凌风、拔出天外的形象。诗人特用"跨"字来形容塔高出天外的神姿，可谓一字千钧。静止的高塔用一个有拟人化色彩的"跨"字形容，顿时增强了一股顶天立地的气势。塔高而凌风，诗人又用"烈风无时休"来衬托高处的气氛。旷士即超然出世、旷达为怀之士，旷士登高自然有飘然出世之感。可是自己做不了旷士，登高远望，不仅不能销忧，反而顿生"百忧"，对这个世道、这个社会现实深感忧虑。其他几位诗人一进入香界，眼界也就被局限于佛家的境地之中了，唯独杜甫突破了浮图的视野，始终抱着现实的情怀，而且，穷愁潦倒、衣食艰难的诗人并没有把目光局限于他个人的生活。他登高望远，立即将眼前的景物与整个社会现实联系起来。在胸怀百忧的诗人看来，所见景物都蒙上了一层惨淡的颜色。"烈风无时休"固然是在高处的实景，但又何尝不是时局飘摇、天下将乱的征兆？

杜诗在艺术上也表现出更强的感染力。登上高塔，诗人仰观于天，见象纬之逼前；俯视于地，见山川之微茫。"七星"以下八句都在极力描摹佛塔之高。凌跨出苍穹之上的高塔使诗人看清了天界中的一切：北斗七星此时就闪耀在塔顶的北窗，平视即可看见；原来高悬于天空中的银河，此时也离得很近，天河潺潺流动的声音正从西边传来。日神羲和驾着六龙拉着的日车，飞快地奔驰，时时传来鞭声；少昊是黄帝的儿子，也是掌管秋天之神，只见他正将秋色洒满人间。其他几位诗人在诗中都着力描写塔势之高，但若论形象之生动、想象之奇特、状物之逼真，可以说杜诗技高一筹。

以上是仰观于天,当写到俯视于地的景象时,杜诗也表现出同样高超的艺术技巧。岑参诗中"秋色从西来"等四句气象阔大,笔力雄健,"青濛濛"的迷茫景象正是诗人站在想象中"碍白日""摩苍穹"的高度上俯瞰所见。可是当他写到"青槐夹驰道,宫馆何玲珑"两句时,却在不知不觉中把自己想象的高度大大降低了,因为能看清楚驰道青槐和玲珑宫馆,不可能是想象中"碍白日""摩苍穹"的高度。而只能是站在塔上三百尺的高度。所以说,针对诗中高塔这个意象而言,"青槐"二句与全诗不尽统一。杜诗则不同,它写俯视的"秦山忽破碎"四句与前面的"七星在北户"等几句的描写完全合拍。诗人俯视于地,只见原来连绵起伏、苍茫一片的秦岭,此时看起来大小诸峰被云气隔开,错杂相间,星星点点散落一片,好像摔碎了一般。泾水浊,渭水清,然而在高塔之上的诗人已经分不清泾渭清浊了。大地茫茫一片,皇州——帝国的京城此时也看不清究竟在哪里。既然远望山川已觉模糊,那么近瞰城郭当然也只能看到一片烟雾了。不能不惊叹:杜诗展现在我们面前的意象何等奇伟不凡,组成意象的各个部分又是如此和谐,诗人想象中的情景那样令人惊讶,却又如此逼真、让人深信不疑。真是由不得我们不赞叹杜甫创作上的独具匠心和无比惊人的创造力。

"秦山忽破碎"几句既是描写登高时想象所见,但多少又寓含着胸怀百忧的诗人对山雨欲来的社会的形象化感受。想象中苍茫之景与诗人胸中的忧愁之情都融为了一体,无法分开。

"回首叫虞舜"以下八句,由写景转为寓意。慈恩寺塔在长安东南区,俯视长安是面向西北,南望苍梧,故为"回首"。唐高祖号神尧皇帝,唐太宗受内禅,所以"虞舜"借指太宗。苍梧是古郡名，包括今广西、广东和湖南部分地区。相传舜死于苍梧，葬于当地的九嶷山（今湖南宁远）。这里的苍梧即指太宗之墓昭陵。慈恩寺既是唐代佛教的一个重要场所，又是帝国兴盛的象征，唐代进士中第，都要到此登塔题名，可见慈恩寺塔在唐人心目中的地位。杜甫这位忧国忧民的诗人登上寺塔时，已经感到了盛世即将消逝。他眺望太宗的昭陵，缅怀大唐帝国的繁荣兴盛。诗人满怀希望地呼唤一个时代，但那个时代已经过去，剩下的只是愁云惨雾而已。诗人由追昔而引出抚今："惜哉瑶池饮，日晏昆仑丘。"瑶池是神话传说中昆仑山西王母的居处。这二句诗以周穆王和西王母游宴于瑶池的传说来讥刺唐玄宗、杨贵妃。当然，诗中的"瑶池"不一定非得坐实比喻骊山温泉。诗人远眺骊山，即景生情，不由得对玄宗沉湎于酒色淫乐感到惋惜、愤慨。"黄鹄去不息，哀鸣何所投？"黄鹄即天鹅，诗人以黄鹄自比，抒发贤士失职而无所归宿的悲愤。"君看随阳雁，各有稻粱谋。"鸿雁秋天南飞，春季北飞，故古人称鸿雁之属为随阳之鸟，用以比喻趋炎附势者。这二句怒斥一些小人趋炎附势而谋取富贵之无耻。

大唐帝国表面看上去仍然强大兴盛，可是它的内部正在发生变化。这几位诗人都处于同样的大环境中，然而，他们对于当时整个形势的认识与感受却有很大的距离，这种距离决定了他们思想高度的不同，并在很大的程度上决定了他们的诗歌成就的高低。

杜甫此时极为落魄，宋代诗人陆游曾为此时的杜甫画了一幅生动准确的速写："长安落叶纷可扫，九陌北风吹马倒。杜公四十不成名，袖里空余三赋草。车声马声喧客枕，三百青铜市楼饮。杯残炙冷正悲辛，仗内斗鸡催赐锦。"（《题少陵画像》）长安五六年里饱经风霜、历经各种磨难的生活，使得诗人越来越深地体验到了人生的艰辛，也使得诗人能够透过社会繁荣的表面，更清楚地看到当时社会矛盾的实质。生活的不幸磨炼出诗人的敏感与思想的深刻。

思想的深刻正是在于其具有否定的力量。所以当四位诗人登上慈恩寺塔举目远眺时，对于观察自然景物来说，他们都站在同样高度的七级浮图之上；可是对于观察社会现象来说，杜甫却独自站在一个迥然挺出的高度上。这样，岑参、储光羲所看到的是佛寺浮图的崇丽，所感到的是佛教义理的精微；高适所看到的是与岑、储相同的景观，所感到的是个人命运的蹭蹬；而只有杜甫，不仅看到了高塔远景的实际景象，而且也看到了尘昏满目的社会现状，不仅感到了个人命运的坎坷不幸，而且更深切地感受到了帝国命运的危机。这就是杜甫的独特之处。

在某种程度上讲，诗人是民族的先知。到了天宝后期，大唐帝国已悄然走向衰败，盛唐的社会基础也已在表面繁盛的掩饰下黯然逝去。但是，更多的人仍旧沉浸于表面的繁华之中，只有杜甫敏锐地感受到了时代变迁的征兆，并将自己的这种真切感受形诸诗歌。杜甫已经从当时还沉浸于浪漫、幻想、乐观的诗坛中走出，并彻底地游离出来了。

5.《丽人行》：辛辣的嘲讽

各种社会现象都在证实着诗人对社会本质的判断。

天宝十二载（753）的上巳节到了。按照古代风俗，三月三日上巳节，一定要到水边祓除不祥，称作"修禊"。这天，京城的人都涌到曲江边宴饮、踏青，杜甫随着人群也来到曲江江畔。

呵，好一派节日的景象！天气清新，阳光明媚，春意融融，曲江两岸，五彩缤纷，人流如潮。

可是，对于一个穷困潦倒的诗人而言，这又意味着什么呢？

尽管江岸熙熙攘攘，可是诗人从人群中穿过时，却多少感到一种莫名的孤独。江水在阳光下闪动着波光，早春的鲜花迎着江风悄然开放。他沿着江边漫步，想让一望无边而又多情的春色拂去心中黯淡的惆怅。

正走得出神，只看见江边人群一阵骚动。禁中的卫队吆喝着快马冲向人群，人们呼叫着向两边躲闪，给马队让开一条大路。只见后面跟着长长的车队，彩旗飘扬，仪仗隆重，镶金嵌银的宫车在阳光照耀下闪闪发光，几位仪态万方的贵妇从车上缓缓走下来，容貌秀丽，光彩照人，玉佩声响，罗带轻扬，宛如来了一群仙女，远远围观的人群发出阵阵赞叹的声音。人们都在议论那是杨氏姐妹们。

玄宗晚年逐渐自满，以为天下太平，于是沉溺于个人的享乐之中。开元末，他十分宠爱的武惠妃去世了，玄宗怅然若失。周围急于想讨好的大臣早看在眼里，喜在心里，急忙奏闻皇上，此间还有一个倾城倾国、举世无双的杨玉环。这个杨玉环何许人也？原来她是玄宗的儿子寿王的妃子。

这一来可有些犯难了，然而，玄宗已不能自已，令高力士将杨玉环先度为女道士，住在太真宫里，号太真。天宝四载（745）七月，册封韦昭训女为寿王妃。八月，册封杨太真为贵妃。二十六岁的杨贵妃果然姿质丰艳、楚楚动人，让这位六十出头的皇帝惊喜不小。加上这位女子能歌善舞，颇通音律，聪敏而有心计，善于逢迎上意，很快就得到了玄宗的宠爱，与当日的武惠妃相比，其地位有过之而无不及，享受的礼仪皆如皇后，宫中称她为

"娘子"。

中唐人陈鸿在《长恨歌传》传奇中形容杨贵妃道："鬓发腻理，纤秾中度，举止闲冶，如汉武帝李夫人。别疏汤泉，诏赐藻莹，既出水，体弱力微，若不任罗绮。光彩焕发，转动照人。上甚悦。进见之日，奏《霓裳羽衣曲》以导之；定情之夕，授金钗钿合以固之。"玄宗凡有游幸，贵妃无不随侍，每乘马则高力士执辔授鞭。宫中专供贵妃院的织锦刺绣工人就达七百人，雕刻熔造之工又有数百人。杨氏如此被宠，朝野内外竞相进献器服珍玩。岭南经略使张九章、广陵长史王翼以所献之物精美而一加三品、一升户部侍郎。民间歌之曰："生男勿喜女勿悲，君今看女作门楣。"杨贵妃喜吃新鲜荔枝，于是每年就从岭南驰驿进贡。从岭南到西北京城数千里，无数个驿站备马疾驰，传送荔枝。仅仅为了满足个人的欲望，整个国家就得付出如此昂贵的代价，最高统治集团已经毫无理智可言。

一人得道，鸡犬升天。杨玉环的父亲、母亲、叔父、从兄等都分别加官晋爵。皇恩无限浩荡，圣上宠爱无穷，于"三千宠爱在一身"之余，还将无上的恩宠延及杨贵妃的三个姐姐。大姐封了韩国夫人，三姐封为虢国夫人，八姐封为秦国夫人。

一个天生丽质的贵妃、三个如花似玉的册封夫人不时地簇拥在皇帝左右，怎能不让玄宗皇帝飘飘欲仙呢？而这几个女子性爱奢华，争强好胜，在宫掖内外相互援引呼应，一时间势倾天下，就是皇帝的妹妹玉真公主等人见了也不得不畏惧她们三分。杨氏三个姐姐、两个从兄相继竞开第舍，大建豪宅，壮丽豪华的宅邸可与皇宫媲美。挥金如土，一堂之费，居然要花费掉千万钱。然而他们欲壑难填，一旦看到他人的宅邸超过自己家，竟然还将自己的豪宅拆了重建。虢国夫人更是豪荡，为所欲为，一天突然带着一帮爪牙和工匠，闯入前宰相韦嗣立家，不由分说，就把他家的旧宅拆了，自家在那里盖了一处新邸，只给韦家留了十亩边角地。

长安城里韩、虢、秦三夫人和杨铦、杨锜五家，人称"杨氏五宅"，成了最引人注目的地方。五宅门前朝夕如市，总是停着各种豪华车马。四方前来送礼行贿的人络绎不绝、争先恐后。杨家每有请托之事，各地府县长官立即承应照办，像奉了圣旨，绝不敢有所怠慢。

玄宗每年十月幸华清池，杨氏五家都跟随扈从，每家为一队，着一色衣；五家合队，照映如百花争艳，所过之处，遗钿坠鞋，光耀道路。此时上巳节曲江边杨氏姐妹出游的情形正与上华清池时相仿佛，春风吹拂着的江边成了杨氏姐妹争奇斗艳、竞比豪侈的地方。

就在人们争先恐后围观杨氏姐妹时，又听见一队人马过来，前呼后拥，声势浩大，远远望过去，只见众卫兵簇拥着一个仪表堂堂的官人。人们都在议论说，那就是宰相杨国忠。

杨国忠骑在一匹高头大马上，踌躇满志，仪态从容。杨国忠本名钊，是杨玉环的从祖兄弟，武则天的幸臣张易之即是杨国忠的舅舅。早几年前，杨贵妃新得宠，剑南节度使章仇兼琼怕李林甫坏了自己的前程，准备派人到京城结识杨家。鲜于仲通推荐杨国忠，章仇兼琼一见，果然一表人才，言辞敏捷，于是辟为推官，让他带上价值万缗的蜀货到长安去打点。正愁着没有出路的杨国忠大喜过望，披星戴月赶到京师，挨家拜访了自家几个妹妹，将蜀货分送各家，对她们说："这是章仇公的赠礼！"几个受宠的女子在皇上面前提了提章仇兼琼，不久章仇兼琼便进京做了户部尚书。

杨国忠到了京城真正有了用武之地，如鱼得水。他生性豪爽，好饮酒，善赌博，为人不受拘检。这一性格倒是与虢国夫人的"豪荡"有相近之处，两人在蜀中时就过往甚密。仪表堂堂又善于甜言蜜语的杨国忠来到京城，新寡的虢国夫人见了，心中更是多了几分欢喜，于是就让杨国忠住在自己的家里。很快，皇上便知道了杨国忠这么一位樗蒲博戏的好手。皇上准予他跟随供奉官出入禁中，授予金吾兵曹参军。有虢国夫人在一旁出力，杨国忠在朝中的仕途就算是铺平了。甚至不是平坦之途，而是青云直上的通路。监察御史、检校度支员外郎，又兼数职，很快即以称职迁度支郎中。不到一年，兼领十五使，专判度支事，专管国家财政。仅又过了四年，即天宝十一载（752）他就坐上了宰相的位子。其他兼职更多，大权独揽。

这会儿，杨国忠下了马，趾高气扬地走向江边，与杨氏姐妹们一起在亭台上举行宴饮。随着缓缓的江水，宫中乐手们依旧唱奏着节日的乐曲，清扬的乐音中不时地传来仙女们的阵阵笑声。江边的游人越来越多，如潮水般涌动。卫兵们呵斥着驱走人群，维持秩序。人们欢呼着，拥挤着，人声鼎沸，马儿嘶鸣。彩旗、幕帐、美酒、杯盘、乐音乃至春光，和着军刀、马鞭、怒斥、鞭挞在曲江江畔构成了一幅奇妙的图景。

诗人远远地走开，躲开这喧嚣，躲开这"美景"。他再次陷入沉思，他沿着江畔不停地走着，构思着又一首不朽的诗篇——《丽人行》。喧嚣远去了，繁华淡化了，他内心的声音变得越来越清晰：

　　　三月三日天气新，长安水边多丽人。态浓意远淑且真，
　　肌理细腻骨肉匀。绣罗衣裳照暮春，蹙金孔雀银麒麟。头上

99

何所有？翠微匐叶垂鬓唇。背后何所见？珠压腰衱稳称身。就中云幕椒房亲，赐名大国虢与秦。紫驼之峰出翠釜，水精之盘行素鳞。犀箸厌饫久未下，鸾刀缕切空纷纶。黄门飞鞚不动尘，御厨络绎送八珍。箫鼓哀吟感鬼神，宾从杂遝实要津。后来鞍马何逡巡，当轩下马入锦茵。杨花雪落覆白蘋，青鸟飞去衔红巾。炙手可热势绝伦，慎莫近前丞相嗔！

诗人首先描写了杨氏姐妹娴美的容态、华丽的服饰。在春天和煦的阳光下，丽人们身上点缀着"蹙金孔雀"和"银麒麟"的绣罗衣裳闪闪发光。她们的头上插满了各种珠宝头饰，腰上系着的缀有珠子的裙带衬出了她们匀称的身材。然而，华丽优美之下却隐藏着空虚、骄奢淫逸的灵魂。

"云幕"指丽人们出游时四周铺陈的幕帐就像云雾一样。"椒房"是用椒和泥涂壁的房子，取其保温隔热而又有香气。汉代未央宫中有椒房殿，是皇后的住处，后世便用椒房指代皇后，诗人于此比喻杨贵妃享有不该享有的皇后地位。"赐名"句指杨氏三姐妹被册封韩、虢、秦国夫人。她们的册封虽非实封某处领地，但是韩、虢、秦国名在当时的官制上都是大国的称号，以此显示出她们显赫的地位。

她们吃的是山珍海味，而且相互攀比，有时水陆珍馐数千盘，一盘所费竟然相当于十家之产，骄奢淫逸到了极点。然而就是面对这样的菜肴，丽人们却还是没有任何食欲，不知道吃什么是好。诗中"黄门"句描写的正是使臣从宫中御厨中进送珍馐美馔时的真实情景。使者们骑术高超，马快如飞，尘土还没有扬起来时马已经跑出很远，仿佛尘土不扬。中书舍人窦华有一次退朝时，正遇到宫中使者进食，他们挥舞大棒，横冲直撞，窦华险些没命。

"杨花"句讽刺杨国忠与虢国夫人之间的暧昧关系。"蘋"即四叶菜，又叫田字草，生于浅水中。古人传说杨花入水化为萍。大萍即是蘋，故俗以杨花与白萍同源，而且杨花正好谐杨姓。诗中"杨花覆蘋"即隐喻杨国忠与虢国夫人之间不正当的性关系。这里又隐含着一个典故：北魏胡太后与杨白花私通，杨白花惧祸，南逃降梁，并改名为杨华。胡太后怀之，并作《杨白华歌》，曰"秋去春还双燕子，愿衔杨花入窝里"。"青鸟"在古诗中常用为传递消息者的代称。"红巾"是贵妇常携的手帕，飞衔红巾指暗中传情达意。杨国忠地位日高，倾轧排斥异己日多，人衔怨毒。他自己心里也十分明白，但是积重难返，他已经无法回头了。他知道自己的名声不佳，纵使立地成佛也不会青史留名，于是更加随心所欲，肆无忌惮。虢国夫人的居第在宣义里，构连甲第，土木被绨绣，栋宇之盛，两京莫比。杨国忠的宅子与其相邻，昼会夜集，无所顾忌。有时与虢国夫人并辔入朝，挥鞭走马，以为谐谑，路人遇见，无不掩目骇叹。

唐天宝前的宰相，虽然身居高位，但都重视以自身的德行功业让众人诚服、尊敬，所以并不强调外表的威严。但是，自从李林甫做宰相之后，特重威仪，其人又特别狡猾，诡计多端，周围的官员无不惧怕，就连恃宠气傲的安禄山一见李林甫，也止不住地心惊胆战。杨国忠本来性格疏躁，不能持重，没有什么威仪，然而争强好胜，善于辩驳，既做了宰相，颇为效法李林甫做宰相的样子，一改往日轻躁，以树立起宰相的威严。于是裁决机务，果敢不疑，立于朝廷之际，攘袂扼腕，对于公卿以下的官员，颐指气使，众人无不惊惧。看到曲江江畔这位盛气凌人的宰相，杜甫不禁发出了"炙手可热势绝伦，慎莫近前丞相嗔"的慨叹。

艰难的生活、痛苦的人生改变了诗人，也改变了诗人的创作。杜甫无法再去抒发浪漫情怀，无法再去营造美妙的梦想，他不得不面对现实，他的诗歌也不得不转向写实。他用异常敏锐、冷峻的目光注视着这些荒淫无耻的上层贵族，冷静地观察这个社会，努力地找寻导致这个盛世衰退的病根。《丽人行》不仅是这次诗风转变过程中的重要收获，而且也是诗人寻求解答的探索。它通过当时权贵在曲江边宴游的豪华富丽的细节与场景的描写，有力地讽刺上层贵族乃至最高统治集团的腐朽堕落。然而更加意味深长的是，此诗表明了诗人深层的忧患：这样堕落的统治者如何能够承担起管理国家、振兴民族的重任？

事实表明，诗人的担忧不是多余的。

6.《兵车行》：沉痛的哀叹

诗人哀叹自己的不幸，更哀叹人间的不幸、天下的不平。

这一日，诗人路过渭水上的咸阳桥，可是，他看到的却是另一番景象。桥上桥下，到处挤满了人，哭喊声震天动地，战马阵阵嘶鸣，一队队年轻男子穿着刚套上的军装，佩上弓箭，手执刀枪，跟着军官们奔赴前线。前方战事不利，军中指挥傲慢轻敌，这些年轻人此行凶多吉少。家中的亲人正在队伍中寻找自己的儿子、孙子或丈夫，想着再看上一眼，再说上一句话。

诗人为眼前的一切感到震惊。他忘掉了自己，忘掉了一切，走进人群，听着老人的哭诉，看着年轻战士和妻子的拥抱，听着兄长的抱怨怒骂，注视着青年人脸上悄然挂着的泪水……人声鼎沸，一片嘈杂，诗人继续向前走，仿佛也在寻找亲人。他拉住一位战士，问："你们这是要到哪里去？""打仗去。"桥边的地上坐着一位老太太，身边放着两个篮子，疲惫得好像再也站不起来了。她的儿子是没有找到，还是已经走了？黑烟滚滚，尘土飞扬，拥挤的人群散发着浓浓的汗味，夹杂着马粪的臭味。一个军官勒住马，大喊着："快走！快走！都他妈的给我闪开！"一位满脸络腮胡子的老兵大声抱怨："他妈的，我十五岁就参军了，今年都四十岁了，还要上前线，这叫什么事！"边说边从诗人身边经过。诗人时而停下来，看着队伍中的每一张脸，时而继续走着。这么多生龙活虎的小伙子，这么多年轻的生命，或许仅仅是偶然射过来的箭支，或许仅仅是躲闪不及的一剑，便会失去知觉，倒在血泊之中。荒漠秋草，北风阴雨，只剩下他们的魂灵在叫……他看着队伍中的每一张脸，只觉得那么熟悉，只觉得每一位战士都是自己的兄弟，都是自己的亲人。诗人流下了热泪，他拍着身边经过的战士的胳膊、肩膀，拉着他们的手，不停地说道："多多保重！多加小心！保重！保重！……"

几天之后，杜甫脑海中还是不停地浮现出咸阳桥上的情景。木然的神情，大声的抱怨，军官的呵斥，姑娘的眼泪……他忍受不住，终于拿出纸笔，奋笔疾书：

车辚辚，马萧萧，行人弓箭各在腰。耶娘妻子走相送，尘埃不见咸阳桥。牵衣顿足拦道哭，哭声直上干云霄。道旁过者问行人，行人但云点行频。或从十五北防河，便至四十西营田。去时里正与裹头，归来头白还戍边。边庭流血成海水，武皇开边意未已。君不闻汉家山东二百州，千村万落生荆杞。纵有健妇把锄犁，禾生陇亩无东西。况复秦兵耐苦战，被驱不异犬与鸡。长者虽有问，役夫敢申恨？且如今年冬，未休关西卒。县官急索租，租税从何出？信知生男恶，反是生女好。生女犹得嫁比邻，生男埋没随百草！君不见青海头，古来白骨无人收。新鬼烦冤旧鬼哭，天阴雨湿声啾啾！

这是他的又一首名作《兵车行》。《丽人行》揭露了上流社会的骄奢淫逸，《兵车行》则深刻地反映了社会下层广大百姓的苦难。当诗人用犀利的目光注视这个社会时，他已经在进行这种对比，并通过这种对比揭示出当时社会的不平等。

天宝末年，玄宗将朝政委之于宰相，边事委之于诸将。然而，不少边将拥兵自重，专断独行，于是，国家的军事行动失去了统一的部署，不再成为国家政治行为的一部分，而是边将邀功的手段。边将往往傲慢轻敌，视战争为儿戏，指挥策略上大有问题，因此，战争多有失利。如天宝十载（751）鲜于仲通于南诏损兵六万；高仙芝与大食战，率军三万也全军覆没；安禄山讨契丹，三路兵马六万人，最后也只剩下安禄山与麾下二十骑得以逃脱。由于战事不断，兵员缺乏，不得不募普通农民入伍。过去也有征兵，可是从没有像现在这样凄惨，因为士兵们此行实在没有多少生还的希望，而且，这样的战争有什么意义？

大量农民入伍对农业造成了极为严重的破坏。大片的田园荒芜，纵然有健壮的农妇从事耕作，庄稼也长得不成个样子。过去的府兵都要接受一定的军事训练，有较强的作战能力；而这些强制招募的普通农民往往缺乏必要的训练，作战能力极为有限，率领这样的军队打仗，结果只能造成更大的伤亡。诗人仿佛看到了青海湖边的累累尸骨，天阴雨湿，鬼哭啾啾！

《兵车行》与《丽人行》的出现，是杜甫创作道路上的一个里程碑，也是唐诗发展过程中值得大书特书的一个关键。在盛唐后期，诗人们对于唐帝国的由盛转衰并非毫无觉察、毫无反应，例如高适在开元二十六年（738）作《燕歌行》咏边塞战争中军士之艰危辛苦；李白于天宝初作《古风》其二十四（"大车扬飞尘"）讽刺奸邪小人之嚣张气焰，又于天宝十载（751）作《古风》其三十四（"羽檄如流星"）揭露杨国忠等征南诏之惨败等等。但这些诗或借古讽今，或缺乏具体描写，在揭露的深度与批判的力度上都比不上杜诗。而且，杜诗采取了"即事名篇，无复倚傍"的作法，即不再像其他诗人那样利用乐府古题来写时事，而是自拟新题。可以说，这正是对汉乐府精神的最好继承。因为乐府诗最初从民间产生时，本来就是"即事名篇"的，后来文人拟作，才沿袭旧题。现在杜甫恢复"即事名篇"，不再受古题的束缚，反映现实时就十分灵活、自如，也更加直接、明确。

《兵车行》与《丽人行》的出现，标志着杜甫诗风的根本转变，即由原来具有浪漫特征的诗风向写实的创作倾向的转变。这一转变标志了杜甫已经从当时的诗坛中独立出来了。这一转变也给杜甫在长安十年的后期创作带来了更为值得注意的变化，即从整体上说，杜诗不再是个人的啼饥号寒、叹老嗟卑之呻吟，也不再是一个旁观者对民生疾苦的客观描述甚或居高临下的怜悯，而是把个人的不幸遭遇与广大人民的痛苦及国家的危机灾难有机结合起来所展现出的一幅真实、深刻、形象的时代画卷。

7.《咏怀五百字》：长安十年的总结

杜甫在长安奔波时，把家人都安顿在洛阳的陆浑庄中。天宝十二载（753），诗人的长子宗文已有四五岁了，次子宗武在这年的九月出生了。妻子拉扯着两个孩子，生活十分艰难，杜甫心中过意不去，决定把家小接到长安来住。杜甫在长安与郑虔、苏源明关系一直不错。天宝十三载（754）苏源明由东平太守回京任国子司业，他前后做过京官，又赴外任，在这几位朋友中，他的境况当然算最好的，几个人饮酒几乎都是苏源明打发酒钱。在他的资助下，这年春天，杜甫得以卜居下杜。居处定下来后，杜甫立即回到洛阳，把全家人接到下杜来住。下杜城在长安城南十五里。长安城南又有杜曲，其北为曲江，其东为杜陵、少陵原，其西南为终南山。杜曲又称北杜。唐代杜氏世居杜曲一带，杜甫的祖籍即是杜陵，在杜诗中杜陵、杜曲、下杜指的常常是一个意思。他在诗中每每自称"长安布衣""少陵野老""杜陵野客"等。

家人团聚的欢乐很快就被生活的窘迫驱散了。天宝十二载（753）八月，京城霖雨，收成不好。杜甫一家刚刚搬到长安来住，米价腾贵，根本买不起。朝廷出太仓米十万石，减价粜与贫人，杜甫不得不去购买这种减价救济粮，此时他已经是地地道道的贫民了。

天灾人祸，天宝十三载（754）的秋天，长安再次遭受水灾，霖雨积六十余日，京城垣屋颓坏殆尽，物价暴贵，人多乏食。然而就在这种灾害接踵而至的时候，宰相首先考虑的不是如何赈灾救难，而是如何加固自己现有的地位。皇帝看到连续下了两个月的雨，不禁担忧起田地里的庄稼，他毕竟曾经是头脑清醒的皇帝。不想，杨国忠不是及时向皇帝汇报真实灾情，而是取禾之善者献给皇帝，并说："虽然雨下得很久，但并不危害庄稼。"皇帝虽然不相信，但也不想管了。扶风太守房琯要谈所管辖地区的灾害情况，杨国忠竟然让御史官员来审讯他。这样一来，没有一个官员再敢谈什么灾情了。这天高力士在皇帝身边侍候，玄宗对他说："大雨不止，有什么灾情，你只管说。"高力士答道："唉！自从陛下放权给宰相之后，赏罚无章，阴阳失度，臣怎么敢说呢？"皇帝默然。于是救灾的事情都只好听凭宰相任意处置。

杜甫在这期间创作的几首诗歌，不仅写出了自己遭受的窘况，而且也反映出了当时百姓在灾难中的困苦。诗人望着门外，"群木水光下，万家云气中"（《苦雨奉寄陇西公兼呈王征士》）。到处一片泥泞，天上仍是乌云密布，霖雨不止，他在《九日寄岑参》中对老友道："沉吟坐西轩，饮食错昏昼。寸步曲江头，难为一相就。吁嗟乎苍生，稼穑不可救！安得诛云师，畴能补天漏？"诗人不仅想到自己，更想到了天下百姓和淹没在水中的庄稼。诗人真恨不得诛灭云师，以补天漏。然而就在这天昏地暗的日子里，"君子强逶迤，小人困驰骤"。宰相对灾难视而不见，百姓们就只有更加遭殃。诗人《秋雨叹三首》更是生动而真实地写出了当时的景况：

雨中百草秋烂死，阶下决明颜色鲜。著叶满枝翠羽盖，开花无数黄金钱。凉风萧萧吹汝急，恐汝后时难独立。堂上书生空白头，临风三嗅馨香泣。

阑风伏雨秋纷纷，四海八荒同一云。去马来牛不复辨，浊泾清渭何当分？禾头生耳黍穗黑，农夫田妇无消息。城中斗米换衾裯，相许宁论两相值？

长安布衣谁比数，反锁衡门守环堵。老夫不出长蓬蒿，稚子无忧走风雨。雨声飕飕催早寒，胡雁翅湿高飞难。秋来未曾见白日，泥污后土何时干？

第一首诗歌咏他在门前阶上看到一种植物决明，触景生情，由决明引发出深深的感慨；第二首写久雨为害；第三首自叹久雨之困，童稚无忧更反衬出诗人忧心如焚。

连年秋涝，冬春又遇干旱，杜甫一家的生活简直是度日如年。诗人的《投简咸华两县诸子》诗中描写的正是当日真实的景况：

　　　赤县官曹拥才杰，软裘快马当冰雪。长安苦寒谁独悲？
杜陵野老骨欲折。南山豆苗早荒秽，青门瓜地新冻裂。乡里
儿童项领成，朝廷故旧礼数绝。自然弃掷与时异，况乃疏顽
临事拙。饥卧动即向一旬，敝衣何啻联百结。君不见空墙日
色晚，此老无声泪垂血！

故旧弃掷，仕进无望。地冰苗荒，何以生存？原来以为杜曲是族人聚居之地，移居此地，可承荫护，可是谁知道连乡里小儿都在欺负新来的杜家。诗人决定再次搬家。

长安东北二百四十多里的地方有一奉先县（今陕西蒲城），县令姓杨，是杜甫妻子杨氏的亲戚，可能还是近亲。夫妇俩决定先把家安顿在那里。一路颠簸，满腹辛酸，杜甫带着一家人在这年的秋天来到了奉先。新来乍到，一时找不到合适的寓所，就先住在杨县令的廨署中。把家人安顿好，杜甫旋即返回长安。第二年即天宝十四载（755）初夏，杜甫到白水县（今陕西渭南白水）去看望自己在那里做县令的舅舅崔顼。白水县在奉先县北面不远，秋天诗人与舅舅一同到奉先，探看家人。九月九日，诗人与杨县令、崔明府一道饮酒赏菊，度过了重阳节。

天宝十四载（755）十月，诗人又匆匆回到长安。这时距安史之乱爆发只有一个月了。杜甫献了三大赋之后，只得了一个"送隶有司，参列选序"的说法，就再也没有任何消息了，他异常失望。然而，就在他已经不再抱有幻想时，朝廷忽然又有了说法：任命他为河西尉。当然，官阶只有从九品。这对于"自谓颇挺出，立登要路津。致君尧舜上，再使风俗淳"的杜甫来说，简直比没有得官更令人失望。杜甫固然一直在谋求官职，可是他想的是从政，而不仅仅是做官。河西尉距离他的愿望太远，他辞掉了。朝廷旋即改任他为右卫率府兵曹参军，这是一个掌管府内卫士以上名账差科及公私马驴的小官，官位为从八品下，当然，比县尉的官阶稍稍升了一点。杜甫接受了。为什么诗人接受了后者而拒绝前者呢？杜甫在《官定后戏赠》诗中谈到他的选择，诗曰："不作河西尉，凄凉为折腰。老夫怕趋走，率府且逍遥。耽酒须微禄，狂歌托圣朝。故山归兴尽，回首向风飙。"原来做县尉难免要折腰向乡里小儿，而兵曹参军是一个闲职，毋需折腰奔走。尽管这离杜甫的愿望还有相当大的距离，可是为了生活，姑且还是从兵曹参军做起吧。

诗人走马上任，开始了做官的生涯。奔波了十年，杜甫只做了一个兵曹参军，说起来心中无限酸楚。然而，就是这种官也不好做，该做的事情不须做，却要不停地讨上司的喜欢，诗人深感痛苦。官位还没有坐热，他就想到了归隐。《去矣行》曰："君不见鞲上鹰，一饱则飞掣。焉能作堂上燕，衔泥附炎热？野人旷荡无覼颜，岂可久在王侯间？未试囊中餐玉法，明朝且入蓝田山。"让一个耿介正直、恃才傲物的诗人总是看着别人的脸色行事是再痛苦不过的事情了。所以一旦生活稍有着落，诗人就又想着归隐蓝田了。

不过，做了兵曹参军总算是吃上皇粮，有了一份差事，不管怎么说，这也是好消息。所以，十一月里，杜甫打点行装，回奉先看望家人去了。诗人一路上望着秋山白云，心里想着自己走过的大半生，不禁心潮起伏，百感交集，心中酝酿起一篇大诗：

> 杜陵有布衣，老大意转拙。许身一何愚，窃比稷与契。居然成濩落，白首甘契阔。盖棺事则已，此志常觊豁。穷年忧黎元，叹息肠内热。取笑同学翁，浩歌弥激烈。非无江海志，潇洒送日月。生逢尧舜君，不忍便永诀。当今廊庙具，构厦岂云缺？葵藿倾太阳，物性固莫夺。顾惟蝼蚁辈，但自求其穴。胡为慕大鲸，辄拟偃溟渤？以兹悟生理，独耻事干谒。兀兀遂至今，忍为尘埃没！终愧巢与由，未能易其节。沉饮聊自遣，放歌破愁绝。

诗人已经四十多岁了，可竟然还是一个布衣，毫无作为，而且年龄越大，却越来越迂拙。知道自己没有什么能耐，很是笨拙，然而还是时时自比稷、契。这两位都是上古虞舜时代的贤臣，辅弼帝王，成就了很大的事业。当天下有人溺于水时，便想到是由于自己的原因而造成的；当天下有人忍饥挨饿时，便想到是由于自己的过失而造成的。这其实就是对于黎元百姓抱有深厚的仁爱之心和同情，对于整个民族的命运怀有深刻的责任感。这里并没有什么神秘，也不是高不可攀的壮举，更不是令人无法践行的圣徒之行，而是一个人，作为真正的人应该具有的行为准则。尽管杜甫自己的生活境遇很差，但诗人还是诚笃地坚持着这种"己溺己饥"的理想。诗人在连自己都拯救不了的时候，却还在想着拯救普天万民于水火之中，这正是杜甫的崇高之处。

然而，崇高却难以在现实之中找到自己应有的地位。当年孔子不见重于世，孟子的学说无法推行，就多少说明了这一点。杜甫遇到的是同样的境遇，但诗人并不理会这些，只要一息尚存，他始终在希望着自己的理想能够得以实现。当然，诗人并非不知道自己的现实处境，并非没有想过那种栖隐山林、无拘无束的生活，可是生在这样的时代，不忍就此离别。就在诗人决意想留下来的时候，他又不禁反问自己，当今朝廷之上人才济济，名公巨卿充陈廊庙之下，难道就缺自己一个吗？自己不忍遁隐于江湖，却要执意求仕，坚持自己远大的理想，实在是因为自己的禀性，就像葵藿始终倾向太阳一样。看看像蚂蚁一样的众人都在为营建自己的巢穴而不停地奔波忙碌，汲汲于权贵之门，自己为什么不能从众随俗，偏偏要像大鲸一般，悠游于溟渤碧海之中，孤身独往，耻于干谒？诗人真正遇到两难境地：不事干谒，就只能没于尘埃之中；汲汲奔走，自己又愧对巢父与许由。诗人无法从这种矛盾之中走出来，一时间只能以酒浇愁，放歌驱忧。

　　诗的开头纯为咏怀，用坦率的语句把自己的心事一一道出，层层迭出，百折千回，忧郁的感情中蕴含着坚毅，自嘲的口气中又透露出自豪。

　　诗人归心似箭，午夜刚过，便起身开始赶路。时已入冬，周围的山石巨岩在夜幕中露出了黑魆魆阴影，寒冷的夜风呼啸着越过山岩，吹得夜行者在黑暗中直打哆嗦：

　　　　岁暮百草零，疾风高冈裂。天衢阴峥嵘，客子中夜发。霜严衣带断，指直不得结。

当他快到骊山时，东方将白，不远处的骊山在晨曦中逐渐呈现出清晰的轮廓，诗人想到玄宗正与杨贵妃等在山上的华清宫中尽情享乐，可是百姓却在饥寒交迫中挣扎，心中痛苦万分，悲吟道：

> 凌晨过骊山，御榻在嵽嵲。蚩尤塞寒空，蹴踏崖谷滑。瑶池气郁律，羽林相摩戛。君臣留欢娱，乐动殷胶葛。赐浴皆长缨，与宴非短褐。彤庭所分帛，本自寒女出。鞭挞其夫家，聚敛贡城阙。圣人筐篚恩，实欲邦国活。臣如忽至理，君岂弃此物？多士盈朝廷，仁者宜战栗。况闻内金盘，尽在卫霍室。中堂舞神仙，烟雾蒙玉质。暖客貂鼠裘，悲管逐清瑟。劝客驼蹄羹，霜橙压香橘。朱门酒肉臭，路有冻死骨！荣枯咫尺异，惆怅难再述。

高峻嵽嵲的骊山上，君臣正在华清宫中穷奢极欲，荒淫无度，而骊山下却有许许多多的百姓正忍受着生活的煎熬，痛不欲生。山上山下，竟然就是两个世界，天壤之别。骊山以华清池温泉而著名，此时，即使周围天寒地冻，瑶池之中也是温暖如春。据传说蚩尤曾与黄帝战于涿鹿之野，兴大雾，黄帝的军队为之昏迷。诗人这里以"蚩尤"指代大雾。华清池中温泉突涌，蒸气郁勃，四周羽林军校们正手持长戟，严加守卫。华灯如炬，照如白昼，宫内轻歌曼舞，欢快悠扬的乐声传向远方。君臣们流连欢娱，纵情宴饮，在座的都是皇帝的宠信，受赏的都是达官贵人。可是这里随意赏赐的绢帛都是多少民间女子一丝一缕手工织出来的，而宫中无所怜惜地花费的一切也都是官吏们从天下多少百姓家里搜括来的。

玄宗晚年确实昏聩得很，任用的宰辅大臣都是能够迎合自己享乐需要的人，李林甫、杨国忠都是这样，善于揣摩人主之意。

李、杨独揽权柄之后，为了巩固自己的地位，获得更多的私利，更是投玄宗之所好；玄宗为了自己纵情的享乐，也给了李、杨以极大的信任，物质上的赏赐就更是到了淫滥的地步。于是，君臣之间达成"默契"，双方都可谓如鱼得水。

玄宗当然昏庸得很，但这个昏君与历史上其他的昏君不大一样。历史上不少昏君自幼长于宫中，不明事理，不知天下郡国、山川风物、万民生计，玄宗可不一样，他做过郡王，当过尚辇奉御、卫尉少卿之类，甚至还做过潞州别驾这样的小官，也算是走南闯北，尝过艰辛，知道天下是怎么一回事的人。他带兵发动过政变，又与太平公主较量过多次，所以宫廷中的明争暗斗、刀光剑影，他见识了很多。应该说，他是一个有丰富的斗争经验和驾驭群臣才能的君主。所以，玄宗的昏聩实在是装糊涂、无所用心而已。长安大雨多日，有伤秋禾，他心里明白，还要问灾情；可当杨国忠取来秋禾之善者，他不是看不出杨氏的把戏，只是不想再为国事操心，便装糊涂不再追问。李林甫死后，杨国忠捏造其谋反的罪名，玄宗心里也不至于轻信。他对李林甫要比刚刚上台没几天的杨国忠了解得更多，可是，他依然"相信"杨氏，因为李林甫已死，再相信他也没有用了，他只能把希望寄托在新上台的杨国忠身上。李林甫死后剖棺算是玄宗对于杨国忠的一次最大的赏赐。平时，玄宗也早已改掉了往日在重臣面前的那种尊严、威仪、有所节制和保持一定距离的态度，而是对于个别大臣大示宠信、赏赐无度，为自己的纵情享乐制造更合适的环境。

在长期的封建社会发展过程中，形成了一些对于皇帝颇有约束力的习俗和规矩。就一个理想的封建朝廷而言，这种由重臣掌握的习俗和规矩对于皇帝有相当的影响力和约束力。玄宗开元初期的大臣都担负了监督皇帝个人生活的责任，特别是姚崇、宋璟多次劝告玄宗限制女宠等。但到了后期，尤其是天宝时期，玄宗选择了李林甫、杨国忠等曲阿上意之人，有这样的人在他的左右，皇帝确实可以随心所欲了。

权臣对于玄宗投其所好，而玄宗对他们的赏赐则更是超出了常规。按古制，皇帝赐宴，宴罢用筐筥盛着币帛等赏赐群臣，赏赐的目的在于激励群臣为国效力。可是现在的赏赐却改变了性质，成为君臣之间的私赏。杨国忠摸清了皇帝喜爱花钱、讲究奢侈的脾性，所以越发大胆，横征暴敛，无所顾忌，丝毫不考虑对于社会未来、百姓生活的影响。没有多久，皇家的钱库就满了。皇帝看到库藏丰富，以为钱财得来容易，于是大肆赏赐，没有限度。诗中真实反映了当时宫廷中腐败的现实。卫青与霍去病都是汉武帝时的外戚，这里指杨国忠等内宠外戚。帝王贵戚们的奢侈生活建立在天下百姓的贫困与痛苦之上。

此段的叙述手法很有特点，貌似"纪行"，实则记叙、描写、议论并用，结构上独具匠心。诗人先为玄宗君臣欢宴赐浴画了一幅粗线条的速写，然后义正词严地谴责，语气极为激愤。"中堂"以下六句，手法上则转为工笔细描。社会如此不公，人间如此不平，诗人义愤填膺，忍无可忍！多少激愤、多少谴责、多少血泪，在这里凝缩成简短的十个字："朱门酒肉臭，路有冻死骨！"石破天惊，千载之下读之，仍令人惊心动魄。

应当说，诗人并不是第一个看到社会不平等、贫富不均的人。自古以来，社会不公、贫富不均就一直困扰着人们，由于这一现象根深蒂固、难以改变，人们对之早已经麻木。没有人再激愤，没有人再来谴责这种不平等。杜甫的伟大就在于他始终保持着一颗没有被麻木的心，保持着正义感，保持着正直的人应该具有的义愤。真正的诗人，从来都是民族的良知。

拭去眼角的泪花，诗人继续前行：

> 北辕就泾渭，官渡又改辙。群水从西下，极目高崒兀。
> 疑是崆峒来，恐触天柱折。河梁幸未坼，枝撑声窸窣。行旅
> 相攀援，川广不可越。老妻寄异县，十口隔风雪。谁能久不
> 顾？庶往共饥渴。入门闻号咷，幼子饿已卒。吾宁舍一哀，
> 里巷亦呜咽！所愧为人父，无食致夭折。岂知秋禾登，贫窭
> 有仓卒。生常免租税，名不隶征伐。抚迹犹酸辛，平人固骚
> 屑。默思失业徒，因念远戍卒。忧端齐终南，澒洞不可掇！

过了骊山，诗人向北来到渭水，他准备乘官设的渡船从华阴转入
洛水，然后逆流而上，奉先县城就在洛水西岸不远的地方。可是
适逢大水，滔滔河水从西而下，高耸崒兀的波涛排山倒海，直逼
而来，就像从陇西的崆峒山上直接倾泻下来的一样，水势凶猛，
眼看着都能将神话中的天柱冲折。遇到这样的大水，官设的渡船
改变了航道。杜甫无奈，只好又折回到泾渭二水的合流处，这里
有东渭桥，可以通过渭水。幸好桥梁还没有被大水冲垮，可是仔
细看看，桥上人来人往，桥下河水湍急、波涛汹涌，支撑河桥的
支架不时地发出吱吱摇动的声音。平时从没有把渭水当成一条很
宽的河流，而此刻走在这摇摇晃晃的桥上，顿时觉得渭水实在太
宽，难以渡过。可是无论怎样，自己都得回家看一看，家人团聚
在一起，同甘共苦，总比分别强。

　　诗人经过长途跋涉，历尽艰险，终于到家了。可是到家并没
有得到希望中的欢聚，却听到了一片哭声。他心爱的最小的儿子
饿死了。诗人陷入了极度的悲痛之中，连周围邻里百姓也为之呜
咽哭泣，做父亲的怎能不悲哀呢？让自己的孩子就这样饿死，当

父亲的能不深感愧疚吗？现在正值秋天收获季节，况且自己因为有官职，家里还能免除租税徭役，竟然还发生这样无食丧子的事情，更别说那些普通百姓，那些失去了土地产业的人！在极度的悲痛之中，诗人推己及人，想到了天下更多的百姓所承受的更为深重的苦难，感到忧积如山。诗人的痛苦忧伤就像终南山一样高，深广而无边无际，根本无法收拾。诗至此戛然而止。

这是杜甫诗集中著名的"大文章"，也是唐代五言古诗中的"大文章"——《自京赴奉先县咏怀五百字》。这首诗无论是篇幅之宏大、内容之广阔，还是形式之精严、手法之超绝，在整个唐代，乃至整个诗歌史上都享有极高地位。前人五古大多短小，只有杜甫五古沉郁顿挫、篇幅宏大、气势磅礴，为古代诗歌开辟了新的领域。明代高棅在《唐诗品汇》五古部分中特设"长篇"一卷，仅入选五首诗，其中就有此诗及《北征》。该卷中另外还收有李白诗二篇——《送魏万还王屋》和《经乱离后天恩流夜郎忆旧书怀赠江夏韦太守良宰》。李诗在形式上尚有脱胎于六朝长篇的痕迹，所以，真正论起来，只有杜甫的二首堪称唐代五古长篇的扛鼎之作。

从前面的引述中已经可以看出，杜甫这首诗的抒情手法极具开创性。此诗虽题曰"咏怀"，实乃融咏怀与纪事于一篇。它一方面是"老杜心迹论"，另一方面又与诸多史实相联系，堪称"诗史"。而这正是杜诗抒情手法上的两个方面。

当杜甫冒着严寒路经骊山，玄宗君臣在华清宫尽情享乐时，安禄山已经在渔阳起兵了，只是渔阳鼙鼓尚没有传到关中来。《自京赴奉先县咏怀五百字》这首诗对于危机四伏、大乱将临的形势表示了深刻的忧虑，堪称这个山雨欲来风满楼的时代的真实写照。杜甫当然并不会比其他人更快地知道当时动乱的确切消息，但是作为诗人，杜甫却以其特有的敏感，预感到民族的灾难、社会的动乱即将到来，所以，在《自京赴奉先县咏怀五百字》诗中蕴含的焦虑、不安、痛苦、忧伤的情绪与当时社会形势发展的走势正相吻合。

对于杜甫的求仕来说，十年长安的结局是悲惨的：他只得到了一个从八品下的微职。然而，对于杜甫的诗歌创作来说，十年长安的结果却十分辉煌：他写出了《自京赴奉先县咏怀五百字》这样不朽的诗篇。

杜甫的《同诸公登慈恩寺塔》标志着他正从以浪漫倾向为主流的诗坛中独立出来，而《丽人行》《兵车行》则标志着他已经完成了从浪漫到写实的转变，《自京赴奉先县咏怀五百字》一出，则清楚地表明了杜甫写实诗风的完全确立。

一场巨大的动乱就要到来，而杜甫则无论从思想上，还是从创作上都为描绘这段惨痛的历史作好了准备。为了留下这幅波澜壮阔的历史画卷，诗人将忍受无尽的痛苦。

第四章　赋到沧桑句便工

1.“渔阳鼙鼓动地来”

天宝十四载（755）十一月，就在杜甫前往奉先县看望家人的时候，平卢、范阳、河东三镇节度使安禄山以奉密诏讨杨国忠为名，在范阳（治今北京）起兵，率领所部以及同罗、奚、契丹、室韦等盟军，号称二十万步骑的精锐大军，烟尘千里，鼓噪震地，浩浩荡荡地向洛阳进发——“安史之乱”拉开了序幕。

安禄山（705？—757）本是营州柳城（今辽宁朝阳）的混血胡人。父亲胡人；母亲突厥人，姓阿史德，是突厥巫师，以卜为业。安禄山生下来就勇猛好斗，突厥语中称战神为“轧荦山”，所以就取名轧荦山。后来冒姓安，谐音轧荦山就叫作安禄山。安禄山从小死了父亲，随母居于突厥，后来，将军安波至的兄弟安延偃娶了他的母亲，他不久就随同几个小弟兄逃出突厥。少年时代浪迹各地，长大后能通六蕃语，做起了互市牙郎，即经纪人，从事中介贸易，不时地也做一些鸡鸣狗盗的事情，终于有一次因为盗羊而被当时的幽州节度使张守珪抓住了。张守珪令人扒了他的衣服，就要一顿好打，直至杖杀。眼看着命就要没了，安禄山急着大叫：“大夫不欲灭两蕃耶？何为打杀禄山！”节度使一看这人长得肥壮，有些模样，说话也不同常人，于是就把他松了绑，免了死罪，不久，让他与史思明一起当了捉生将。史思明也是营州混血胡人，安禄山的同乡，两人前后日出生。安禄山肥胖，而史思明则长得精瘦，鸢肩伛背，深目高鼻，没有什么胡须。两人自幼相识，一同做经纪生意。安、史两人当了捉生，十分骁勇，每次出去，都能活捉契丹数十个俘虏。张守珪把他们提升为偏将，还将安禄山收为义子。安禄山生性狡黠，善揣人情，张守珪很喜欢他。开元二十四年（736），张守珪命此时已做了平卢讨击使、左骁卫将军的安禄山讨奚、契丹叛者。安禄山恃勇轻进，结果一败涂地，按军法当斩。张守珪不忍杀他，但不杀诸将不服，十分为难，没有办法，只好将安禄山押送京师，让皇帝亲自处置，或许皇帝见了爱其才力，还能免于一死。果然，好武的皇帝一见安禄山，认为是个不可多得的将才，不忍杀他。尽管当时的宰相反对，但是皇帝最终还是赦免了安禄山的死罪。

　　安禄山回到幽州后，小心经营，朝中有使者来，他好生款待，并厚赂他们。他们到了朝中每每为安禄山说些好话，玄宗渐渐看重了安禄山。天宝初便任命安禄山为平卢节度使、兼柳城太守。第二年入朝，奏对称旨，进骠骑大将军。后取代裴宽为范阳节度使、河北采访使，仍领平卢军。安禄山性本好斗，每每以边功邀宠，数次侵掠奚、契丹，无端挑起战事。奚、契丹各杀唐公主背叛朝廷，于是安禄山名正言顺地征讨，以战绩上报请功，由此也日益得到玄宗的信任。唐朝的节度使起初都是由朝廷的文臣担任，文臣手下再设蕃、汉诸将，这样不仅有利于中央政府直接掌握国家的军事力量，而且也有利于控制边塞的军事行动。但是到了安禄山这里，蕃将直接掌握军权。随着军权增大，他越发无所顾忌，滥杀求功。他多次谎称召开盟会，邀请奚、契丹的头领酋长前来，大摆酒席，给他们饮迷魂酒，等这些酋长不省人事时，割了他们的首级装进盒子里献上朝廷。酋长们随从的卫士，有时有千人之多，也无不惨遭屠杀。

玄宗晚年于国事无所用心，只想能有几个效死力的边将，为他守住边疆，因此对于安禄山恩宠有加。一是厚赐。玄宗命有司在长安为安禄山修建府第，派太监监督工程，并督促他们务求华丽，说："禄山眼孔大，毋令笑我。"二是加官晋爵。天宝九载（750）赐安禄山东平郡王，唐代将帅封王即从安禄山开始。又让安禄山兼河北道采访处置使。安禄山求兼河东节度使，皇帝同意了。安禄山兼领三镇，刑赏己出，日益骄恣。皇帝越迁就，安禄山的欲望也越大。天宝十二载（753），安禄山甚至求任宰相，皇帝竟然也同意，令张垍草制。杨国忠担心安禄山进了宰相的班子，对自己形成更大的威胁，竭力反对，皇帝这才罢了。不久，加安禄山左仆射，赐一子三品官，一子四品官。

安禄山体肥无比，自称腹重三百斤，他那肥胖笨拙的外表，常常给人忠实憨厚的印象，再加上应对敏捷，杂以诙谐，所以更是得到皇帝和周围不少的人喜爱。皇帝有一次指着他的肚皮开玩笑说："你的肚皮中装着什么东西，弄得这么大？"安禄山应声答道："没有别的东西，只有一片赤心而已！"皇帝听了，特别开心。实在让人难以捉摸，安禄山是装成这样"外若痴直"的样子，还是本来如此。玄宗曾让他见太子，安禄山竟然不拜。旁边的人都拜了，安禄山这才拱手说："臣是个胡人，不熟悉朝中礼仪，不知太子是什么官？"玄宗说："太子就是皇储，朕千秋万岁后，将由他代替朕，君临天下。"禄山曰："臣实在愚昧，以前只知有陛下一人，不知道还有太子。"这才拜见太子。皇帝看到这情形，更加喜欢他了。杨贵妃得宠，安禄山也尽其所能，向这位皇妃大献殷勤。安禄山生日，皇帝及贵妃赐了许多名贵的衣服、宝器、酒馔。又过了三天，召禄山入禁中。杨贵妃以锦绣为大襁褓，裹着安禄山，使宫人以彩舆抬着他。皇帝听到后宫欢笑声，问是怎么回事，左右回答是"贵妃三日洗禄儿"。玄宗亲往观之，大喜，赐贵妃洗儿金银钱，复厚赐安禄山，尽欢而罢。自此安禄山便可以自由出入宫掖。安禄山入宫中，总是先拜贵妃，后拜皇上。玄宗问他这是为什么，他答道："蕃人总是先母后父。"皇上听后大乐。

过分宠信的后果是一旦恩宠消失，紧接着的就是灾难。这一点安禄山心里也明白。皇上春秋已高，一旦晏驾，不但自己拥有的一切都有消失的危险，而且还会有杀身之祸，况且又有不拜皇太子事，因此心中十分畏惧。此时关中武备松弛，他也不免有轻视中国之心。原先他准备在玄宗驾崩之后再举事，可是杨国忠一直把他视为眼中钉，想尽一切办法要除掉他，每每在皇帝面前声称安禄山要谋反。这一来，形势变得非常紧急，安禄山只得提前加紧叛乱的准备。

安禄山广罗各种谋臣武将，以及同罗、奚、契丹等族投降过来的精壮兵士，私蓄数万匹战马，还向皇帝请求兼知群牧总监，总管全国马匹，同时分遣胡商到各地贩运各种财物货品，制作数以万计的绯紫袍、鱼袋等，准备立朝用来封赏百官。安禄山又对部下封官许愿，笼络人心，做好叛乱的最后准备。出于个人的目的，杨国忠从一开始就声称安禄山要谋反，想以此击败政敌。两人的矛盾由此越来越激烈尖锐。形势紧急，安禄山害怕夜长梦多，事情败露，所以在十一月里，他就拉出部队，开始为自己走向皇帝的宝座，杀开一条血路来。

一场绵延了八年、导致生灵涂炭并使大唐帝国从此一蹶不振的战乱就此开始了。

安禄山的军队基本上是采用游牧民族的军事战术，快速、迅猛、灵活，单一主力部队正面进攻，没有迂回，也不用左右侧翼掩护，直接自范阳出发，沿着西南方向挺进，直扑洛阳。所到之处，根本没有遇到什么抵抗，中原士兵几十年不见兵甲，毫无准备。稍有力的抵抗直到河南洛阳、开封一线才形成。

封常清被任命为范阳、平卢节度使，他在洛阳临时召募起一支六万人的军队，阻挡叛军的推进。但是安禄山的兵马多年来一直转战南北，富有作战、行军经验，封常清的部队和各地的守军根本抵挡不住叛军的攻势。唐军在河南一线屡战屡败，洛阳不得不献城投降。封常清一直退到陕州，在陕州还集结着右金吾大将军高仙芝的部队。在封常清的建议下，高仙芝移兵死守潼关。

潼关是进入关中、长安的必经之路，地势险要，易守难攻，实际上，这是当时唐军阻挡叛军西进的最后一个可以坚守的关隘。安禄山的军队一时被挡在了关外。安禄山西进攻势受到了遏制，没有实现一步攻占长安的愿望。

安禄山将部队驻扎在陕州，自己回到洛阳着手建立自己的王朝。这时已经到了新年，即天宝十五载（756）正月，安禄山自称大燕皇帝，改元圣武，同时任命了一批文武大臣，组建起自己的中央政府。

这年的二月，诗人杜甫告别了留在奉先县的家人，独自一人返回长安，就任右卫率府兵曹参军。此时，河南、河北等地的战斗异常激烈，安禄山为了尽快达到目的，调兵遣将，加强了对潼关的攻势。

兵强马壮的叛军威逼潼关，长安岌岌可危。

2. 逃难："北走经艰险"

关内的风声一天紧似一天，百姓们弄不清真实事态的发展，到处都是各种各样的谣传，人心惶惶。杜甫身在京城，心中挂念家人，听到各种战事的传闻，也很不安，于是再次赶往奉先，携家小北迁至白水县，投靠他的舅氏白水县尉崔顼。与奉先毗邻的白水县能够比奉先更安全吗？

安史之乱爆发以后，杨国忠的处境变得很糟糕。叛乱一起，矛头直指向他，朝臣中对其不满的情绪本来积蓄已久，这时都借机暴露出来了。杨国忠虽为帝国的宰相，但他既缺乏朝廷重臣的威仪，又没有高瞻远瞩、审时度势、运筹帷幄的视野和能力。战乱爆发，他更是没有、也提不出任何关于国家和民族前途的识见。他此时能考虑、也只想考虑的就是如何保命，如何保住自己的官位。有人提醒杨国忠说："今朝廷重兵尽在哥舒翰手中，他若援旗西指，以清君侧，对您岂不危险！"杨国忠一听，大惊，急忙奏请皇上："潼关大军虽盛，而后无继，万一失利，京师可忧，请选监牧小儿三千于苑中训练。"皇上同意了，任命剑南军将李福德等率领。杨国忠又募万人屯于灞上，令自己的亲信杜乾运率领，名为防御安禄山，实为提防哥舒翰。

哥舒翰出守潼关，但并没有使潼关的形势有根本性好转。哥舒翰与杨国忠之间的矛盾无疑是很大的牵制。哥舒翰听说杨国忠采取了如此对策，也生怕为杨国忠所图，于是上表请灞上军隶属于自己的管辖。六月初，哥舒翰将灞上军的指挥杜乾运召至潼关，因事斩之，这样他与杨国忠的关系更为紧张。潼关守军内部也存在矛盾。哥舒翰病重已经不能治事，关上军政诸事都交给哥舒翰的副将田良丘处理。田良丘没有魄力，自己又不敢裁决，于是各部将官纷纷争权，兵士松懈，缺乏斗志。在这种形势下，哥舒翰只能采取坚守潼关的战略。

然而杨国忠却对皇帝说，贼方兵力不足，而且都是残兵败将，哥舒翰按兵不动，将会失去最好的打击机会。玄宗听信杨国忠之言，不断地派遣朝廷使臣前往潼关督战。哥舒翰无可奈何，抚膺恸哭，只得引兵出关。天宝十五载（756）六月初七，哥舒翰的军队与崔乾祐在灵宝西原会战。唐军大败，二十万大军只剩下八千多人。崔乾祐乘胜追击，一气攻下潼关。六月初九，通向帝国长安的最后一道防线就这样被突破了。

潼关失守，哥舒翰投降了安禄山，附近蒲州、华州、同州、商州等地负责防务的官员皆弃郡而走，守军也都四散而逃。杜甫一家人此时所在的白水县就在同州的西部，形势万分危急，百姓纷纷奔逃，杜甫也带着一家人随着大批难民向北逃难。幸好他遇上了表侄王砅。两家起先都是寄寓在白水县避乱，此时刚好结伴北逃。诗人出发时还骑着马，可是难民潮涌，秩序很乱，他的坐骑竟然也给别人抢走了，只得步行，大包小裹，手忙脚乱，仓皇之中诗人与家人走散了，迷失在蓬蒿荒野之中。

好在这位表侄心地善良，待人至诚，见杜甫走散，便吩咐两家人慢些赶路，独自一人往回寻找。找了十里路，一边走，一边喊着诗人的名字，最后总算把他找到了。否则，在这兵荒马乱之际，后果实在不堪设想。王砅将自己的马让杜甫骑了，自己一手提刀，一手牵着缰绳，保护着他，终于赶上两家亲人，诗人重新与家人团聚。王砅对于诗人真可以说有救命之恩。十几年后，杜甫在潭州（今湖南长沙）遇到王砅，还特意写了《送重表侄王砅评事使南海》一诗，满怀深情地追忆表侄救助自己的经过。

124

杜甫一家人继续向北行进，没有大车，完全都是步行，真是吃力！拖儿带女走在荒郊野外，狼狈不堪。此时又值连日大雨，道路泥泞，没有遮雨的东西，衣服都湿透了，虽是夏季也不能不感到寒意。行程艰难，常常一天也走不了几里地。总想着逃得越远越好，所以夜里也不得不赶路。唉！孩子们又还不懂事。小女儿夜里饿急了直咬父亲，真怕她的哭声会引来周围的虎狼，越是将她抱在怀中，捂住她的嘴，她反而哭得更厉害。小儿子更是不懂事，看见路边的李子树，就闹着要摘来吃。就这样风雨兼程，白天用野果子充饥，夜晚就在野地大树下休息，好不容易才到了白水县东北六十里的彭衙故城（今彭衙堡）。全家吃尽苦头，又跋涉了一两天的路程，终于到达了鄜州附近的同家洼。

诗人在这里有一个朋友孙宰。当杜甫敲开孙宰家的门时，全家人这才惊魂稍定。天已经黑了，孙宰急忙点上灯，热情地招待杜甫一家，又是给他们端来吃的，又是给杜甫打来热水洗脚。筋疲力尽的孩子们顾不得吃东西就在床上睡熟了，孙宰怕孩子们饿坏了，又叫醒他们起来吃饭。杜甫内心充满感激，一年之后所作的《彭衙行》中，细致地描述了这段经历：

忆昔避贼初，北走经险艰。夜深彭衙道，月照白水山。尽室久徒步，逢人多厚颜。参差谷鸟鸣，不见游子还。痴女饥咬我，啼畏虎狼闻。怀中掩其口，反侧声愈嗔。小儿强解事，故索苦李餐。一旬半雷雨，泥泞相牵攀。既无御雨备，径滑衣又寒。有时经契阔，竟日数里间。野果充糇粮，卑枝成屋椽。早行石上水，暮宿天边烟。少留同家洼，欲出芦子关。故人有孙宰，高义薄曾云。延客已曛黑，张灯启重门。暖汤濯我足，剪纸招我魂。从此出妻孥，相视涕阑干。众雏烂熳睡，唤起沾盘飨。誓将与夫子，永结为弟昆。遂空所坐堂，安居奉我欢。谁肯艰难际，豁达露心肝！别来岁月周，胡羯仍构患。何当有翅翎，飞去堕尔前？

孙宰在这种兵荒马乱的时候能够这样盛情款待杜甫一家，表现出质朴热忱的心肠，实在让诗人感动。《彭衙行》写的虽然只是诗人一家的经历，但不啻是一幅动乱时代的流民图。战乱给天下百姓、也给诗人一家带来了深重的苦难，诗人此时已经走进了难民的队伍中，他的遭遇与普通百姓没有什么区别了。

潼关连连派来使臣告急，玄宗都要亲自召见，了解战局，并派遣李福德等将监牧兵赴潼关增援。六月九日晚上，每日必传的平安火再也没有点燃起来。玄宗十分担心，与宰臣商议，决定奔蜀。十二日，玄宗亲御勤政楼，可是只有十之一二的官员上朝，皇帝下制称自己准备亲征，荡平贼寇，同时任命了一批留守的官员。当日黄昏，皇上命令龙武大将军陈玄礼集合六军人马，厚赐钱帛，又挑选了九百多匹战马，作好了出行的最后准备。

第二天，即十三日，当东方刚刚有些发白的时候，皇帝——一个帝国的象征，走出了他十分熟悉的宫殿大门。晨霭之中透出他黯淡的身影，后面跟着的是贵妃姊妹、皇子、皇子妃、公主、皇孙，还有杨国忠、韦见素等以及亲近的宦官、宫人。在陈玄礼护卫部队保护下，皇帝的车驾驶出禁苑的西门——延秋门。

二十日，长安沦陷。

皇帝一行到达马嵬驿。护卫部队的将士们饥饿疲惫，心怀怨气，陈玄礼暗中在将士中煽动不满。这日，吐蕃使者二十多人拦马向杨国忠诉说没有吃的。没等杨国忠答话，就听见军士们大喊："杨国忠与胡虏谋反啦！"于是张弓放箭，有一箭射中了杨国忠的马鞍。顿时，整个驿站杀声一片，乱成一团。杨国忠一见不好，拍马便走。军士们追到马嵬驿的西门，把他杀了，屠割肢体，以枪挑着他的首级挂在驿门外。军士们把杨国忠的儿子、韩国夫人、秦国夫人拉了出来，三个都倒在了血泊之中。混乱之中，无辜的官员也血溅马嵬。宰相韦见素听到外面喧哗，刚走出屋外，就为乱兵击伤，脑血流地。幸亏有人大叫："不要伤了韦相公。"韦见素这才幸免于难。

玄宗听到外面嘈杂，问发生了什么事，左右说杨国忠谋反。这位头脑清醒、反应敏捷的皇帝一下子就明白了是怎么回事。他杖屦出驿门，慰劳军士，并且让大家归队歇息。可众人不散。皇帝让高力士询问将士们还有什么事情。陈玄礼说："杨国忠谋反，杨贵妃不宜供奉，愿陛下割恩正法。"皇帝听罢，如雷轰顶，好一会儿才道："我自会处置。"玄宗入内，倚杖低首，沉思良久。京兆司录韦谔叩头流血，进言道："今众怒难犯，安危就在此刻，愿陛下速决！"皇帝一时间实在无法割舍，喃喃道："贵妃常居深宫，怎么能知道杨国忠谋反？"皇帝希望将士们能够作出让步。高力士曰："贵妃即使无罪，但将士已经杀了杨国忠，而贵妃在陛下左右，岂敢自安！愿陛下三思，将士安定则陛下安定。"已经无话可说了，只需要用杨贵妃之血平息将士的怒火。

皇帝让高力士引着杨贵妃来到佛堂，可怜的女人在堂前梨树下自缢了。

将士们的怒火止息了。皇帝慰劳诸将，并让众人整顿部伍，准备继续前行。乱起之时，杨国忠的妻子、幼子、虢国夫人等闻风逃出马嵬，将士们追到陈仓，都把他们处决了。

护卫部队的将士在玄宗多次安抚下，护送玄宗于七月二十八日到达四川成都。太子李亨自带人马从马嵬直奔朔方，七月九日抵达灵武（今宁夏灵武）。十二日，太子李亨于灵武即位，是为肃宗，尊玄宗为上皇天帝，赦天下，改天宝十五载为至德元年。七月肃宗登基，消息传开，当在这月下旬。杜甫听到这个消息时还在同家洼。他决定把家人安顿下来后，西出芦子关（今陕西横山附近），投奔灵武。

杜甫在孙宰家歇息了几天之后，便告别了这位热忱的朋友，携家眷经华原（治在今陕西耀县东南）、三川（治在今陕西富县南）前往鄜州（今陕西富县）。此时长安沦陷的消息传出，各地百姓纷纷离乡北走。诗人仓皇而走，初无目标，只是向北而已，后来才定下来在鄜州安家。过了华原，便是以华池水、黑水、洛水三水汇合而得名的三川。这里虽属黄土高原，但正值发大水的时节，诗人仿佛进入了一片汪洋之中。天上乌云密布，闪电蛇走，脚下道道山洼之中众水奔流，激流黄浊，波浪滔天，岸侧的黄土倾塌，四周都听到大水咆哮怒吼。面对着滚滚洪流，诗人多么希望骑上鸿鹄，飞过大河："举头向苍天，安得骑鸿鹄？"（《三川观水涨二十韵》）

杜甫一家历尽艰辛，过了三川，终于来到鄜州，将家安置在羌村。杜甫稍事休整，便又以顽强坚韧的毅力、执着坚定的信念，重新踏上行程，投奔灵武去了。

3. 被拘长安："感时花溅泪"

从鄜州向北出芦子关，再向西北抵达灵武，全程近千里。此行路程遥远，而且已近大漠边塞，人烟稀少，只身一人前往，其艰难程度实在是内地人难以想象的。可是，杜甫却坚定地迈出了第一步。此时叛军势力已经蔓延到了鄜州以北，杜甫出发不久，就在途中被捕，并被押往沦陷的长安。

幸亏他穿着普通百姓的衣服，官衔又很低，所以被押到了长安以后也没有引起叛军的注意，否则他就会像其他被俘官员一样送往安禄山伪朝所在地洛阳了。安禄山攻克长安后，立即命令搜捕百官、宦者、宫女等，每获数百人，辄以兵卫送至洛阳。沦陷后的长安由贼将孙孝哲驻守。孙孝哲豪侈，嗜血成性，果于杀戮，无甚谋略；叛军的其他将帅也多是粗猛贪利之人，皆无远谋，既克长安，以为得志，日夜纵酒，专事抢掠；其兵士亦多散漫，因此杜甫在长安并没有受到特别的管制，行动还算自由。这使他得以亲历长安沦陷后的实境，目睹当时各种惨象，为其描写动乱中的长安提供了素材。

诗人此时虽然仅四十五岁，但已满头白发，看上去完全像一个老翁。

这一天，他穿过大街，只见路边一人正在哭泣，衣衫褴褛，可是腰间佩着的玉玦却是名贵的青珊瑚，一定是位宗室子弟。杜甫只觉得面熟，却道不出姓名。他走上前去拍了拍那人的肩膀，压低声音说道："你怎么能随便出来走动！"王孙吓了一跳，定睛一看，见是过去侯门中常见到的诗人，这才定了定神。杜甫一把拉住那人说："这不是说话的地方。"

两人来到僻静处。杜甫说："你怎么好随便跑到大街上来呢？你不知道孙孝哲到处都在杀你们这样的宗室子弟？"

"有啥法子，家全毁了，没得吃的，只能露宿街头，沿街乞讨，给人家做点活，混口饭吃。唉！谁想到要受这份罪呀！"

"那也不能到这种热闹地方。"杜甫小心地朝两边张望，"霍国长公主刚刚被杀，就在崇仁坊，还有王妃、驸马，都被剖心，真是惨不忍睹。"王孙惊呆了，两眼瞪着诗人。诗人拉着他的手说："那些跟着皇上出奔的王侯将相，他们的家里人都遭殃了，安禄山下令一个都不放过。孙孝哲真是杀人不眨眼，连婴儿都不能幸免。"

"真惨呀！"王孙的手不住地发颤，原本眉清目秀的脸上罩上了一层土灰色，还留着好几处擦伤。

"唉！真是说不尽呀！那些杨国忠、高力士的人，还有安禄山一向讨厌的人，都被斩尽杀绝，甚至用铁棒敲开他们的天灵盖，血流成河呵！我听说大大小小死了八十三口。我那天还听说，孙孝哲又杀了皇孙等贵族二十多口。"

王孙低下了头，又啜泣起来。

"不过你也别怕，好兄弟，只是出门谨慎小心为是。新天子登基，朔方还有很强大的军队，安禄山为非作歹的日子不会太长的。"杜甫说。

"这里不宜久留，你还是赶快走吧。"王孙与诗人作别，转身就要钻进旁边的小巷，诗人又拉住了他，拿起他腰间的玉玦说，"快把这个藏起来，明眼人一看就知道你是王府家的子弟。好了！多多保重！"

走在满目疮痍的长安大街上，诗人哀叹眼前发生的一切。他在《哀王孙》中写道：

> 长安城头头白乌，夜飞延秋门上呼。又向人家啄大屋，屋底达官走避胡。金鞭折断九马死，骨肉不得同驰驱。腰下宝玦青珊瑚，可怜王孙泣路隅。问之不肯道姓名，但道困苦乞为奴。已经百日窜荆棘，身上无有完肌肤。高帝子孙尽隆准，龙种自与常人殊。豺狼在邑龙在野，王孙善保千金躯。不敢长语临交衢，且为王孙立斯须。昨夜春风吹血腥，东来

橐驼满旧都。朔方健儿好身手，昔何勇锐今何愚。窃闻天子已传位，圣德北服南单于。花门劙面请雪耻，慎勿出口他人狙。哀哉王孙慎勿疏，五陵佳气无时无！

今人选本大多不选此诗，或即因为诗中有"龙种自与常人殊"等高贵愚贱之分的偏见，以及对王孙的忠爱所反映出的忠君思想。其实，杜甫的忠爱是以对人的仁爱为出发点，在很大程度上超越了阶级的划分，是一种深广博大之爱。诗人对平民百姓的深厚感情也好，对落难王孙的关切也好，都是这一仁爱思想的具体体现。隐去了任何一个方面，便不再是有血有肉的杜甫。在这里，重要的是诗中虽然只写了一位王孙的遭遇，但以小见大，真实地展现了长安当时的血腥气氛，而且诗中对于玄宗仓皇奔逃，连骨肉都弃之不顾的举动颇有讥讽。至于末尾对于肃宗的称颂，也在很大程度上体现了当时天下百姓的希望和要求。

　　诗人滞留在长安，贵妃在马嵬的故事也传到了这里，诗人闻知，深有感慨。至德二载（757）春天，他悄悄地来到曲江池畔。春色依旧，但是昔时游人如潮的繁华景象已经不见了，宫殿萧条，人迹罕至。诗人触景伤情，抚今思昔，写了一首《哀江头》，借以抒怀：

　　少陵野老吞声哭，春日潜行曲江曲。江头宫殿锁千门，细柳新蒲为谁绿？忆昔霓旌下南苑，苑中万物生颜色。昭阳殿里第一人，同辇随君侍君侧。辇前才人带弓箭，白马嚼啮黄金勒。翻身向天仰射云，一笑正坠双飞翼。明眸皓齿今何在？血污游魂归不得。清渭东流剑阁深，去住彼此无消息。人生有情泪沾臆，江水江花岂终极？黄昏胡骑尘满城，欲往城南望城北。

春暖踏青之日，如今却是"潜行"，城中恐怖气氛并没有因为春天的来临而有所缓和。宫殿千门可见当日之盛，如今千门紧锁，冷落之景毕现。草木毕竟是无情之物，虽然此地已经游人罕至了，细柳新蒲却依旧呈现一片鲜绿，它们究竟是为谁而绿呢？南苑即是曲江之南的芙蓉苑。玄宗于开元二十年（732），自大明宫筑复道夹城直抵曲江芙蓉苑。当年玄宗与后妃公主常通过夹城直接到达曲江游赏。丽人如云，光彩夺目，与整个芙蓉苑花木交相辉映。"才人"是宫中女性侍卫官，她们身着戎装，骑着白马，仰射飞鸟，为御前嬉乐。然而俯仰之间，世事沧桑，当年那明眸皓齿的美人如今安在？她早已成为血污满面的游魂，再也不能归来了！

而此时，玄宗远在蜀中，死生异路，彼此音容渺茫。抚今感昔，诗人对世事沧桑感到无限感慨。江水自流，江花自开，但不会总是这样令人伤感，永无终极吧？黄昏降临，胡骑满城，诗人黯然神伤，连城中熟悉的道路都不辨南北了。

此诗委婉蕴藉，但委婉的原因并非完全出于诗人对君臣之礼的顾虑，而主要是由诗中的讽刺笔调所决定。若将此诗与《丽人行》相对照，则尤可看清《哀江头》中的讥刺之意。不过，《丽人行》仅写到杨国忠与虢国夫人等，而此诗则直指玄宗、杨妃了。当然，此诗中也有悲悯之意，因为当日的"丽人"，而今已成"游魂"。她生前的骄奢淫逸曾招致诗人的讥刺，而今死的寂寞凄凉又使诗人感到同情、怜悯。玄宗与杨妃悲惨的结局象征着大唐盛世的消逝，诗人对之感到怅惘哀伤。正因为诗人对曲江池苑的今昔对比怀有十分复杂的情感，所以此诗写得曲折、含蓄。

而这种复杂情感的核心就是对盛世的眷恋与对国家命运的忧虑。

4. "日夜更望官军至"

天宝十五载（756）八月，杜甫被押到长安后，心里一直惦记着家中的亲人。来到京师不久，正赶上中秋节，皓月当空，诗人思绪万千，写下了著名的五律《月夜》：

> 今夜鄜州月，闺中只独看。遥怜小儿女，未解忆长安。
> 香雾云鬟湿，清辉玉臂寒。何时倚虚幌，双照泪痕干？

此诗手法上极有特色。大抵诗歌写思念他人，皆从己身所处之地写起，可这首诗并不从自己的思绪着墨，而是写在鄜州的妻子思念自己。妻子身边虽然有小儿女，可是儿女很小，童稚未脱，还不能理解母亲的"忆长安"，所以妻子只能形单影只地在清冷的月光中思念丈夫。杜甫对亲人关怀备至，体贴入微，他不愿自己给亲人带来痛苦。他又想象今后与妻子亲人团聚之时，同望明月，再回过头来回忆此刻分离相思的情形。后来晚唐诗人李商隐的"何当共剪西窗烛，却话巴山夜雨时"（《夜雨寄北》），正是同一种心情。

杜甫在京城常常思念亲人，也十分关注平乱形势的发展。此时河南南部地区的抵抗还在艰难地进行，张巡、雷万春死守雍丘。史思明在河北的进展很不顺利，由颜真卿领导联络当地诸郡的抵抗依然很顽强。而在长安的人们一直相传太子已经北收众兵，不日将攻克长安。长安士民日夜期望，有时突然相互惊呼道："太子大军到了！"于是众人四散奔走，市里为之一空。长安叛军整日惶恐不安，一见北方尘起，辄惊欲窜。京畿豪杰但见风吹草动，往往纷起，杀贼官吏，遥应官军；风声既过，却无官军踪影，叛军复兴。然而，一批豪杰见诛而另一批复起，相继不绝，叛军无法制止。起初自京畿、鄜、坊至于岐、陇等地皆依附叛军，到了此时，长安西门之外已经形成了很多的抵抗壁垒。叛军兵力所能及之处，南不出武关，北不过云阳，西不过武功，大致就在围绕京城周围三四百里的范围。

不久，郭子仪等将兵五万自河北奔赴灵武，灵武军威始盛，人们都相信复兴指日可待。肃宗以郭子仪为武部尚书、灵武长史，以李光弼为户部尚书、北都留守，并同平章事。

肃宗此时虽有朔方之众，但仍考虑向其他部族借兵以张军势。于是遣使至回纥请兵，又发拔汗那兵，且使转谕城郭诸国，许以厚赏，使从安西进兵入援。肃宗又听从李泌的建议，发灵武，屯兵彭原，进而再向凤翔挺进。

至德元年（756）十月，宰相房琯上疏请求率领众兵，收复两京，肃宗同意了。房琯本是书生，对于军旅战事并不熟悉，不免把打仗看得太简单。他率兵与叛军安守忠战于咸阳的陈陶斜时，竟仿效古代车战之法，以二千辆牛车居中，左右两侧布置骑兵与步兵。叛军见状，顺风鼓噪，声震于天，唐军战牛皆惊骇，四处乱走，早已没了阵容，叛军借机纵火焚之，顷刻之间，群牛狂奔，人畜大乱，官军死伤四万余人，存者仅数千而已。两天之后，肃宗派中人邢延恩催战，房琯再率余部与叛军战于青坂，又遭大败。消息传到长安，杜甫沉痛地写下了两首诗。《悲陈陶》曰：

　　孟冬十郡良家子，血作陈陶泽中水。野旷天清无战声，

134

四万义军同日死。群胡归来血洗箭，仍唱胡歌饮都市。都人回面向北啼，日夜更望官军至。

《悲青坂》曰：

> 我军青坂在东门，天寒饮马太白窟。黄头奚儿日向西，数骑弯弓敢驰突。山雪河冰晚萧瑟，青是烽烟白人骨。焉得附书与我军，忍待明年莫仓卒！

诗中没有具体描述战斗的过程，而是描写唐军失败后血流成川、尸横遍野的惨状，重点突出了"悲"的气氛，诗人对于官军的失败感到非常悲痛，对于叛军的嚣张气焰表示了极大的愤慨。两诗清楚地表明了诗人当时身处沦陷之地的复杂心情。诗人与长安百姓一样都日夜盼望着唐军能尽早出兵反攻，收复长安，但是诗人又不希望唐军仓促行事，造成巨大的牺牲。诗人真恨不能写信告诫官军，谨慎应战，积蓄力量，待机而动，以最小的牺牲赢得这场战争的胜利。

冬天到了，沦陷的长安死寂一般。诗人在艰难的境地中坚守着，他吟唱道："战哭多新鬼，愁吟独老翁。乱云低薄暮，急雪舞回风。瓢弃樽无绿，炉存火似红。数州消息断，愁坐正书空。"（《对雪》）他等待着第二年春天的来临。春天虽然像往年一样如期来到，可是此时长安的春天更让诗人伤感，他作《春望》一诗以抒怀抱：

> 国破山河在，城春草木深。感时花溅泪，恨别鸟惊心。烽火连三月，家书抵万金。白头搔更短，浑欲不胜簪。

此诗一向为人称道，花鸟无情，不解人间沧桑事，而此时却也能与诗人之心相通，花为之溅泪，鸟为之惊心。值得注意的是，此诗短短四十字，真切地反映出杜甫对国家、家庭的认识和感情：国破则城毁，城毁则家亡；在国家动荡的年月里，也就没有家庭和个人的幸福生活可言。

第五章　乾坤含疮痍　忧虞何时毕

1. 投奔凤翔："辛苦贼中来"

至德二载（757）正月，安禄山死了。

安禄山自从起兵叛乱以来，双目渐昏，已而失明，又生恶疽，情绪越发暴躁，对身边左右侍从，小不如意，动辄鞭挞，甚至置于死地。既称皇帝，深居禁中，原先常在左右的将军们也都难得见到他，大小事皆通过他的心腹严庄传话。可是，严庄虽受宠信，仍然免不了受鞭笞。挨鞭打最多的是十几岁就跟了安禄山的宦官李猪儿，他生于契丹部落，人很机灵，安禄山很信任他。连他这样的人都挨鞭子，左右侍从、官员都感到不能自保。

安禄山的宠妾段氏，生安庆恩，她想让自己的独生子代替安庆绪做继承人。安庆绪常常担心自己会被她害死，可又不知所措。严庄乘机劝他除掉安禄山，又鼓动李猪儿动手杀之。正月初一，安禄山朝会群臣，疽痛难忍，于是罢朝。当夜，严庄与安庆绪手执兵器立于安禄山的帐外，李猪儿持刀直入帐中，将安禄山杀死。几个人当即在床下掘地数尺，用毡子裹了尸体埋了，同时警告宫中左右不得泄漏风声。第二天一早，严庄对外宣布安禄山病危，立晋王安庆绪为太子，太子即帝位，尊安禄山为太上皇，然后发丧。安庆绪生性昏懦，语无伦次，不能服众，所以叛军中

137

事无大小，此时都由严庄定夺。安禄山之死，对于唐军而言，应该是有利的。

二月，肃宗从彭原进驻凤翔。凤翔在长安的正西面，相距只两百里左右。长安士民看到唐军已经逼近，都以为克复长安就在眼前，杜甫也认为灾难即将过去，可是，他等了许久，也没有什么很大的动静。西边始终没有人过来，无法得到朝廷方面的消息。诗人望眼欲穿，实在有些心灰意冷。到了四月，诗人决定只身一人前往行在所——朝廷临时驻地凤翔。

动身之前，诗人特意借着春游的机会到西郊察看形势。四月里的一个凌晨，诗人启程了。他趁着晨雾和树丛的掩护，从长安外郭城西面的金光门逃出了沦陷区。诗人沿着崎岖的山路穿过了两军对峙的前线，直奔凤翔。历尽苦辛，日夜兼程，他真担心自己被叛军捉住，或者抛尸荒野，或者摔入山岩之下，那真是死了也没有人知道呀！诗人不停地往前赶路，精疲力竭，真不知道还有多少路才能到达。

就在这时，峰回路转，眼前顿时一片开阔，凤翔到了！诗人心里一阵激动，回望四周，凤翔附近的太白山顶上白雪皑皑，武功山层峦叠嶂，郁郁葱葱。不远处，宫舍鳞次，营帐井然，各色旗幡在阳光下迎风飘扬，时而看见忙碌的文武百官的身影，不时地还听到骑兵们的战马发出阵阵嘶鸣，颇有中兴的气象。诗人因此而备感振奋。

一些老朋友都来看望这位不辞辛苦、冒着生命危险从长安城里逃回来的诗人，看着他憔悴黑瘦的面容，众人极为惊讶，都十分赞叹他的勇气和毅力。回想起一路上的艰难危险，诗人心中也是万分感慨。逃归途中危险很大，生死悬于刹那之间，现在总算好了，诗人紧张的心可以平复了。感慨之余，诗人作诗《自京窜至凤翔喜达行在所》三首抒发感慨：

> 西忆岐阳信，无人递却回。眼穿当落日，心死著寒灰。
> 雾树行相引，连山望忽开。所亲惊老瘦，辛苦贼中来。

> 愁思胡笳夕，凄凉汉苑春。生还今日事，间道暂时人。
> 司隶章初睹，南阳气已新。喜心翻倒极，呜咽泪沾巾。

> 死去凭谁报，归来始自怜。犹瞻太白雪，喜遇武功天。
> 影静千官里，心苏七校前。今朝汉社稷，新数中兴年。

皇帝闻讯，亲自接见诗人。诗人穿着破衣烂衫拜见了皇帝。皇帝也为他这种忠心耿耿、坚贞不渝的精神所感动。因为当时自各地沦陷区奔赴行在的官员并没有多少，前来的大多是前朝的中高级官员，或是附近地区的地方官，像杜甫这样一个身处沦陷区，官位很低，而又能不辞艰险奔赴行在，就确实难能可贵了。

安史之乱爆发，玄宗离京的第二天逃到咸阳，曾悲戚地对高力士说："昨日仓皇离开京城，朝官都不知去向，今天有谁会追随而来呢？"高力士说："张垍兄弟，世受国恩，又是皇戚，必当最先到达。房琯一向有能做宰相的声望，而陛下不用，他又深为安禄山所器重，不会当即就来。"玄宗听罢，不以为然，道："事未可料。"不久，房琯果然来了，而曾受玄宗恩宠的张垍、张均兄弟以及曾高居相位的人都归降了安禄山，在伪朝中做了大官。而更多的官员则因扈从不及，为贼所得，被押往洛阳，被迫接受安禄山的伪职。如著名诗人王维在玄宗朝中任给事中，被俘后，服药取痢，称有痢疾，但是安禄山素知王维之才，还是将他押往洛阳，拘于菩提寺中，授以伪职。杜甫的好友郑虔也为叛军所获，授伪水部郎中。王、郑等人虽被迫接受伪职，但他们还是忠诚于大唐帝国。一日安禄山在洛阳凝碧池大设宴席，召梨园诸工合乐，诸工皆泣。王维听说后非常悲痛，私下里写了《凝碧诗》："万户伤心生野烟，百官何日更朝天。秋槐叶落空宫里，凝碧池头奏管弦。"这首诗不久传至行在，得到了肃宗的嘉许。郑虔也潜以密章达灵武，向皇帝表示自己忠诚的态度。

与这些官员相比，可以看出杜甫更加顽强的毅力和忠诚的品格。肃宗对他颇为赞许，五月，授予左拾遗。此职虽低（从八品上），责任却很重大，其职掌是时时在皇帝左右，并提出各种意见和建议。

诗人自从上年八月于鄜州告别妻儿后，至此已快有一年了。兵荒马乱，书信不通，家人的情况无从知道，他心里一直都在惦念。他新任左拾遗，在新朝中做事，生活总算安定，可是，自己的安稳却使他更加担心生活在水深火热之中的家人，更加思念久日不见的家人。他不知道他们的情况，甚至不知道他们是否还在人间。他多么想立刻就能回去看一看，哪怕就是看一眼也是多么大的安慰呵！可是他现在新任官职，责任重大，无法即刻回去。想起这些，他的内心无法平静，作《述怀》诗，表达此时的心情。诗曰：

> 去年潼关破，妻子隔绝久。今夏草木长，脱身得西走。麻鞋见天子，衣袖露两肘。朝廷愍生还，亲故伤老丑。涕泪受拾遗，流离主恩厚。柴门虽得去，未忍即开口。寄书问三川，不知家在否？比闻同罹祸，杀戮到鸡狗。山中漏茅屋，谁复依户牖？摧颓苍松根，地冷骨未朽。几人全性命，尽室

岂相偶？嵚岑猛虎场，郁结回我首。自寄一封书，今已十月后。反畏消息来，寸心亦何有！汉运初中兴，生平老耽酒。沉思欢会处，恐作穷独叟。

此诗极为细腻地抒写了诗人对家人的思念之情。诗人将心中种种心理、想象、推测都一一地细致写出，生动感人。诗人虽然往家里寄过信，可是根本不知道家是否还在。听说叛军滥杀无辜，连鸡狗都不留，那么家人的性命就更让人提心吊胆。家中破漏的茅屋，此时也许不会有人还站在窗口。亲人也许已经倒在了血泊之中，与无数难民一样成为一堆枯骨。诗的末句意谓自己此刻沉浸于全家欢聚的想象之中时，家人或许已经不复在世，而自己事实上已经成了一个孤独的老汉。写得最为真切的莫过于其中"自寄一封书"四句，一封家信寄出后已经过了十个月，诗人多么想得到家中消息，可是这么长时间里都没有消息，可见凶多吉少，所以又唯恐有坏消息传来，前思后量，魂不守舍，因而是"寸心亦何有"。

此诗细致入微地描述了诗人身逢乱离的遭遇和家人可能遭受的灾难，委曲周详地叙述自己既急于想得到家人的消息又恐怕传来噩耗的复杂心理活动，从而生动地记录了动乱时代在人们心灵上投下的巨大阴影。

语言最突出的功能是陈述，但是诗中"赋"的手法并不等于日常语言的陈述。"赋"在强调陈述的同时，更强调铺陈、铺排，对情景、场面、心理等进行细致的描写。《诗经》中的铺陈总体上比较简单，而杜诗"赋"的手法有了很大的发展，铺陈敷衍达到了更深广的程度。不仅在这首诗中，在《彭衙行》《三川观水涨二十韵》等作品中，杜甫都在《诗经》"赋"的基础上，熔铸了汉魏南北朝赋的创作手法，铺陈排比，极尽形容与描写之能事，从而大大增加了中国古典诗歌的表现力和容量，这是杜诗的创新。正因为杜甫找到了增大诗歌容量的技巧，所以他能成功地将各种内容，纳入他的宏大的体制之中，从而形成诗国中前所未有的大规模的诗篇。

由此也体现出杜甫在诗歌美学上的倾向：内容上，极为重视雄伟深广、波澜壮阔的题材；形式上，追求规模宏大的样式。与此对应的是，在杜甫的心灵世界中奔涌着的正是极为强烈深沉的情感、雄壮豪放的精神力量。如果没有这种深广而强烈的感受、情感作为基础，那么所有的宏伟壮观的诗歌形式只能是一个徒有其表的外壳。

2. 羌村："归客千里至"

然而，杜甫在诗歌领域中取得的重大突破，并不意味着他在政治领域中进展顺利。

肃宗的宰相房琯，河南人，是武后朝时宰相房融之子，少年好学，风仪严整，以荫补弘文生。后曾几任地方官，政多惠爱，兴利除害，赢得不少称赞。动乱时奔赴四川行在，玄宗即日拜文部尚书、同中书门下平章事，赐紫金鱼袋。后奉使灵武，册立肃宗。谒见肃宗，因言时事，词情慷慨，肃宗为之改容。肃宗以房琯素有重名，倾意待之，礼遇加等。房琯亦推诚誓谔，以天下为己任，知无不为，竭尽全力。时行在机务，多决于房琯。

房琯有名士风度，喜延宾客，高谈虚论，左右提拔多为与自己性情相近的名士。又性直快言，嫉恶太甚，致与一些朝臣不协，甚至以过分直言忤旨。肃宗初以其名声高远而隐忍，但时间一长也难以忍受，不满情绪溢于言表，不免有些疏远房琯。房琯见状，便上疏请兵为元帅，欲收复两京。不料兵败陈陶，房琯肉袒请罪，皇帝宽恕了他。

房琯与北海太守贺兰进明有隙，后者乃向肃宗进言，以为房琯当初为玄宗定谋，使诸王分领诸道节度使，故意让李亨（肃宗）处于北漠边远之地云云，于是肃宗对房琯心有怀疑，更为不满。

不久，玄宗的宰相崔圆来投奔肃宗，他厚结中官，很快得到了肃宗的信任，颇承恩渥。房琯处境更为不佳，心灰意冷，多称病不朝谒，于政事亦渐渐简惰，又爱听董庭兰弹琴，召集琴客筵宴，朝官们欲见房琯，往往得通过董庭兰才行。董氏借机大肆招纳货贿，颇致物议，并且牵连到房琯本人。

至德二载（757）五月，房琯罢相，被贬为太子少师。杜甫与房琯为布衣交，一直敬重他的为人，认为不应为细过而罢黜大臣，于是上疏营救房琯，措辞激烈。肃宗大怒，命令三司推问杜甫。幸亏宰相张镐相救，才免其罪。

杜甫得到肃宗的宽宥，于是呈状谢罪。然而，就在写状时诗人心里还是没有想通，总觉得自己没有根本性的错误，所以他一面向皇帝承认自己"智识浅昧，向所论事，涉近激讦，违忤圣旨"，一面还在为房琯辩解，认为房琯没有大错，而自己的错误也只在措辞过于激烈，没有三思而已。

这件事给杜甫带来了很深的遗恨。他早有大志，要致君尧舜，辅弼君王，为国为民效力。可是长安十年，他一直穷困潦倒，没有得到施展的机会，好不容易有了机会，被任命为左拾遗，然而就在他忠于职守、直言极谏时，却竟然没有得到皇帝的理解，反而使得龙颜大怒，诏三司推问自己的罪责。虽说得到了宽恕，但是错误、罪责是抹不掉的，这实在让杜甫惶恐。按照杜甫自己的想法，他实在找不出来自己究竟错在哪里。杜甫为人正直，公正处世，但至诚至爱非但没有得到肯定、称赞，却给自己带来了这么大的罪过，这能让他想得通吗？这个令他遗恨的问题缠绕了他很多年。晚年他在《祭故相国清河房公文》《秋日荆南述怀三十韵》等诗中一再提起此事，称自己"伏奏无成，终身愧耻"。

虽然没有治罪，但肃宗从此疏远了杜甫。到了闰八月间，诗人获准离开凤翔，前往鄜州探望家人。初一日，穿着青袍的诗人启程，开始了艰难的北行。此时在凤翔的官员们生活都很困难，马匹都被征集到了军中，一般官员都没有马骑，任左拾遗（正八品上）的杜甫当然更不会有马了。然而从凤翔到鄜州有七百多里路，杜甫无奈，只得写诗《徒步归行》向将军李嗣业借马，诗人说："凤翔千官且饱饭，衣马不复能轻肥。青袍朝士最困者，白头拾遗徒步归。"诗人向将军请求："妻子山中哭向天，须公枥上追风骠。"将军总算借给了诗人一匹马。

杜甫骑上马，带着一个仆人就上路了。跋山涉水走了七百多里，终于回到了羌村的家中。诗人赶到家时，已经是黄昏了，火烧云布满西天，从云缝中透出斜射到地面的太阳光，像是太阳之脚。战乱时期，人命危浅，朝不保夕，能够活着回来，倒成了偶然的事情。音信不通，家中亲人许久没有得到诗人的消息了，所以当诗人突然回到家中，妻子和孩子们又惊又喜。他站在家人面前，彼此都不敢相信这是真的。农人所居，围墙低矮，所以邻人们都挤在墙头上观望，为诗人一家的悲欢离合而感叹流泪。诗人百感交集，写诗道：

峥嵘赤云西，日脚下平地。柴门鸟雀噪，归客千里至。
妻孥怪我在，惊定还拭泪。世乱遭飘荡，生还偶然遂。邻人
满墙头，感叹亦歔欷。夜阑更秉烛，相对如梦寐。

这是杜甫《羌村二首》其一，诗中描写了自己初到家时的情景。
诗人真实地描写出了家人团聚时极为复杂的心理。末尾句通过夜
深秉烛、细语相对的情景细腻地反映出重逢时的心情，对于久别
重逢、翻疑是梦这种人生经验作了极为生动传神的描摹。"如梦
寐"极其委婉蕴藉，有两层含义：一是生怕此时相逢还不是真
的；一是寓含着梦中有多少回持烛相对、夜阑细语如此时一般的
光景，则久别时苦苦相思之意亦在其中。这两句一向为人称道，
成为后代诗人再三模仿的范例。如中唐戴叔伦《江乡故人偶集客
舍》："还作江南会，翻疑梦里逢。"司空曙诗云："乍见翻疑梦，
相悲各问年。"晏几道《鹧鸪天》词曰："今宵剩把银釭照，犹恐
相逢是梦中。"皆本杜甫这两句诗，但皆不及杜诗自然生动。

杜甫此次奉诏回家，实为肃宗疏远诗人，而当此万方多难之
际，正是臣子竭诚效力之时，此时却守在家里，无疑是苟且偷
生。诗人一想到这些，就感到十分苦闷，忍耐不住。当与家人重
逢时的惊喜淡化之后，诗人便又开始盘算着重返朝廷。孩子们都
已经看出了父亲的心思，于是依偎在父亲膝前，怕他又要离家远
去。对于当父亲的，再没有比这更让他不安、充满矛盾的了。眼
前国事、家事皆令他烦忧，国事则是山河破碎，胡骑猖獗，而自
己在朝中的前程也岌岌可危；家事则是北风已起，寒冬将至，而
家中尚无过冬的衣被。百虑并集，忧伤过甚，无以自遣，诗人只
能寄希望于酒了。禾黍已经收获，诗人仿佛听到了压酒的声音，
今朝有酒今朝醉，姑且用薄酒来安慰迟暮之年吧！诗人吟唱道：

晚岁迫偷生，还家少欢趣。娇儿不离膝，畏我复却去。忆昔好追凉，故绕池边树。萧萧北风劲，抚事煎百虑。赖知禾黍收，已觉糟床注。如今足斟酌，且用慰迟暮。

第二首叙述了诗人居于家中时复杂矛盾的心情。第三首诗曰：

群鸡正乱叫，客至鸡斗争。驱鸡上树木，始闻叩柴荆。父老四五人，问我久远行。手中各有携，倾榼浊复清。苦辞酒味薄，黍地无人耕。兵革既未息，儿童尽东征。请为父老歌，艰难愧深情。歌罢仰天叹，四座泪纵横。

此诗描写乡亲父老来访共饮的情景。诗人远从凤翔回来，邻近的父老闻讯各携清浊之酒，来访表示慰问。父老谦称自己带来的酒"味薄"，由此引出"黍地无人耕。兵革既未息，儿童尽东征"的感慨。此时正值战乱，百姓生活艰困，此酒来之不易。虽然味薄，但足以表达父老乡亲的深情，诗人十分感动，作歌为父老高歌之，歌罢主客都深为伤感，不禁泪流纵横。

如果说《述怀》《彭衙行》开始运用"赋"的手法，那么《羌村三首》中这种手法已经运用得出神入化了。中国古典诗歌一向长于抒情，弱于叙事，如果结合诗歌的这种现状，那么杜甫对于诗歌的叙事、"赋"的手法的开拓与贡献就更值得称述了。这样的诗歌，不但洗净了六朝诗的绮丽色泽，而且不复有盛唐诗的飘逸神采，突现出来的正是诗坛上从没有过的严格的写实精神与质朴的语言风格。

3.《北征》：杜诗中的第一大篇

乡村总是很宁静，乡村的秋夜就更加寂静。

可是，望着一轮秋月，听着村子里偶尔传来的狗叫声，以及屋檐下、草垛边时而风吹带来的窸窣声响，诗人的内心却很不平静。秋风带着寒意，夹杂着秋草与泥土的气味，门头上晾晒的茅草时而在风中晃动着。他想起这几个月来的经历，心潮起伏，思绪万端。从凤翔到羌村，这一路上各种意象、感受和回忆都在他的心头浮动，断断续续的诗句在他的脑海中萦绕。他迎着秋风，对着夜色，低吟着。终于，他一生中的第一大篇——全诗共一百四十句的《北征》完成了：

> 皇帝二载秋，闰八月初吉。杜子将北征，苍茫问家室。维时遭艰虞，朝野少暇日。顾惭恩私被，诏许归蓬荜。拜辞诣阙下，怵惕久未出。虽乏谏诤姿，恐君有遗失。君诚中兴主，经纬固密勿。东胡反未已，臣甫愤所切。挥涕恋行在，道途犹恍惚。乾坤含疮痍，忧虞何时毕？

诗人从自己辞阙北征的日期写起，着重描写当时国家形势和自己忧国恋主的心情。二载即是至德二载（756）；初吉，月初的吉日，指初一。"苍茫问家室"中"苍茫"二字不但意指家人存亡未知，前途茫茫，而且也意味着自己蒿目时艰，心情迷惘。时遭动乱，在朝的官员与在野的百姓都没有闲暇，特经皇帝恩准，才有机会回家探亲。诗人拜辞阙下，却不忍遽去，深感到自己作为朝廷左拾遗身上所负有的责任，唯恐朝廷有所遗失。诗人相信肃宗能够励精图治，将国家从危难之中拯救出来，再度实现兴盛辉煌。可是诗人忧心如焚，胡骑仍在驱驰，叛军气焰尚炽，山河破碎，百姓涂炭，诗人用"乾坤含疮痍"五个字来概括，语调极为沉痛。正因为是在这样的时刻离朝探家，所以诗人怀着忧惧不安的心情恋恋不舍地离开了凤翔，踏上了北征的旅途。

　　靡靡逾阡陌，人烟眇萧瑟。所遇多被伤，呻吟更流血。回首凤翔县，旌旗晚明灭。前登寒山重，屡得饮马窟。邠郊入地底，泾水中荡潏。猛虎立我前，苍崖吼时裂。菊垂今秋花，石戴古车辙。青云动高兴，幽事亦可悦。山果多琐细，罗生杂橡栗。或红如丹砂，或黑如点漆。雨露之所濡，甘苦齐结实。缅思桃源内，益叹身世拙。坡陀望鄜畤，岩谷互出没。我行已水滨，我仆犹木末。鸱鸟鸣黄桑，野鼠拱乱穴。夜深经战场，寒月照白骨。潼关百万师，往者散何卒？遂令半秦民，残害为异物。

此段写途中的所见所感。途中人烟稀少，所遇之人多为受伤流血的士卒，还有那些呻吟哀叹的难民。诗人回首凤翔，夕阳云霞之中仿佛还可以看见那里的旌旗在不住地闪动。时已深秋，攀岩登山，经过不少饮马窟。古时征战行军必用马匹，故多于长城下、山涧中凿泉引水为池，用以饮马，称为饮马窟。登上山可以看见泾水北流直入邠州，形成盆地，甚至还可以看见泾水荡潏，波光粼粼。

　　诗人又看到了山高谷深、虎吼崖裂的艰险景象。然而途中也有可喜之景，那就是"菊垂今秋花"以下十二句所描写的山间秋景。虽然奔走匆忙，然而山中秋景却是十分可喜，使人不禁驻足，流连观赏。近处山石荦确，石上痕纹奇异，有如古代车辙留下的印迹。山石之间，丛丛秋菊开得很盛。远处青山茫茫，白云悠悠。最可爱的是山中长满了各种小山果，还夹杂着橡栗，有的像丹砂一样红，有的却像漆一样黑，不论它们是苦是甜，此时都挂满了树梢。山里橡栗等许多果实都可以食用，以此果腹充饥，则可以足不出山，由此诗人想到了陶渊明的桃花源。对照桃花源中隐者的纯朴自然的生活，更使诗人感叹自己身世坎坷。山里天黑得早，诗人深夜经过战场，看见累累白骨，它们在寒冷的月光下更显得阴森、凄惨、可怖，诗人既悲痛又愤慨。浩浩百万雄师，一朝仓促溃散，致使关中半数百姓遭到残害。

接下来写诗人到家后见到家中穷困窘迫之状以及阖家团聚后的悲喜心情：

> 况我堕胡尘，及归尽华发。经年至茅屋，妻子衣百结。
> 恸哭松声回，悲泉共幽咽。平生所娇儿，颜色白胜雪。见耶
> 背面啼，垢腻脚不袜。床前两小女，补绽才过膝。海图坼波
> 涛，旧绣移曲折。天吴及紫凤，颠倒在裋褐。老夫情怀恶，
> 呕泄卧数日。那无囊中帛，救汝寒凛栗。粉黛亦解包，衾裯
> 稍罗列。瘦妻面复光，痴女头自栉。学母无不为，晓妆随手
> 抹。移时施朱铅，狼藉画眉阔。生还对童稚，似欲忘饥渴。
> 问事竞挽须，谁能即嗔喝。翻思在贼愁，甘受杂乱聒。新归
> 且慰意，生理焉得说！

正值战乱，陷身贼中，诗人忧虑深沉，头发尽白。分别一年后诗人回到家中，只见妻子衣衫褴褛，孩子脸色苍白，营养不良的幼子光着脚，肮脏不堪，背对着父亲啼哭，两个女儿穿着缝补过多

次而且根本不合身的衣服站在床前。瞧瞧她们的衣裳：原来织物上绣着海上波涛的图案，经过东缝西补，早已被扭曲拆裂，水神天吴与紫色凤凰现在也都补在了孩子们的衣服上。只有陷入穷困的官宦人家，才会有这种奇特的现象：绣着各种图案、比较昂贵的丝织品此时剪裁开颠颠倒倒地补在孩子们的破衣上！看着家人这样，诗人病倒了。幸亏他囊中有一些绵帛，可暂时解救家人的饥寒。还带回来一些粉黛，妻子试着在镜前妆扮，小女也学着母亲的样子，梳起头来，笨手笨脚地在脸上涂脂抹粉，把眉毛画得又浓又宽。孩子们天真活泼的样子让诗人感到欣慰，忘掉了饥渴。不久孩子们对父亲由生疏、畏惧变成了熟悉、亲切，扑在父亲的怀里，扯起父亲的胡须来了。描写细致生动，达到了出神入化的地步。正是通过这些成功的细节描写，杜甫把乱离时代家庭的不幸、痛苦与短暂的快乐都形象地呈现在读者面前。

诗人接下来抒写自己对于国家局势的忧虑和对平叛事业的希望。这些内心活动主要通过叙事来表现：

> 至尊尚蒙尘，几日休练卒？仰观天色改，坐觉妖氛豁。阴风西北来，惨澹随回纥。其王愿助顺，其俗善驰突。送兵五千人，驱马一万匹。此辈少为贵，四方服勇决。所用皆鹰腾，破敌过箭疾。圣心颇虚伫，时议气欲夺。伊洛指掌收，西京不足拔。官军请深入，蓄锐可俱发。此举开青徐，旋瞻略恒碣。昊天积霜露，正气有肃杀。祸转亡胡岁，势成擒胡月。胡命其能久？皇纲未宜绝！

皇帝尚在蒙尘，士卒还在训练，而此时最使诗人关心的军国大事则是朝廷借兵回纥。回纥即今维吾尔族，他们英勇善战，愿意助唐平叛。"阴风""惨澹"形容回纥兵过处皆愁云惨雾，杀气阴森，指其骁勇善战，十分勇猛。同时也指回纥因信仰摩尼教，崇尚白色，兵士皆服白衣，故颜色惨淡。早在至德元载（756）九月，肃宗已经派人前往回纥请求援兵。十一月，回纥派来骑兵两千，助郭子仪击败了叛军。二载（757）九月，回纥怀仁可汗遣其子叶护等将精兵四千余人来至凤翔，肃宗接见叶护，宴劳赐赉，惟其所欲。肃宗之子广平王李俶与叶护结为兄弟。肃宗收京取胜心切，与回纥约定："克城之日，土地、士庶归唐，金帛、子女皆归回纥。"肃宗一心依赖回纥，朝臣虽有不同意见或其他建议，但也不敢谏诤。诗人主张借兵回纥不宜过多，他对朝廷向强悍的回纥借兵虽有些担忧，但回纥能出兵帮助唐军破贼总是令诗人欣慰的。诗人对唐军克敌制胜、收复京师充满了信心：此时战局形势已经发生了根本性的转变，唐军终将平息叛乱，重振皇纲。

最末一段回顾安史之乱爆发后唐王朝的经历，赞美忠臣除奸之义举，且希望唐室由此走向中兴：

> 忆昨狼狈初，事与古先别。奸臣竟菹醢，同恶随荡析。不闻夏殷衰，中自诛褒妲。周汉获再兴，宣光果明哲。桓桓陈将军，仗钺奋忠烈。微尔人尽非，于今国犹活。凄凉大同殿，寂寞白兽闼。都人望翠华，佳气向金阙。园陵固有神，扫洒数不缺。煌煌太宗业，树立甚宏达！

诗人认为，安史之乱起后朝廷能够诛除奸邪，与古代昏君所为有别。古代夏桀、殷纣和周幽王都是因女宠而亡国的（夏桀宠爱妹喜，殷纣宠爱妲己，周幽王宠爱褒姒），杜甫觉得马嵬事变时赐杨妃自尽说明了唐玄宗与他们不同，所以唐室能够中兴。杜甫于此虽有为玄宗曲词回护之用意，但是并不违背基本的历史事实，而且"中自"二字极其微妙，回护之中仍含有隐讥。杜甫之所以要为玄宗回护，因为他对唐室中兴怀有强烈的愿望。他是经历了开元盛世的人，对玄宗有着很深的感情，况且在叛军凶焰很炽的形势下，对皇帝作太多的批判也不尽妥当。诗人期望肃宗贤明圣哲，能够像周朝和汉朝中兴的周宣王和汉光武帝一样中兴唐室。诗人揣想长安陷落后宫殿宫门皆寂寞凄凉，衷心希望唐室中兴。

这确实是前所未有的一篇大诗，诗人不仅向我们展示出当时动乱时期整个社会形势，而且也生动地展现了一个普通人的生活情态，杜甫当时的整个生活内容都浓缩于这首长诗中。在后人的评论中，胡小石说得最为确切：

> 《北征》为诗中大篇之一。盛唐诗人力破齐梁以来宫体之桎梏，扩大诗之领域，或写山水，或状田园，或咏边塞，较前此之幽闭宫闱低回哀怨者，有如出永巷而骋康庄。至杜甫兹篇，则结合时事，加入议论，撤去旧来藩篱，通诗与散文而一之，波澜壮阔，前所未见，亦当时诸家所不及，为后来古文运动家以"笔"代"文"者开其先声。
>
> ——《杜甫〈北征〉小笺》

4. 曲江水畔的酒徒

杜甫身在鄜州，心系朝廷。至德二载（757）九月，元帅广平王李俶率唐军及回纥、西域之众共十五万从凤翔出发，挺进至长安城西，准备与叛军进行决战。杜甫闻讯欣然而作《喜闻官军已临贼境二十韵》。诗人想象唐军阵势："前军苏武节，左将吕虔刀。兵气回飞鸟，威声没巨鳌。戈鋋开雪色，弓矢向秋毫。"并且期待着"五原空壁垒，八水散风涛"的胜利时刻的到来。九月二十八日，唐军克复长安。十月十八日，又克复洛阳，二十三日，肃宗回到长安。杜甫听到这一消息写下了《收京三首》。

十一月里，杜甫携家离开鄜州，返回长安。诗人心中充满了喜悦，一路上所见之景在他看起来都呈现出太平气象，这与当时仓皇北逃、惊惶悲苦的情景形成了鲜明的对照。路过昭陵时，诗人写道："陵寝盘空曲，熊罴守翠微。再窥松柏路，还见五云飞。"（《重经昭陵》）正是经历了那样痛苦的逃亡，所以才会有此时见松柏翠微、五云祥集而生出的平静、安详的心境。

十二月，玄宗自蜀还京，居兴庆宫，大封蜀郡、灵武扈从的功臣，同时陷贼官以六等定罪。郑虔、王维、储光羲等人皆被贬官。王维以《凝碧诗》闻于行在，又此时其弟王缙官刑部侍郎兼北都副留守，官位已显，王缙愿削去自己的职务为其兄赎罪，于是肃宗对其宽大处理，责授太子中允。杜甫的故友郑虔在陷于洛阳时就有密章达于灵武，虽免于死，但还是被远谪至台州（今浙江临海）任司户参军。郑虔仓促上路，杜甫没能赶上为他送行。杜甫十分伤心，作《送郑十八虔贬台州司户伤其临老陷贼之故阙为面别情见于诗》。诗人对挚友的不幸充满同情，如今郑虔遭到严谴，实像庄子所称的樗树，以有材而不见用于世。叛乱已被荡平，国家形势有所好转，郑虔却以垂暮之年被谪往万里之外，这多么令人感慨："郑公樗散鬓成丝，酒后常称老画师。万里伤心严谴日，百年垂死中兴时。"同情之中，诗人又发出沉痛的哀叹："仓惶已就长途往，邂逅无端出饯迟。便与先生成永诀，九重泉路尽交期！"

玄宗回京后，与肃宗的矛盾更为激烈。虽然彼此互加尊号，表面上关系融洽，但实际上这只是掩饰而已。玄宗奔蜀之前曾住兴庆宫，回京后一直居于此。兴庆宫在皇城以东，有夹城相通，肃宗时常由夹城到兴庆宫给玄宗请安。兴庆宫有长庆楼，南临大道，玄宗常在这里观览，父老过路人看见玄宗即瞻拜。玄宗常在楼下置酒食相待，又于楼上召将军郭英乂并赐宴。

　　太上皇如此动作，肃宗当然不能自安。他面对的不是一般的诸王，而是很得人心、富有影响力的前皇帝。玄宗自蜀还京时，过望贤宫，父老在仗外欢呼且拜，肃宗下令开仗，竟然有千余人涌入谒见太上皇，说："臣等今日复睹二圣，死无恨矣！"可见玄宗此时在臣民心目中的地位。肃宗不能坐视旁观，他要迁上皇于大内，隔断他与臣民联系。正好有宦官李辅国，欲立奇功以固其宠，力劝肃宗迁上皇于西内。不久，李辅国矫称肃宗的话，请迎上皇游西内，玄宗至睿武门，李辅国率领众兵，挟持玄宗迁居大内。紧接着，玄宗周围的亲信高力士等人都被流放，陈玄礼被迫致仕，玉真公主、如仙媛也都被遣。肃宗重新挑选了一批宫人百余名，置于西内，为上皇备洒扫。

　　至此，肃宗完全控制了局势。上皇日夜不怿，心情郁闷，渐渐成疾。两年后，即宝应元年（762），这位大唐帝国鼎盛时代的皇帝去世了，终年七十八岁。可是，终于可以安下心来做皇帝的肃宗并不幸运，十三天之后，他也病逝了。

　　乾元元年（758）的春天，回到长安的杜甫生活比较闲暇，此时他仍任左拾遗，过着京城下级官员的生活。这时与杜甫关系比较密切的有中书舍人贾至，当时玄宗传位与肃宗的册文即是贾至所写，故甚得肃宗的信任。一日，贾至往大明宫上朝，欣然写下了《早朝大明宫呈两省僚友》。此时王维官太子中允，岑参为右补阙，与杜甫同在朝中，一起作诗唱和。杜甫作了《奉和贾至舍人早朝大明宫》，诗中"五夜漏声催晓箭，九重春色醉仙桃。旌旗日暖龙蛇动，宫殿风微燕雀高"等句，将朝中景象描写得一派升平、花团锦簇、欣欣向荣，后二句手法流畅，珠圆玉润，在宫廷诗中堪称上乘。

杜甫回京以后心情相对而言平和多了，虽还有各种不尽如人意的地方，可是他毕竟是朝廷官员，在为国家效力。作为能够目睹天颜的近臣，他感到十分荣耀。他写下了一些诗篇，记录这一段时期的生活。如《腊日》曰："还家初散紫宸朝。"《紫宸殿退朝口号》中云："昼漏稀闻高阁报，天颜有喜近臣知。宫中每出归东省，会送夔龙集凤池。"《春宿左省》中描写在台省夜间值班时情景："星临万户动，月傍九霄多。"在《题省中院壁》中，不仅描写省中"落花游丝白日静，鸣鸠乳燕青春深"的情景，而且也写出了一片"纯臣心事"："腐儒衰晚谬通籍，退食迟回违寸心。衮职曾无一字补，许身愧比双南金。"

杜甫虽官左拾遗，但是此时家人都住在京城，微薄的俸禄仍然打发不了一家人的食用，更别提经常饮酒。尽管街头的酒价太贵，但过一阵子杜甫还是想着要解解酒瘾，好不容易凑到了几百个钱，便邀请好友毕曜同买一醉。毕曜也是朝廷的下级官员，家境清贫，但却喜好创作，杜甫在《赠毕四曜》中称："才大今诗伯，家贫苦宦卑。"两人皆好作诗，引为同调："同调嗟谁惜，论文笑自如。流传江鲍体，相顾免无儿。"末句谓诗人与毕曜皆有子传其诗，唯此一端足堪慰藉。

杜甫最小的儿子名宗武，小名骥子，聪明伶俐，最得老诗人欢心。杜甫陷贼长安时，听着春日里莺歌，想起了自己的小儿子："骥子春犹隔，莺歌暖正繁。别离惊节换，聪慧与谁论？涧水空山道，柴门老树村。忆渠愁正睡，炙背俯晴轩。"（《忆幼子》）前半叙己思子，后半想象儿子在鄜州羌村午日愁睡的情形，颇能体现老杜对儿子的怜爱之情。不久，杜甫又在《遣兴》中写道："骥子好男儿，前年学语时。问知人客姓，诵得老夫诗。"儿子牙牙学语时就会背诵自己的诗歌，杜甫十分开心，指望着能够把自己的诗道传给他，所以他对毕曜说儿子能够继承诗道，就足以感到欣慰的了。

长安期间，毕曜成了杜甫颇为信赖的一位朋友。杜甫写了一首《偪侧行赠毕曜》，当作一封书简，邀请毕曜共饮。诗中颇能反映当时杜甫生活情状和心态：

偪侧何偪侧！我居巷南子巷北。可恨邻里间，十日不一见颜色。自从官马送还官，行路难行涩如棘。我贫无乘非无足，昔者相过今不得。不是爱微躯，非关足无力。徒步翻愁官长怒，此心炯炯君应识。晓来急雨春风颠，睡美不闻钟鼓传。东家蹇驴许借我，泥滑不敢骑朝天。已令请急会通籍，男儿性命绝可怜。焉能终日心拳拳，忆君诵诗神憀然。辛夷始花亦已落。况我与子非壮年。街头酒价常苦贵，方外酒徒稀醉眠。径须相就饮一斗，恰有三百青铜钱。

杜甫因为将官马送还，没有马骑也就不能随意出行了。两人虽是巷南巷北的邻居，可是却也难得一见。因为身为官员却徒步行走，会惹来官长的恼怒。因为晚起，赶不上准时去官署，东家虽愿意借给他驴骑，但诗人还是怕天雨路滑，不敢骑，所以有空闲邀请毕曜共饮。这首诗的特点是以俗语写俗事，是对琐细、平凡的日常生活的审美观照，它对后代诗歌的通俗化、白话化有着深远的影响。

诗人虽有官做，但俸钱不够花，连酒都买不起，而且更主要的是，年近五十，却沉于下僚，政治上谈不上前途，更谈不上实现理想，这样的境遇中诗人当然有所忧虑。当时官员聚饮游赏，常爱去曲江。诗人也常与友人同僚一同前往，饮酒赋诗，消忧解闷。

暮春时节，飘红万点，水畔昔日的华堂如今已成了翡翠鸟的巢，芙蓉苑边王侯高冢此时亦是石麟倒卧，时过境迁，人世沧桑，世间物理莫不如此，人生在世，何须浮名羁绊，正当及时行乐。诗人赋诗《曲江二首》：

　　一片花飞减却春，风飘万点正愁人。且看欲尽花经眼，莫厌伤多酒入唇。江上小堂巢翡翠，苑边高冢卧麒麟。细推物理须行乐，何用浮名绊此身？

　　朝回日日典春衣，每日江头尽醉归。酒债寻常行处有，人生七十古来稀。穿花蛱蝶深深见，点水蜻蜓款款飞。传语风光共流转，暂时相赏莫相违。

围绕曲江，诗人还写有《曲江陪郑八丈南史饮》《曲江对酒》《曲江对雨》等，但写得最好的是《曲江二首》，它不仅写出了诗人面对花飞蝶舞的风光产生出韶光易逝、人生短促的伤感与莫名的惆怅，而且也反映出诗人在诗歌领域探索中所取得的新进展。

此时唐军的形势颇为可喜，收复长安、洛阳之后，安庆绪率残军退守邺城（今河南安阳）。到了至德二载（757）十二月时，史思明奉表归降，此时虽相州（治邺城）未下，但河北已为唐有。前方的捷报冲散了杜甫心头的愁闷，他喜不自禁地写下了《洗兵马》，诗中说："中兴诸将收山东，捷书夜报清昼同。河广传闻一苇过，胡危命在破竹中。只残邺城不日得，独任朔方无限功。"前方捷报频传，平乱最后的胜利指日可待，朔方节度使郭子仪战功卓著。诗人对于这些中兴诸将寄寓了无限厚望，希望像他们一样的英雄豪杰应运而生，光复国家、整顿乾坤就有希望了。诗的最后，诗人怀着对国家未来的关注、对天下百姓的关切，以饱满的情绪、乐观喜庆的笔触描绘了国家安定的景象以及对未来长治久安的期望："寸地尺天皆入贡，奇祥异瑞争来送。不知何国致白环，复道诸山得银瓮。隐士休歌紫芝曲，词人解撰河清颂。田家望望惜雨干，布谷处处催春种。淇上健儿归莫懒，城南思妇愁多梦。安得壮士挽天河，净洗甲兵长不用！"

这首诗旨在歌颂唐帝国中兴的局面，但诗中也寓有不少讽刺之意，例如："鹤驾通宵凤辇备，鸡鸣问寝龙楼晓"句对于玄宗、肃宗父子间的矛盾作了委婉的讥刺；"攀龙附凤势莫当，天下尽代为侯王"则很显然是对当时趋炎附势、无功受禄的奸佞小人的严厉斥责；"京师皆骑汗血马，回纥喂肉葡萄宫"二句是对朝廷借兵异族的短视措施的微词讽谏。然而，尽管有上述讽刺之意，此诗的主旨仍是歌颂而不是讽刺，它的基调是欢欣而不是忧伤。诗人对于唐军势如破竹地推进的大好军事形势、贤臣良将齐心合力以振国势的良好政治环境感到欢欣鼓舞，觉得唐室中兴的时刻已经到来。"净洗甲兵长不用"正是诗人最殷切的愿望，这个愿望与"淇上健儿""城南思妇"密切相关，事实上它也是饱经战乱之苦的广大人民的共同愿望。

可惜，诗人对国家和人民的命运的美好祝愿并未变成现实。

5. "三吏"

乾元元年（758）六月，肃宗下制数房琯罪，贬豳州刺史。与房琯关系密切的严武等人都受到牵连，杜甫也被贬为华州（今陕西华县）司功参军。

受到这一挫折的诗人更显得衰老。他告别亲故，从金光门走出长安，回想起去年四月自己经过此门逃向凤翔行在，不禁感慨万千。他勒住马久久地回望皇城的千门万户，也许已经意识到自己的政治生涯将从此结束。而事实上，杜甫确实再也没有回到朝廷中来。

诗人来到华州，正逢七月酷暑，蝇蝎扰人，文书堆案，使人难以忍受。但是他的诗兴却没有因此而减退，在任华州司功参军的一年时间里作诗颇多。有描写办公时的苦况，如《早秋苦热堆案相仍》，有写游赏如《九日蓝田崔氏庄》《崔氏东山草堂》等，又有咏马如《李鄠县丈人胡马行》《瘦马行》等，有怀念远方兄弟的《遣兴三首》等，还有描写与朋友交往的诗歌。在最后这一类诗中，《赠卫八处士》写得极为感人。

这年的冬天，杜甫前往洛阳，探望阔别多年的亲旧及陆浑庄故居。第二年即乾元二年（759）春，杜甫路经蒲州（今山西永济）时，遇到了自己青年时代一位姓卫的好友，于是写了这首诗：

> 人生不相见，动如参与商。今夕复何夕，共此灯烛光！少壮能几时？鬓发各已苍！访旧半为鬼，惊呼热中肠。焉知二十载，重上君子堂。昔别君未婚，儿女忽成行。怡然敬父

执，问我来何方？问答未及已，驱儿罗酒浆。夜雨剪春韭，新炊间黄粱。主称会面难，一举累十觞。十觞亦不醉，感子故意长。明日隔山岳，世事两茫茫。

年已四十八岁的诗人走过了人生大半的旅程，对人生的感慨特别凝重，对年华易逝的感触也特别深刻，因此，格外地珍视朋友的情谊。诗人语气平缓，只是娓娓道来，然而却情景逼真，兼极顿挫之妙。

当然，这一时期最重要的还是诗人恢复了注视社会、反映现实的创作倾向。尽管在华州时诗人心情有些抑郁，但是，一旦他看到李嗣业率领的大军从怀州（今河南沁阳）赴阙待命，浩浩荡荡经过华州时，又将自己个人苦闷烦恼抛开了，情绪激昂地唱出了"四镇富精锐，摧锋皆绝伦。还闻献士卒，足以静风尘"（《观安西兵过赴关中待命二首》其一）这样的诗句。

乾元元年（758）秋天，大量借兵回纥的遗害显露出来了。回纥兵帮助唐军收复两京后，大军屯于关辅地区，大肆搜刮抢掠府库及民间财物，扰乱治安。诗人早在《北征》诗中就提出"此辈少为贵"。对于此形势，杜甫深为忧虑，于是作《留花门》：

花门天骄子，饱肉气勇决。高秋马肥健，挟矢射汉月。自古以为患，诗人厌薄伐。修德使其来，羁縻固不绝。胡为倾国至？出入暗金阙。中原有驱除，隐忍用此物。公主歌黄鹄，君王指白日。连云屯左辅，百里见积雪。长戟鸟休飞，哀笳曙幽咽。田家最恐惧，麦倒桑枝折。沙苑临清渭，泉香草丰洁。渡河不用船，千骑常撇烈。胡尘逾太行，杂种抵京室。花门既须留，原野转萧瑟。

"花门"即花门堡，在居延海北（今内蒙古自治区北花门山堡）。天宝时这一带为回纥的领地，故唐人多用"花门"代称回纥。诗人称回纥乃天之骄子，骁勇善战，秋高马肥、内地收获之时，常常侵入汉地，所以自古都是中原的祸患。因此，对待他们都是采用修德使其归顺，来约束他们。安史乱起，求助外族平乱是万不得已的事情。肃宗急于成功，以幼女宁国公主嫁回纥，诗人以汉武帝公主嫁乌孙王，歌黄鹄而思念故乡事来写唐公主远嫁他乡；肃宗又与回纥王之子结为兄弟，指天日发誓。可是回纥助唐收复两京后，留驻沙苑不去。为了大肆搜刮，回纥更续来大批兵马，任意出入宫禁，骚扰田家，给百姓带来灾难。诗人发出沉痛的感叹："花门既须留，原野转萧瑟。"诗题曰《留花门》，正意谓不能留。

唐军收复两京后，形势极为有利，安庆绪率残军退守邺城，史思明奉表归降，平息叛军的最后胜利似乎指日可待，所以杜甫抑制不住喜悦，满怀信心写下了《洗兵马》一诗，可是，唐军由于种种原因，却没能采取最后决定性的进攻。乾元二年（759）正月，史思明再次背叛朝廷，于魏州（今河北大名）自称大圣燕王，并且于二月引兵南下以救邺城之围。其时，郭子仪等九节度使率领二十万大军围邺城已有数月，肃宗以郭子仪、李光弼为元勋，故军中不置元帅。因诸军无统帅，城久攻不下。史思明引大军直抵城下，与唐军展开决战。三月里，唐军步骑六十万在安阳河北摆开阵势，史思明亲自率领精兵五万前来迎战。阵势未及摆开，大风忽起。飞沙走石，天昏地黑，咫尺开外无法辨别。两军大惊，官军向南溃退，叛军向北溃却，甲仗辎重抛弃于路。郭子仪以朔方军断河阳桥，退保洛阳。唐军失利，洛阳士民惊骇，奔逃山谷。原留守的官员也纷纷奔往他州，诸节度使也各自带着残余溃回本镇，只留下了郭子仪、王思礼在坚守洛阳。一度缓和的形势重新变得紧张起来。

杜甫自上年冬天来到洛阳看望亲友，此时正在洛阳，见此情形只得匆忙离开。他先至新安（今河南新安），再到达石壕村（今河南陕县），经潼关回到华州。一路上，他看到惊魂稍定的人民又一次受到战乱的威胁，又一次陷入痛苦之中。

在新安县道上，诗人匆匆赶路，远远看见几个小吏正与一群村民吵吵闹闹，妇女们哭着，一些十五六岁的男孩也哭着，莫不是又在点兵？诗人走到一个小吏身旁，问道："这是咋回事？"小吏回头，上上下下把诗人打量了一番，见他是个官员，这才回答说："这……这就正在征兵咧。嗯……对咧，情况紧急的，昨儿夜里才来的命令，说……是说中男以上的，嗯……都得应征。"

"这十四五岁的小男孩能干啥？他们能守得住城池？"诗人说道。

"那……那有啥办法？咱们这个县小，成年男的都选完了，就只有这些小男孩咧！再来一次征兵，连我也不知道该让谁去咧。"小吏一边用手背擦着鼻子，一边催促男孩们快走。

妇女们哭声一片。

诗人急急地赶路，回头已经看不到那些村民了，可是那些伤心的哭声仍然在诗人的耳边回响。

又是几天的路程，诗人赶到石壕村。时已黄昏，夕阳在村舍的矮墙上映着最后一片微红，牧童赶着羊群回到村里。杜甫走进村子，人们用奇异的目光看着行路的陌生人。诗人准备找户人家借住一宿，明日接着赶路。

他敲开了一户人家的门，老妇人听说他要借宿，就把他安置在院落中的小厢房里。走了一天的路，尽管很累了，可是诗人却没有睡意，新安县所见到的那一幕总是不断地浮现在他的眼前，于是他从行囊中找出笔墨，借着昏暗的油灯，迅速写起来。《新安吏》诗写完了，他小声念着！

　　客行新安道，喧呼闻点兵。借问新安吏，"县小更无丁。府帖昨夜下，次选中男行。""中男绝短小，何以守五城？"肥男有母送，瘦男独伶俜。白水暮东流，青山犹哭声。"莫自使眼枯，收汝泪纵横。眼枯即见骨，天地终无情。我军取相州，日夕望其平。岂意贼难料，归军星散营。就粮近故垒，练卒依旧京；掘壕不到水，牧马役亦轻。况乃王师顺，抚养甚分明；送行勿泣血，仆射如父兄。"

成年的"丁男"早已被抓尽，尚未成年的男孩也得去当兵。叙事不多，但寄情极深。后面十六句是诗人对"中男"的安慰之词：天地无情，还是收住泪水，免得哭瞎眼睛。此番入伍练兵就在洛阳附近，军粮就在近旁故垒，要挖壕也不会太深，牧马也不是重活，王师体恤士卒，总帅对待士兵就像父母一样。尽管人民遭受到如此的痛苦，但是平叛的战争一定要进行下去，所以诗人勉强压抑住心中的愤怒，说了这一番宽慰和勉励的话。不难想象，诗人说出这番话时，他的心情是何等矛盾、痛苦。

　　诗人将诗稿放好，这才躺下。没多一会儿，就听到一阵猛烈的打门声，几个汉子在叫开门。屋里的老夫妻分明已经惊醒，急促的对话、争执，又传来孩子的啼哭。打门声越来越响，院门好像就要倒了似的。杜甫走到屋外时，就看到老汉正翻过后院的墙头，老伴一边使劲地向他挥手，让他快走，一边去开门。

闯进来一伙官吏，火把的亮光照着他们黝黑的脸，仿佛夜行的鬼魅。为首的官人大声嚷着："你们家男的呢？"

"我们家哪还有男人了！"老妇愤怒地回答道。

"你儿子呢？"

"我三个儿子不都在邺城打仗吗！三个儿子，三个儿子都在当兵，我哪还有儿子了！他们就是去年被你们征去的，如今……如今，"老妇哭泣起来，"一个儿子来信说，另外两个都已经战死了。这一个儿子，老天保佑，还不知道能不能保住性命。这让我们一家人怎么活呀！男的都死了，剩下孤儿寡母，谁来种田？谁来养活我们？"

"老婆子，别跟我们废话！我只问你，你家到底还有没有男的了？"

"你们真的要人，就让我去好了，耍刀弄剑我不会，给军中烧饭总可以。"

官人迟疑了一下，最后说："那好！"

小院子安静下来了，不远处又响起那伙官吏的打门声。

杜甫第二天一清早，与老汉道别，重新踏上行程。夜里发生的一幕令他久久不能平静，不由得一连串的诗句在诗人胸中涌动：

　　暮投石壕村，有吏夜捉人。老翁逾墙走，老妇出看门。吏呼一何怒，妇啼一何苦！听妇前致词："三男邺城戍。一男附书至，二男新战死。存者且偷生，死者长已矣。室中更无人，惟有乳下孙。有孙母未去，出入无完裙。老妪力虽衰，请从吏夜归。急应河阳役，犹得备晨炊。"夜久语声绝，如闻泣幽咽。天明登前途，独与老翁别。

164

诗中描写了他投宿石壕村时见到的一幕人间惨剧。诗人心中充满了愤怒，他严词痛斥："有吏夜捉人!"官吏不是在白天公开征兵，而是在夜幕的掩护下偷偷潜至;也不再按帖选丁，而是不分男女老幼地捉人。石壕村这户人家的遭遇太惨了，但还有千百户百姓人家都是同样的命运。诗人无法对归来的老翁说出什么宽慰的话，诗至"独与老翁别"遂戛然而止，但是"语声绝"而"如闻泣幽咽"。这就是著名诗篇《石壕吏》，千百年来它一直震撼着读者的心灵。

过了潼关，很快就是华州了。潼关是长安的屏障，三年前安禄山攻陷潼关，玄宗仓皇西奔。也许是接受了这次教训，也许是邺城兵败之后形势严峻，如今的潼关城修筑得十分坚固。重修之后旧城关固若金汤，新修小城筑于山上更是城高万丈，还有战格用作防御，就连飞鸟也难过。关隘险峻之处，仅能容车，真是一夫当关，万夫莫开。诗人写下《潼关吏》一诗:

> 士卒何草草，筑城潼关道。大城铁不如，小城万丈余。借问潼关吏:"修关还备胡?"要我下马行，为我指山隅:"连云列战格，飞鸟不能逾。胡来但自守，岂复忧西都? 丈人视要处，窄狭容单车。艰难奋长戟，千古用一夫。""哀哉桃林战，百万化为鱼。请嘱防关将，慎勿学哥舒!"

当潼关吏向杜甫夸耀城防之坚时，杜甫还是语重心长地劝告他们一定要慎之又慎，千万不要让三年前的悲剧重演。

在写到"三吏"这组诗时，杜甫的心情非常矛盾。对于唐王朝平定叛乱、维护国家统一的战争，他坚决拥护。但百姓为支持这场战争做出了惨重牺牲，他又是极为同情。对于发动叛乱的安史之流，他切齿痛恨，而对于酿成灾祸却不管人民死活的统治者，他也感到无比愤慨。所以在这组诗里，激愤、悲痛、讽刺、哀伤、抚慰等情感都是融合在一起的，它们构成了诗人的复杂心态。

6. "三别"

这期间，杜甫还创作了"三别"组诗。《新婚别》曰：

> 兔丝附蓬麻，引蔓故不长。嫁女与征夫，不如弃路旁。
> 结发为君妻，席不暖君床。暮婚晨告别，无乃太匆忙！君行
> 虽不远，守边赴河阳。妾身未分明，何以拜姑嫜？父母养我
> 时，日夜令我藏。生女有所归，鸡狗亦得将。君今往死地，
> 沉痛迫中肠。誓欲随君去，形势反苍黄。勿为新婚念，努力
> 事戎行。妇人在军中，兵气恐不扬。自嗟贫家女，久致罗襦
> 裳。罗襦不复施，对君洗红妆。仰视百鸟飞，大小必双翔。
> 人事多错迕，与君永相望。

在古代，刚过门的新娘多半与丈夫过去没有见过面，要开口说话总是很羞涩，此诗中所写的"我"亦是如此。可是他们"暮婚晨告别"，丈夫被迫前往"死地"，她也就顾不得许多了，絮絮叨叨地向丈夫倾吐衷肠，诉说自己的伤心与失望。谁料到新婚之后竟是生离死别！可是她又是一位深明大义的妇女，深知平叛战争的必要性，所以又鼓励丈夫努力作战，勿以新婚为念。《诗·卫风·伯兮》中云："自伯之东，首如飞蓬。岂无膏沐？谁适为

容。"形容妇女在丈夫出征后无心梳妆。这位新娘的行动更为果断决绝,她为了向丈夫表白自己忠贞不渝的爱情,当着丈夫的面洗去了脸上的脂粉,而且发誓不再穿那丝绸嫁衣,而对于她这样的贫家女来说,置办这样一套嫁衣多么不容易。此诗以"兔丝"作比兴发端。兔丝即菟丝子,是一种缠附在其他植物上生长的蔓生植物,古人多以此喻女子对男子的依附。《古诗十九首》中即有"与君为新婚,兔丝附女萝"句。此诗结尾也是以百鸟比翼双飞表达对夫妻团聚的祈望。以比喻起头,以比喻结尾,酷肖农村妇女的口吻。当鼓励丈夫前行、表白自己忠贞时,她的语气则从缠绵委婉变为斩钉截铁。全诗虽然皆为新娘自述,但却逼真、传神地塑造出了新嫁女子生动感人的形象,而且诗人对人民的同情、敬佩也充溢于字里行间。

《垂老别》曰:

> 四郊未宁静,垂老不得安。子孙阵亡尽,焉用身独完!投杖出门去,同行为辛酸。幸有牙齿存,所悲骨髓干。男儿既介胄,长揖别上官。老妻卧路啼,岁暮衣裳单。孰知是死别,且复伤其寒。此去必不归,还闻劝加餐。土门壁甚坚,杏园度亦难。势异邺城下,纵死时犹宽。人生有离合,岂择衰盛端?忆昔少壮日,迟回竟长叹。万国尽征戍,烽火被冈峦。积尸草木腥,流血川原丹。何乡为乐土,安敢尚盘桓?弃绝蓬室居,塌然摧肺肝。

全诗由一位老翁的话构成。老翁已经为国家献出了亲人,他的儿孙都已经阵亡,现在他又以垂暮之年被征入伍,与其老妻依依惜别。他本来就很衰弱,走路还需要扶杖,可现在竟然投杖从军,连同行的征夫们都为之辛酸。他与老妻的分别无疑成了死别，两人更是互相怜惜。他可怜老妻天寒衣单，而老妻劝他努力加餐。他强自振作，宽慰老妻说自己不会马上遇到危险，又指出当前正是遍地烽火，自己安能置身于外？此诗写情缱绻悱恻，心事曲折、细微，毕肖老人口气。与《新婚别》中的新娘一样，这位老翁的形象中也倾注着诗人的同情与敬佩。

上面二诗中的主人公虽然遭遇不幸，但总算还可以对自己的亲人倾诉一番。而《无家别》中的主人公则更加悲惨，他连告别的对象都没有，只好在第二次被征入伍时喃喃自语：

> 寂寞天宝后，园庐但蒿藜。我里百余家，世乱各东西。存者无消息，死者为尘泥。贱子因阵败，归来寻旧蹊。久行见空巷，日瘦气惨凄。但对狐与狸，竖毛怒我啼。四邻何所有？一二老寡妻。宿鸟恋本枝，安辞且穷栖。方春独荷锄，日暮还灌畦。县吏知我至，召令习鼓鞞。虽从本州役，内顾无所携。近行止一身，远去终转迷。家乡既荡尽，远近理亦齐。永痛长病母，五年委沟溪。生我不得力，终身两酸嘶。人生无家别，何以为蒸藜？

这位士兵早就去了前线，因战败得以回到家乡，但家乡已经面目全非，惨不忍睹。人烟稀少，园庐荒废，活着的人奔逃各地，杳无音讯，而死去的已经化为尘泥。四周荒寂，只有狐狸出没。为了活下去，他重新开始了辛勤的耕作。可是县吏很快就知道了他回乡的消息，又召他去当兵。他要收拾行囊，可是"内顾无所携"；他要告别，可是与谁作别呢？他已经到了无家可别的地步。正因为无家可别，所以去远去近，对他来说已经没有不同了！语似旷达而情更悲痛。他又想到长年生病的母亲委骨沟壑已经五年，生不得养，死不得葬，彼此抱恨终身。于是他悲愤地诘问道："人生无家别，何以为蒸黎？"诘责的对象不是别人，正是应该对这场战乱负最大责任的封建统治者！"何以为蒸黎"表达了千百万苦难百姓的愤怒、责问和强烈的控诉！

"三吏""三别"虽然写法各异，但它们都是继承、发扬了汉魏乐府优秀传统的杰出诗篇。它们极其深刻、生动、典型地刻画了当时的社会现实和人民的精神面貌，在思想意义和艺术造诣两方面均达到了古代乐府诗前所未有的高度。在杜甫本人的创作过程中，"三吏""三别"也是最值得注意的一个里程碑。从《兵车行》《丽人行》到"三吏""三别"，诗人迈出了坚实的一大步，从而使诗歌的写实创作达到了一个顶峰。

只有杜甫这样忧国忧民的诗人，目睹了那样的乱离景象，才能写出这组催人泪下的诗来。中国古代史籍异常丰富、浩如烟海，但是其中记载多是帝王将相的生平、宫闱政变、会盟征伐、郊庙祭祀等，对于各个时期普通百姓的生活、情感绝少有记录。然而杜甫却真实而生动地描写了这一时期普通百姓惨痛的生活状况和情感经历，使得无数身处于动荡、困苦之中的百姓的实际情状有了真切具体的记录。从这点上讲，杜甫"三吏""三别"等诗享有"诗史"称号是当之无愧的。诗人晚年漂泊夔巫时回忆说："曾为掾吏趋三辅，忆在潼关诗兴多。"（《峡中览物》）可见，杜甫自己对这些诗十分珍视。而对于文学史来说，杜甫在安史乱起后三年间的"诗兴"和诗作都永远值得珍视。

第六章　关陇客泪　蜀道悲歌

1. 秦州："客泪堕清笳"

《老子》云："大军之后，必有凶年。"乾元初，关中一直旱得厉害，粮价奇贵。于是在乾元二年（759）七月，杜甫抛弃了华州司功参军的微职，携家小前往秦州（今甘肃天水）。关辅饥馑，生活艰难，当然是诗人弃官西去的一个原因。但是更为主要的原因是，杜甫对于朝廷政治越来越失望。诗人自安史乱起开始就一直处于战乱的中心，逃难奉先，被俘长安，投奔凤翔，北征省亲，贬官华州，惊走洛阳，这奔走往来于兵燹、饥荒中的经历使诗人目睹了天下百姓所受的灾难，也使他更看清了朝廷的无力与混乱。从《北征》《洗兵马》《留花门》到"三吏""三别"，诗人对朝廷的态度也从期望、讽刺走向了无可奈何与失望。于是，诗人怀着"唐尧真自圣，野老复何知"（《秦州杂诗二十首》其二十）的满腹牢骚，永远离开了疮痍满目的关辅地区，也永远离开了旋涡险恶的政治中心。

秦州在长安西面。相距近八百里，是陇右道东部的一个大州。从京城往秦州必须翻越六盘山的支脉陇山，其山南北走向，从而划分开渭河平原与陇西高原。陇山高近千丈，山势陡峭，古人戍边行役，一向视为畏途。然而，杜甫还是带着一家人，不畏艰难，翻越了陇山，在秋风萧瑟的时节来到秦州。由于陇山的横隔，所以相对于动荡不安的关辅地区，秦州可算是离京师最近的一块平静之地。这一年秦州的收成比较好，而且杜甫的侄儿杜佐和他在陷贼长安时结识的和尚赞上人都住在这里，他可以得到他们的帮助，所以，诗人想在秦州找到一个安静的居处，一个避难之所。

"临衰厌鼓鞍"（《秦州杂诗二十首》其十一），诗人已经四十八岁，他再也经不起战乱、动荡的折腾。虽说他的志向、秉性等都没有变化，可是他毕竟已是一位老人了。他叹道："平生独往愿，惆怅年半百。罢官亦由人，何事拘形役？"（《立秋后题》）过去他汲汲于仕途，而此时却主动地弃官了。他对于人生、对于政治、对于仕途功名的看法，毕竟不同于十几年前刚进长安时了，他真正感受到年近半百之人对岁月如梭、年华不再的紧迫感："性命苟不存，英雄徒自强。吞声勿复道，真宰意茫茫。"（《遣兴二首》其一）他更加倾慕起隐士置身于世事之外的风度："更议居远村，避喧甘猛虎。足明箕颍客，荣贵如粪土。"（《贻阮隐居》）秦州这座边城仿佛是世外桃源，城外的山寺也极其幽静、安宁，使他这位奔波坎坷了大半生的诗人特别向往。如《秦州杂诗二十首》其十二：

> 山头南郭寺，水号北流泉。老树空庭得，清渠一邑传。
> 秋花危石底，晚景卧钟边。俯仰悲身世，溪风为飒然。

杜甫在诗中几次提到想在秦州买一块地，建一草堂以安度晚年。在杜佐和赞上人的帮助下，诗人到秦州城外东柯谷、西枝村、西谷等处求访，但都没有成功，建草堂的计划最终还是落空了。杜佐与赞上人也没有能力给诗人提供生活上的接济，诗人走投无路，只得重操卖药旧业，以维持衣食。

秦州一带山水景致颇佳，杜甫在《赤谷西崦人家》描写道："溪回日气暖，径转山田熟。鸟雀依茅茨，藩篱带松菊。如行武陵暮，欲问桃源宿。"可想当地景色之胜。但是事实上，秦州也不太平。秦州一直是西域驿道，西北军事要道，此时这座边城正受到日益强大的吐蕃威胁，气氛也很紧张。军队驻防，使节过往，黄昏时常常听到号角之声。诗人也只能暂寓此地罢了。

秦州的山水以及边城的特点，特别是战乱动荡的背景深深地影响着诗人，使杜甫在这一时期的诗歌创作产生了颇为鲜明的变化。一些短小、清新的诗歌产生了，其中有山水，也有边塞特有的风光。说它们是山水诗，它们又像边塞诗；说是边塞诗，又像山水诗。很难将杜甫这些作品归入到哪一类，事实上山水与边塞两种题材在诗人的笔下早已十分有机地结合在了一起。

杜甫虽然屡屡说到卜居以隐，但是他对隐居的态度与当时其他人确有很大差别。王维、孟浩然等人不仅崇尚隐逸，有这方面的经历，而且还努力地在诗中营造出幽美、宁静、十分理想化的境界，以寄托自己对隐逸生活与平淡心境的向往。这种创作倾向使得他们的山水诗始终或明或暗地蕴含着佛理、禅机和道家的出世之思。杜甫不同，与其说他在求得隐居，毋宁说他只是在找安静的栖身之处，因为积极关心现实的情怀一刻也没有从他的心中消失。正是杜甫这一思想基础，使他在这一时期的诗歌创作中，并没有过分美化乡村的景色，没有着意地渲染山水幽静、恬然的气氛，也没有一味地在幽静的景色中融入隐逸的主题，更没有失掉对平乱形势、国家大事的关心。总之，在这些作品中，各种不同的因素——乡村的宁静、景致的优美、诗人对于战事的关心、对国家未来的担忧等都自然地呈现，并且有机地结合在一起，从而真实地反映了诗人当时所处的生活环境和心情。所以在杜诗中，"天寒鸟以归，月出山更静"（《西枝村寻置草堂地夜宿赞公土室二首》其二），"落日邀双鸟，晴天卷片云"（《秦州杂诗二十首》其十六）固然是实景，而黄昏时满城鼓角之声，还常常有报警的烽火自远方传来——"鼓角缘边郡，川原欲夜时"（同上其四）；"警急烽常报，传闻檄屡飞"（同上其十八）；"西征问烽火，心折此淹留"（同上其一），也是诗人的亲身经历。这两种看上去不相容的题材在杜甫诗中往往被纳入一首诗中，因为这就是杜甫当时所处的现实。杜甫坚持以写实的创作精神将这些所见所闻和亲身感受真实而生动地反映在自己的诗中。

正因此，在诗人笔下，军营与村落、牧笛与烽火、使节出行与柴门静居同时被放在了一首诗中，构成了一幅奇特而真实的景象：

> 云气接昆仑，涔涔塞雨繁。羌童看渭水，使节向河源。
> 烟火军中幕，牛羊岭上村。所居秋草静，正闭小蓬门。
>
> ——《秦州杂诗二十首》其十

此诗虽然也有断云、细雨、秋草、蓬门、牛羊、村落等王、孟山水诗中常有的意象，但却呈现出完全不同的面貌。山水与边塞两种题材结合、融合在一起，而且可谓天衣无缝：

> 愁眼看霜露，寒城菊自花。天风随断柳，客泪堕清笳。
> 水静楼阴直，山昏塞日斜。夜来归鸟尽，啼杀后栖鸦。
>
> ——《遣怀》

"水静楼阴直"刻画细致、意象新颖，堪称山水诗佳句，可是又有"寒城""清笳""塞日斜"这些在过去边塞诗中常出现的意象。两种不同的题材得到了统一，形成了一种十分和谐的全新意境。

在这种结合中，杜甫超越了盛唐的边塞诗。盛唐的边塞诗大多是描写边疆战事、抒发建功立业的豪情、描写边塞壮丽的风光，风格豪放激昂，富有想象，充满浪漫气息。与这种边塞诗不同，杜诗中，主要描绘边城秦州的实际风貌，并且由此展现诗人作为一个普通人在边城的感受。如《雨晴》：

天外秋云薄，从西万里风。今朝好晴景，久雨不妨农。塞柳行疏翠，山梨结小红。胡笳楼上发，一雁入高空。

诗中有"塞柳""胡笳"，主要描写边陲风情，都是传统边塞诗的题材。可是它只是写诗人喜塞上初晴，诗中既没有豪壮激越，又没有金戈铁马，纯然只是写景，然而又微妙地传达出诗人身处秦州时的内心情感。这是用山水诗的格调去写边塞风情。这些诗无论从山水诗，还是从边塞诗来看，都令人耳目一新。

在这种结合中，杜甫不仅超越了边塞诗，而且超越了盛唐山水诗。

王、孟等人山水诗多借实景以写心中虚境，心中的理想之境决定着对实景的取舍，所以意象多取寂寞柴门、空林春雨、渔樵夜归等，作品既多，渐成模式。杜甫并没有落入到这一套路中，他坚持写实景以抒真情，从而使自己的山水诗创作摆脱了原有的窠臼，另辟蹊径。如果说，王维的《辋川集》《青溪》《终南别业》《渭川田家》等也可以看成是他时、他地、他人之作，那么，杜甫在秦州所写的《秦州杂诗二十首》《宿赞公房》《赤谷西崦人家》《雨晴》《寓目》等诗则只能看作这一特定背景下的杜诗。这些诗作不仅融入了诗人强烈的创作个性，而且具有十分鲜明的时代与地域背景；这些诗作是诗人所处的环境及其心境的真实反映。正因此，他的诗中才出现了既有乡村的恬静、古朴，又有边塞的风云，同时还有忧国忧民的情感这一独特的景象。

杜甫在秦州所写的大部分涉及山水的诗都是王、孟诗风的变调。即使与杜甫自己以前的诗作相比，秦州诗也融进了一种新的气息、新的成分，这表明杜甫在入蜀之前创作上就已产生了新的变化。

2. 寂寞边城，故人入梦

秦州的生活异常寂寞，诗人在这里除了杜佐、赞上人和隐士阮昉等几位朋友外，很少与其他人有往来。离群索居之时，他备感此间人情冷漠，故常常思念起自己的亲人和往日的朋友。"露从今夜白，月是故乡明"（《月夜忆舍弟》），在露白月明之夜，杜甫惦记着死生未卜的弟弟。他也想念起贬谪在海畔孤城的郑虔，吟诗道："天台隔三江，风浪无晨暮。郑公纵得归，老病不识路。"（《有怀台州郑十八司户》）诗人痛其远谪他乡，归期无日，更想象这位老友在蛮荒之地艰辛度日的情景，深寓着自己对老友的关切："昔如水上鸥，今如置中兔。性命由他人，悲辛但狂顾。山鬼独一脚，蝮蛇长如树。呼号傍孤城，岁月谁与度？"诗人对朋友的挚情体现得极为深厚。诗人最后说："平生一杯酒，见我故人遇。相望无所成，乾坤莽回互。"悲悯朋友的不幸中又寄寓着对自身不幸的哀叹。

乾元二年（759）五月，高适授彭州（今四川彭县）刺史，岑参也新授虢州长史，身处羁旅沉疴之中的杜甫想起了两位老友，于是作《寄彭州高三十五使君适、虢州岑二十七长史参三十韵》，慨然远想，以表思念，同时又借以抒发自己独处边陲的愤懑。杜甫任左拾遗时与贾至、严武关系颇为密切，其时贾至贬岳州司马，严武贬巴州刺史，杜甫也给他们寄诗，回忆过去同在朝中共事的情景，表达自己对他们的怀念之情。

乾元元年（758），李白因永王事被长流夜郎（今贵州桐梓一带），二年（759）春天，行至巫山遇赦，回到江陵（今属湖北）。杜甫自听到李白流放的消息，一直深为挂念，尚不知道李白遇赦东还。在夜梦之中，他又见到了自己的朋友，因梦而感，写了《梦李白二首》：

死别已吞声，生别常恻恻。江南瘴疠地，逐客无消息。故人入我梦，明我长相忆。君今在罗网，何以有羽翼？恐非平生魂，路远不可测。魂来枫林青，魂返关塞黑。落月满屋梁，犹疑照颜色。水深波浪阔，无使蛟龙得。

浮云终日行，游子久不至。三夜频梦君，情亲见君意。告归常局促，苦道来不易。江湖多风波，舟楫恐失坠。出门搔白首，若负平生志。冠盖满京华，斯人独憔悴。孰云网恢恢？将老身反累。千秋万岁名，寂寞身后事。

思念一个生死未卜的人，对于思念者来说最为折磨人、最为痛苦。杜甫因思而梦，因梦而思，正表明了他对朋友情谊之深。杜甫这两首诗生动细致地表现出自己的思念和真挚，向后人展示出了人间的至情。

第一首诗的开头即说死别生别，使人顿时感到阴风袭来，凄惨难名，全诗随之弥漫着悲凉的气氛。故人入梦，仿佛抚慰诗人的"长相忆"。可是相距路遥，梦中之魂怕不是生魂。李白是不是真的死了？担心、猜测，或喜或悲，充满了对友人的无限深情。诗人问道：你既然被流江南瘴疠之乡，怎么能插上翅膀，飞到我这僻远的秦州来呢？"魂来"两句意象奇幻，笔力苍劲，生动传神，想象出梦魂往来之时的情景：李白之魂前来，飘然经过江南夜空，所经之处，原野枫林变得一片暗青；当他从险要的秦陇关塞回去时，大地也变得一片凄凉阴暗。如果说"魂来"句以意象奇警取胜，那么"落月"两句的意象则颇为平实，但其韵味却更为隽永。友人之魂远去，诗人从梦中惊醒，恍惚之中，只见落月的一缕斜光照在屋梁上，黯淡朦胧的月色将梦境与实境连成一体，所以，眼前恍惚还有李白那依稀可辨的面容与身影在，却又自疑犹在梦中。这首诗描摹梦境极其逼真，确实为传神之笔。而这一段中画龙点睛之笔正是"落月"二句所构成的意象。

诗末，诗人对自己的这位挚友表示深深的祝愿：江南一带水深浪大，千万不要为水中的蛟龙所得。此时李白生死不明。诗人非常希望李白能够平安无事，在险恶之行中保住性命。可是谁知道呢？也许挚友已经不在人世，如果是这样，那也希望他的魂灵不要为蛟龙所苦。南朝梁吴均《续齐谐记》中记载：东汉末年，一个人在长沙见到屈原之魂。他说："我曾见到祭祀我的仪式很隆重，但是我现在正在为水中的蛟龙所苦。"所以诗人这里的一语包含了两层意思，充分显示诗人对于挚友的关切与深情厚谊。

第二首诗起首即以浮云喻李白，天上浮云终日飘荡、永无定踪，诗人望浮云而念游子，一往情深。"三夜"句补前首诗所未及。故人入梦，那是因为我久思的缘故；而频频三次梦见，那是挚友对我的厚意。前篇概述李白之魂入梦，此诗再述梦中相见的细节，与前篇互为表里、互相补足。梦魂将归，还是与过去一样局促不安，诉苦道：前来相见真是不容易呵！过江渡湖，一路上风浪险恶，真怕行船会沉没水中。你搔弄着白发，走出门外，那样子就像辜负了你平生壮志一样地怅然若失。"出门"二句写梦中所见李白的神态，曲尽仓皇悲愤的情状。李白生平怀才不遇、壮志难酬，所以"白发三千丈，缘愁似个长"（《秋浦歌十七首》其十五）。如今垂老远谪，当然更是悲愤填膺，虽能在梦中远涉江湖访问知己，然梦境短促，匆匆告别，故临出门时伸手去搔那满头白发。满腹牢骚、万千心事都凝聚到"搔白首"这个动作之中，从而活画出一个暮年落拓的李白来。

想到李白一生不平的遭遇，诗人不禁发出一阵阵感慨：京都朝廷里冠盖若云，充斥着各种权贵，而像你这样胸有大志而富有才华的人却报国无门，进身无路，憔悴孤独，甚至到老了还要受到这样的牵累，这能说是天网恢恢，疏而不漏，天下已无遗贤吗？在同情挚友李白的遭遇时，诗人也不禁联想起自身相同的境遇，忍不住发出沉痛的感慨："千秋万岁名，寂寞身后事。"生前时候的遭遇既已如此，纵使身后名垂万古，但那时人已经寂寞无知，夫复何用？为友人发出沉重的嗟叹之中，也托出了自己无限的心事。

还是在秦州，秋风一起，杜甫再次想起李白，作《天末怀李白》表达自己的情思：

凉风起天末，君子意如何？鸿雁几时到，江湖秋水多。
文章憎命达，魑魅喜人过。应共冤魂语，投诗赠汨罗。

178

热爱诗歌艺术的人总是与通达显赫无缘，好像诗文总在憎恶一个人的好运，而背运的李白经过魑魅出没横行的地方，只会让吃人的鬼怪喜欢。诗人对李白说，写诗赠予汨罗江的冤魂屈原，请他了解你的不幸的遭遇，他会照顾你的。此时李白还是生死不明，故诗人仍然就李白的人与魂共说。

总算知道了李白遇赦东归的消息，杜甫终于得到了一些安慰，立刻写了一首《寄李十二白二十韵》，诗的开头再次对李白超绝的才华和不平凡的经历表示赞叹：

昔年有狂客，号尔谪仙人。笔落惊风雨，诗成泣鬼神。声名从此大，汨没一朝伸。文采承殊渥，流传必绝伦。龙舟移棹晚，兽锦夺袍新。

诗人一想起李白，脑海中就浮现出他才高气逸、豪放不羁的形象。当年他刚入京，就令贺知章惊叹不已，称之为谪仙人。他的那支笔有着无穷的神力，可以写出惊风雨、泣鬼神的诗篇。沉沦落魄多年，终于有朝一日，声名上达天庭，得到皇帝的垂青，受到特别的礼遇。于是召入翰林院，专门为皇帝起草文章，因为得到赏识，所以还常常陪同皇帝游览。一天玄宗游赏白莲池，春光明媚，绿水碧波，玄宗兴致正高，想起来要让李白作诗，描写此时此刻的景致与心情。正巧李白不在，于是赶紧让高力士去请。高力士急奔翰林院，找到李白，可谁知李白已经纵饮数斗，沉醉不起，没有办法，高力士往李白脸上泼了些凉水，然后把他扶上船，赶去面见皇上。李白就是这样受到恩宠，"龙舟移棹晚"，写的就是这个故事。"兽锦夺袍新"，用的是一个典故。武后游龙门，命在场的官员现场赋诗，谁先作好，即赐锦袍。群臣踊跃，左史东方虬很快就写好了，于是被赐袍。东方虬拿了锦袍，尚未坐稳，只见诗人宋之问诗成。武后一阅，文理俱美，左右官员也莫不称好，于是武后夺过锦袍披在了宋之问的身上。此言李白之诗压倒群彦，独占鳌头。

接下来，诗人回忆李白遭谗被疏，离开朝廷，又记叙李白累于永王而遭放的经历，最后道："老吟秋月下，病起暮江滨。莫怪恩波隔，乘槎与问津。"诗人深惋李白才能出众然而老病秋江，恩波不及，但是如今能够保全性命，权且乘槎浮于海，隐于江湖之上。李白因事而累，俨然是朝廷的罪人，虽遇赦，但不免为人所轻，杜甫于此一口气作下二十韵的大诗，尽述其生平履历，分明为李白作传，使其能有一个公正的评判。于此可见，杜甫对于自己的这位朋友是有何等的情谊。

离群索居、贫病饥寒，诗人在秦州住了三个月左右，实在是住不下去了，他决计要离开，可是"万方声一概，吾道竟何之！"（《秦州杂诗二十首》其四）天地茫茫，何处是诗人安身之处呢？

3. 往同谷："我生苦飘荡"

正当杜甫走投无路时，同谷县（今甘肃成县）的县宰来信欢迎他到同谷去。

同谷在秦州南面二百六十多里，气候较温暖，物产也丰富，这对于缺衣少食的杜甫自然有很大的吸引力。十月里的一天凌晨，诗人告别了赞上人，全家人拉着大车，离开秦州向南出发了。

诗人没有忘掉诗歌，他一路走，一路创作。第一首诗《发秦州》说明了诗人一家南行的原因："我衰更懒拙，生事不自谋。无食问乐土，无衣思南州。"诗人听说同谷县山水清幽，想象着那里清池田畴、薯蓣冬笋，总觉得日子会好过起来。随着大车吱吱呀呀地将秦州抛在了后面，诗人一家也觉得似乎永远告别了秦州的艰难日子。"日色隐孤戍，乌啼满城头。中宵驱车去，饮马寒塘流。磊落星月高，苍茫云雾浮。大哉乾坤内，吾道长悠悠！"尽管秦州到同谷是一段不短的旅程，可是，诗人一家充满了希望，充满了信心。

诗人一家向西南走了七里，天刚刚亮就到赤谷。诗人为了找住处，曾来过赤谷西崦，觉得当地风景幽美有如桃源。但那是在夏秋之时，如今岁暮天寒，赤谷景致虽佳，却道路艰险，山深风急，乱石塞途，诗人真担心会死于道上。

再行数里，即至铁堂峡。走在这陡峭山岩上实在让人心中发虚。山峡两侧绝壁矗立，犹如厅堂的墙壁一般，又像层层叠叠堆积的黑铁，山径盘曲，巨大的山崖就像是突然从厚地中错裂开来的一样。四周还长满了望不到边的修竹，半空中的山顶上残留着远古时的积雪。一家人孤孤单单地走在这样荒僻险峻的地方，实在恐怖。诗人在《铁堂峡》中描写此地的景况："山风吹游子，缥缈乘险绝。硖形藏堂隍，壁色立积铁。径摩穹苍蟠，石与厚地裂。修纤无垠竹，嵌空太始雪。"诗人想到这三年来都是如飘蓬一样奔波各地，心中忧郁沉重。

塞外山连着山，南行的道路越来越难走。诗人一家的大车负载着杂物行李艰难地滚动着车轮，转过一个弯道，万分奇险的青阳峡一下子展现在诗人眼前，诗人被面前的奇景深深吸引。他站到了一个巨岩上，大声地吟诵道：

塞外苦厌山，南行道弥恶。冈峦相经亘，云水气参错。
林迥峡角来，天窄壁面削。硖西五里石，奋怒向我落！仰看
日车侧，俯恐坤轴弱。魑魅啸有风，霜霰浩漠漠。忆昨逾陇
坂，高秋视吴岳。东笑莲花卑，北知崆峒薄。超然侔壮观，
已谓殷寥廓。突兀犹趁人，及兹叹冥漠。

　　　　　　　　　　　　　　　　　　——《青阳峡》

　　杜甫自从翻越陇坂来到重山莽莽的秦州，又离开秦州向同谷出发
以来，已经翻过了无数的高山峻岭。饱受跋涉之苦的诗人，当然
会"苦厌山"，希望地势能变得平缓些。诗人依次写出了《赤谷》
《铁堂峡》等诗之后，似乎也难以再有什么样的手法来描写这些
越来越险峻的山岭了。可是造物仿佛有意要显示其伟力，而诗人
也仿佛要用自己雄强的笔力与造物一比高低，于是，诗的开首就
是"南行道弥恶"，给人们已经绷紧的心弦又加上了更大的张力。
这是一处什么样的险恶山水啊：重岩叠嶂，云水迷茫，乱石嶙
峋，铺天塞地。这些无情的山崖岩石都活了，峡角直冲过来以至
将上面的林子抛在了后面，而突出的崖石更像是发怒着要扑过
来。五里开外的巨石会给人以"奋怒向我落"的感觉，可见此山
何等地高峻，山上的乱石何等地嶙峋！"仰看"二句极言此山之
高大，所以日神所御之车也被挡住了去路，而大地也难以承担其
重压。"魑魅"两句进一步渲染大山深处的阴惨气氛。至此，青
阳峡的景象已如在目前。最后诗人不得不说，我拼命向前赶路，
要把这险峻的山崖抛在后面，可是谁知道，它们"突兀犹趁人"，
穷追不舍，实在让我无可奈何，徒然叹息。
　　接下来，诗人一家直奔成县东面的龙门镇，途中栈道泥泞、
风寒日暮、行程艰难的苦况，使诗人联想到在此"石门云雪隘，

古镇峰峦集"（《龙门镇》）的要塞上戍卒之苦。诗人"驱车石龛下"（《石龛》），翻越积草岭，就进入了同谷境内。诗人吟道："山分积草岭，路异鸣水县。"（《积草岭》）同谷西北三十里有泥功山，山上有古寺，周围峰峦迭起，山既高峻，路又泥泞，行程艰难可想而知。杜甫一家清晨上山，黄昏仍未下山，虽然不怕道路遥远，但还是唯恐陷入泥淖之中：

> 朝行青泥上，暮在青泥中。泥泞非一时，版筑劳人功。不畏道途远，乃将汩没同。白马为铁骊，小儿成老翁。哀猿透却坠，死鹿力所穷。寄语北来人，后来莫匆匆。
>
> ——《泥功山》

诗中"白马"以下数句极其生动地写出了泥泞深积、路滑难行的情景：白马身上沾满了泥污，变成了黑马；小孩子本喜欢蹦跳玩耍，可此时却陷入泥泞之中，垂头丧气、无精打采，活像是老翁；甚至连善攀援奔跑的猿与鹿也在泥淖中挣扎，面临死亡。多么艰难的山路啊！

这一路上经过赤谷、铁堂峡、盐井、寒峡、法镜寺……直到凤凰台，杜甫留下了一组十二首生动纪实的诗篇，不仅描写了旅途的艰辛，也尽情地抒发了内心的感慨。

初到同谷时，诗人寓居于栗亭，不久又搬到万丈潭附近的凤凰村。

同谷县内的名胜很多，诸如飞龙峡、卧佛寺、果老崖、瀑水泉，最著名的还有仇池，四周群山环抱，两水相夹如镜，面对鸡峰之翠，可望凤岭之云，确实是游赏的佳境。诸多名胜，杜甫似乎都没有涉及，或许缺乏生计，或许在同谷时间很短，诗人只到了近处的万丈潭。

诗人沿着当地人的指引，独自一人探访万丈潭。他走进一片密林，林子越走越黑、越走越密，叫人分不清东西南北，渐渐地林中小径也越来越模糊。去万丈潭的人很少，小径逐渐被荒草湮没，诗人只好在荆棘杂草之中摸索前行。天色昏暗，密林幽深，诗人好似幽灵一般。他拨开草丛，攀上石崖，从一个岩石爬到另一个岩石上，抓住一个树枝又一个树枝。实在太累了，他扶着一个树干喘气，四周都是茂密的林木草丛。上哪儿去找万丈潭？到底有没有万丈潭？他推开眼前一片密密的灌木丛，顿时，一股阴风袭来，诗人不禁后退一步。啊！万丈潭！

一泓潭水，潭面云气弥漫，潭水看上去深不可测，四周绝壁如削，草木繁密。诗人小心翼翼地翻过巨岩，又战战兢兢地从烟霭中走近潭水。潭深不见底，只见黑黝黝的一片。水面上时而波光闪烁，时而翻滚涌动，仿佛其中有巨龙蛰伏。诗人不得不退后几步，背倚青苍色的巨石，紧张地注视着潭面。石壁好像鬼斧神工刻削出来，临近潭面的石根为烟霭所遮，已经看不见了，时见倒影垂在潭中。藤萝树木密密层层，像是重重帷幕和旗帜，罗列在潭的四周。这里完全像一个隔绝、封闭的世界，连云朵和飞鸟都被锁在这里，巨龙更是被镇锁在深深的潭底了。

诗人作《万丈潭》诗，对深潭及环境作了细致的刻画、描摹，对周围的气氛作了淋漓尽致的渲染，诗曰：

青溪含冥寞，神物有显晦。龙依积水蟠，窟压万丈内。蹜步凌垠堮，侧身下烟霭。前临洪涛宽，却立苍石大。山危一径尽，岸绝两壁对。削成根虚无，倒影垂澹瀩。黑知湾澴底，清见光炯碎。孤云到来深，飞鸟不在外。高萝成帷幄，寒木垒旌旆。远川曲通流，嵌窦潜泄濑。造幽无人境，发兴自我辈。告归遗恨多，将老斯游最。闭藏修鳞蛰，出入巨石碍。何当炎天过，快意风雨会！

诗人将"青溪"与"神龙"两种意象结合起来，从而使起首两句形成无比的气势。紧接的两句更是如此，"窟压"的"压"字何等笔力！是什么把蟠龙压在万丈深潭之中的呢？诗人没有直接说，但实际上，诗人在深潭周围阴森险怪的氛围中已经感受到了一种无形的巨大力量。诗人想象着潭底的神龙，多少也以神龙自喻。诗人想象着到了炎夏来临、风起云涌之时，神龙便会乘云气而高飞了。

然而，杜甫不能自由高飞。

从他的诗中反映出来，他到同谷之后，异常失望，比初到秦州时还要失望，在生活上濒于绝境。此时已经十一月了，白发蓬乱的诗人只好在山间捡一些橡栗来充饥。他又手执木柄长镵到山里去挖黄独的块茎，可是黄独的苗早已枯萎，山坡上覆盖了厚厚的一层积雪，哪里还能挖到多少呢？他空着双手回来，一家人饿得倚壁呻吟。诗人悲痛至极，中夜而起，想起自己身世，想起此时所处的悲惨境地，也想起他的兄弟姐妹和故乡，不由得百感交集、长歌当哭。有县宰的帮助，或当不至于到这步田地，但同谷的"诸彦""佳主人"在诗人此期仅存的诗歌中都没有提到，真实的情况很难知道了。甘肃境内土地贫瘠、物产不丰，友人之助或许能力有限，致使诗人无法摆脱困境。

这种生活的惨状，就是诗人《乾元中寓居同谷县作歌七首》中所描写到的情形。《同谷七歌》由七首七言古诗组成：

有客有客字子美，白头乱发垂过耳。岁拾橡栗随狙公，天寒日暮山谷里。中原无书归不得，手脚冻皴皮肉死。呜呼一歌兮歌已哀，悲风为我从天来。

长镵长镵白木柄，我生托子以为命。黄独无苗山雪盛，短衣数挽不掩胫。此时与子空归来，男呻女吟四壁静。呜呼二歌兮歌始放，邻里为我色惆怅。

有弟有弟在远方，三人各瘦何人强？生别展转不相见，胡尘暗天道路长。前飞驾鹅后鹜鸧，安得送我置汝旁？呜呼三歌兮歌三发，汝归何处收兄骨？

有妹有妹在钟离，良人早殁诸孤痴。长淮浪高蛟龙怒，十年不见来何时？扁舟欲往箭满眼，杳杳南国多旌旗。呜呼四歌兮歌四奏，林猿为我啼清昼。

四山多风溪水急，寒雨飒飒枯树湿。黄蒿古城云不开，白狐跳梁黄狐立。我生胡为在穷谷？中夜起坐万感集。呜呼五歌兮歌正长，魂招不来归故乡。

南有龙兮在山湫，古木巃嵸枝相樛。木叶黄落龙正蛰，蝮蛇东来水上游。我行怪此安敢出，拔剑欲斩且复休。呜呼六歌兮歌思迟，溪壑为我回春姿！

男儿生不成名身已老，三年饥走荒山道。长安卿相多少年，富贵应须致身早。山中儒生旧相识，但话宿昔伤怀抱。

呜呼七歌兮悄终曲，仰视皇天白日速。

诗中描写寓寄同谷时极为窘困的生活状况，抒发自己的身世之感，呜咽悱恻，如闻哀弦，读之催人泪下。

4. 艰难的蜀道

诗人一家在同谷待不下去了，于是决定离开，前往蜀中。一家人就再次踏上旅程。诗人离开秦州时，用《发秦州》开头写了一组纪行诗；离开同谷，他便用《发同谷县》一诗开头，准备着再写一组诗记录下自己艰难的历程。在诗题下诗人注曰："乾元二年十二月一日，自陇右赴成都纪行。"

看着自己来去匆匆，诗人联想起孔子周游列国席不暇暖、墨子不待锅灶的烟囱染黑就又匆忙离开的故事来，在诗中大发牢骚："贤有不黔突，圣有不暖度。况我饥愚人，焉能尚安宅。"自己当然不能与古代圣贤相比，所以奔波不安就再自然不过了。本指望得到县宰的接济帮助，就此安居，可是"奈何迫物累，一岁四行役"，他不得不再次离开。一年之中竟有四次行程：春天从洛阳赶归华州，秋天自华州迁居秦州，冬天从秦州奔往同谷，如今又从同谷赶往成都。"忡忡去绝境，杳杳更远适，停骖龙潭云，回首虎崖石。临歧别数子，握手泪再滴。交情无旧深，穷老多惨戚。平生懒拙意，偶值栖遁迹。去住与愿违，仰惭林间翮。"（《发同谷县》）

来同谷时多是登山，往蜀中时则常常要渡水。诗人还没有看清汹涌的嘉陵江水，就听到它咆哮的声音。诗人站在高高的绝壁上，看着江水猛烈地拍打两岸的岩石，当他走下山崖来到白沙渡口时，实在有些担心，登上渡船，船只随着江水起伏摇晃，诗人恍恍惚惚，只觉仿佛漂荡在天河之中：

> 畏途随长江，渡口下绝岸。差池上舟楫，杳窕入云汉。天寒荒野外，日暮中流半。我马向北嘶，山猿饮相唤。水清石礧礧，沙白滩漫漫。迥然洗愁辛，多病一疏散。高壁抵嵚崟，洪涛越凌乱。临风独回首，揽辔复三叹。
>
> ——《白沙渡》

虽然有些紧张，可是江上水清沙白、青崖碧浪的景象又令人感到欣然。诗人一家黄昏时渡过嘉陵江，又在夜晚从水会渡口渡江："微月没已久，崖倾路何难！大江动我前，汹若溟渤宽。篙师暗理楫，歌笑轻波澜。"（《水会渡》）面对浪涛翻滚的大江，篙师却谈笑自若，毫不介意，这对诗人实在是一个安慰。渡船载着诗人一家千回万转，出没在江浪之中，浪花飞溅，水雾四散，诗人仿佛觉得掉进了水的世界中，直到诗人登上对岸，才意识到夜幕下满江星斗其实仍在天上，并没有被打湿。

古代入蜀多走栈道，栈道是在悬崖峭壁上凿孔架桥连阁而成的通道，是中国古代西南地区最重要的交通形式，又名阁道、栈阁。入蜀的栈道中，要数龙门阁最为奇险。龙门阁即利州绵谷县（今四川广元）龙门山上的栈道。栈道凌空架在悬崖石壁上凿出的石窝里，万丈山岩陡峭直立，下临湍急的嘉陵江，走在栈道上，令人眼花头晕。杜甫《龙门阁》一诗，写其险峻：

> 清江下龙门，绝壁无尺土。长风驾高浪，浩浩自太古。危途中萦盘，仰望垂线缕。滑石欹谁凿，浮梁袅相拄。目眩

陨杂花，头风吹过雨。百年不敢料，一坠那得取？饱闻经瞿塘，足见度大庾。终身历艰险，恐惧从此数。

龙门阁险，杜诗也侧重于险。诗人先从急流写起，风大浪高，自太古以来就是如此。"危途"四句写登上栈道前仰望之见：栈道依石壁而曲折盘绕，远远望去就像一条下垂的线。光滑的石壁上凿洞架桥，下面并无支柱，所以摇摇晃晃，像是浮在空中的桥梁。这样的情景就是图画也不能描绘。杜甫在高险之处提心吊胆地行走，偶尔朝下面的急流一望，一阵眩晕，似见杂花飞落。"头风吹过雨"句中的"雨"当指水汽，因为湍急的江水拍击石崖，必会溅起无数水滴。又正刮着大风，所以空气潮湿，似雨似雾。这两句妙就妙在纯从诗人的感觉来刻画栈道之险，使人读之恍如亲历其境。最后六句乃叹息其地之险：当诗人走在栈道上时，谁能预料此行是死是生；尽管诗人一生中经历过无数的艰险，但真正的恐惧却从这里开始！

"青冥寒江渡，驾竹为长桥"（《桔柏渡》），这是利州昭化县（今四川广元县）境内的桔柏渡，杜甫一家从竹桥上过了江。连日来都是沿着嘉陵江南行，而此时诗人就要与江水分手，继续向西南前行。不久，到了剑州的剑门关（在今四川剑阁县东北二十五里处），其地有大剑山、小剑山。大剑山峭壁中断，两崖相嵌，如门之辟，如剑之植，故又名剑门山。诗人经过这里时，不禁发出了"剑门天下壮"的感叹，并以雄肆的笔力、豪迈的气概创作了《剑门》诗：

惟天有设险，剑门天下壮。连山抱西南，石角皆北向。
两崖崇墉倚，刻画城郭状。一夫怒临关，百万未可傍。珠玉走中原，岷峨气悽怆。三皇五帝前，鸡犬莫相放。后王尚柔远，职贡道已丧。至今英雄人，高视见霸王。并吞与割据，极力不相让。吾将罪真宰，意欲铲叠嶂。恐此复偶然，临风默惆怅。

这首诗对所见之景仅略作点染，重点在关于当地山川的议论，然而议论的内容、方式与到同谷的路上所作的《凤凰台》迥然相异。《剑门》就像用诗歌写成的一篇政论。它虽然是从晋代张载《剑阁铭》而来，但雄放有力超过了前人。如"连山抱西南，石角皆北向"句描摹真实、形象，简直把剑门的险峻之状写活了。杜诗的议论也更加精警，由于当时安史之乱尚未平息，所以诗人对自古成为割据者之屏障的剑门大发感叹，甚至欲"罪真宰"而"铲叠嶂"，表达了他希望国家统一、天下太平的强烈愿望。

杜甫一家过了鹿头山，方出险境。连绵的群山至此才被他们抛在了后面，眼前豁然开朗，"连山西南断，俯见千里豁"，"及兹险阻尽，始喜原野阔"（《鹿头山》）。最后，杜甫一家到达成都，诗人写下了组诗的最后一首《成都府》，作为入蜀纪行的总结。诗人叹息道："自古有羁旅，我何苦哀伤！"

艰难的历程结束了。此次行役时间从十月到岁末，路线是发秦州、往同谷、经剑阁到成都，行程超过一千里。"发秦州""发同谷"两组诗除第一首诗以外，其余各十一首皆以所历地名为诗题，井然有序，历历可考。古人说"杜陵诗卷是图经"，诚非虚语。

第七章　成都草堂　暮年客愁

1. 草堂:"野老墙低还是家"

乾元二年（759）年底，杜甫一家终于到达成都。成都是当时天下闻名的繁华都市，但是对于杜甫来说，他所希望的仅仅是觅得一个能免于饥寒的安身之所。

杜甫初来成都，先在城西郊的草堂寺寓居了三个月。草堂寺距城七里，坐落于浣花溪畔，始建于南朝宋孝武帝时，在当时是一座规模宏大的古寺，所以杜甫一家能在这里找到空房居住。高适正在成都西北不远的彭县任彭州刺史，听说杜甫居于成都，便写诗问候，戏言曰："草《玄》今已毕，此后更何言？"杜甫写诗《酬高使君相赠》作答："草《玄》吾岂敢，赋或似相如。"与秦州、同州相比，杜甫在这里颇能感受到朋友邻里的情谊：有故人给他送来了粮米，邻舍也给他送来了蔬菜。

然而，借居寺院总非长久之计，所以次年春天，杜甫便在亲友的帮助下自己筑室了。他在距离草堂寺三里远的浣花溪边觅得一块荒地，芟除杂草，开辟出一亩大的地基，修筑茅屋。诗人颇为欣喜，写《卜居》一诗以抒情怀：

> 浣花溪水水西头，主人为卜林塘幽。已知出郭少尘事，

更有澄江销客愁。无数蜻蜓齐上下，一双鸂鶒对沉浮。东行万里堪乘兴，须向山阴上小舟。

杜甫忙着建茅屋，并将此居称之为草堂。这时，他的一位在成都府当司马的表弟来看望他，并送来了一些钱作为建房之助。诗人喜出望外。在客居他乡经历了一番人情冷漠之后，杜甫更是为亲朋好友的盛情所感动。

诗人一心经营草堂，想把周围的环境布置得幽静怡人。于是他四处寻觅树种栽种，他从县令萧实处要了一百来棵桃树苗；在绵竹县令韦续处要一些绵竹；诗人又从绵谷县尉何邕那里弄到了很多株桤木苗；涪城县尉韦班收到诗人的赠诗，也给他准备了松树苗；徐卿也给诗人送来了不少果树苗。草堂大体上坐西向东。屋后诗人开凿了一条沟渠护院，沟外边就种上桤木苗。桤树长得很快，不出三年，就可以遮挡西晒，砍下的树枝还可以用作柴火。其他各种树苗栽种在草堂周围，诗人期望着不久枝叶繁茂，果实飘香。

到了暮春时节，草堂落成。诗人极为高兴，作《堂成》诗纪之：

> 背郭堂成荫白茅，缘江路熟俯青郊。桤林碍日吟风叶，笼竹和烟滴露梢。暂止飞乌将数子，频来语燕定新巢。旁人错比扬雄宅，懒惰无心作《解嘲》。

汉代扬雄有宅在成都府华阳县少城西南，名草玄堂。扬雄曾在此仿《易》作《太玄》。诗人称，别人将此宅比作是扬雄宅，这哪能相比，自己很懒，不能像扬雄那样写出《解嘲》来。被兵火与饥荒逼得流离失所的诗人终于有了一处安身之所了！草堂远离尘嚣与战火，周围景色幽美、安静宜人，"锦里烟尘外，江村八九家。圆荷浮小叶，细麦落轻花"（《为农》）。有如此好的归宿，杜甫打算在此一直住下去，终老于此。

"五载客蜀郡，一年居梓州"（《去蜀》），自上元元年（760）春至代宗永泰元年（765）初夏的五年里，杜甫除了代宗宝应（762）秋避乱至梓州（今四川三台）、阆州（今四川阆中），居留至广德二年（764）三月之外，其余时间都是在草堂度过的。杜甫在这里的生活比较安稳，在浣花溪畔那美丽的自然风光和淳朴的风俗人情的抚慰下，他的心情颇为平静，饶有兴趣地把自己生活及草堂周围的一草一木都写进诗歌，留下了许多生趣盎然的佳作。诗人在这五年里写出了四百三十首诗（其中作于梓州、阆州的有一百七十首），几占杜集总数的三分之一，这是杜甫创作生涯中的又一个丰收时期。

草堂建成了，诗人总算有了栖身之处，一家人也总算有了一个安定的家。诗人心中充满了感慨，行了多少路程，吃了多少艰辛，才算有了这份安宁，多么不容易呀！诗人沿着浣花溪畔的小径漫步，看着绿树春花，听着虫鸣鸟啭，走过农家草舍，望着石碾木车，一切都是那样质朴，一切又是那样平常。可是就在这质朴平常之中，诗人感受到了乡村特有的宁静、安宁，又感受到宁静之中浸满着的怡然欣喜。诗人感动不已，写《遣意二首》：

> 啭枝黄鸟近，泛渚白鸥轻。一径野花落，孤村春水生。
> 衰年催酿黍，细雨更移橙。渐喜交游绝，幽居不用名。

> 檐影微微落，津流脉脉斜。野船明细火，宿鹭起圆沙。

云掩初弦月，香传小树花。邻人有美酒，稚子也能赊。

二诗写得轻圆明秀，与杜诗常见的风格不一样，在诗集中别为一格，正说明诗人此时处于少有的平静恬淡的心境之中。他确实心情舒畅，连久病的身体也觉得一下子好了许多：

野日荒荒白，春流泯泯清。渚蒲随地有，村径逐门成。
只作披衣惯，常从漉酒生。眼边无俗物，多病也身轻。
　　　　　　　　　　　　——《漫成二首》其一

江皋已仲春，花下复清晨。仰面贪看鸟，回头错应人。
读书难字过，对酒满壶频。近识峨眉老，知余懒是真。
　　　　　　　　　　　　——《漫成二首》其二

诗人只顾得仰面看鸟，十分投入，以致错应了别人的问话，有酒尽性，读书随意，这些都充分表现了诗人质朴、洒脱的秉性。

幽美的景色，宁静的田园，成为诗人这一时期重要诗题。他在《田舍》诗中说：

田舍清江曲，柴门古道旁。草深迷市井，地僻懒衣裳。
榉柳枝枝弱，枇杷树树香。鸬鹚西日照，晒翅满鱼梁。

这首诗一向不太引人注意，实际上是一首绝妙的田园诗。首联写环境之幽僻，颔联写居人之悠闲，颈联写树木之茂盛，尾联写禽鸟之自在，组成了一幅江村晚景图，一切都是那么宁静、和谐！此诗妙在尾联，而尾联实在是田园诗中少有的佳句：鸬鹚是一种

194

水鸟，蜀人常饲之使捕鱼。此时它们正站在渔梁上面展开双翅，在夕阳之下晾晒它们的羽毛，可见这时村民一天的劳动已经结束，而且村头人迹稀少，所以水鸟能够如此悠然自得。只有写诗注重写实并且亲身体验了江村日常生活的杜甫才能写出这种真实而生动的景象，而王、孟等人虽以田园诗著称，但他们是以隐士的眼光去远观甚至是想象农村之景，所以他们咏及渔人的诗句是"竹喧归浣女，莲动下渔舟"（王维《山居秋暝》），"白首垂钓翁，新妆浣纱女"（孟浩然《耶溪泛舟》）这类，无法写出"鸬鹚西日照，晒翅满鱼梁"这样充满泥土气息的诗句。

诗人或者早起，垒石铺路，开林修枝：

> 春来常早起，幽事颇相关。帖石防隤岸，开林出远山。
> 一丘藏曲折，缓步有跻攀。童仆来城市，瓶中得酒还。
>
> ——《早起》

或者偶至城中，又悄然回到草堂：

> 时出碧鸡坊，西郊向草堂。市桥官柳细，江路野梅香。
> 傍架齐书帙，看题检药囊。无人觉来往，疏懒意何长。
>
> ——《西郊》

都感受到这种田园生活的无比惬意。曾经放荡，曾经彷徨，曾经激愤，曾经艰难，此时都过去了，一切都变得平常、平淡。过去的大事，此时烟消云散；往日的琐屑，在今天的眼里却变得弥足珍贵。诗人望着一片花飞，心中涌起的却是过去少有的感情和体会：

花飞有底急？老去愿春迟。可惜欢娱地，都非少壮时。
宽心应是酒，遣兴莫过诗。此意陶潜解，吾生后汝期。

——《可惜》

　　诗人真想像陶潜那样，无意于世事，在草堂中以诗酒为伴，度过
自己的余生。

　　当然，诗人心中并非毫无忧虑。国家的动荡、政治上的失
意、对故乡的思念仍像春天中的阴云时而在诗人的心中投下阴
影。杜甫入蜀以来，天下仍不太平。唐军还在与史思明进行顽强
的作战。上元元年（760）四月，李光弼破史思明于河阳西渚，
斩首千五百余级。杜甫在成都得知消息，作《恨别》：

　　洛城一别四千里，胡骑长驱五六年。草木变衰行剑外，
兵戈阻绝老江边。思家步月清宵立，忆弟看云白日眠。闻道
河阳近乘胜，司徒急为破幽燕。

　　司徒指李光弼，此时安史之乱已经接近尾声。诗人同时还作有
《散愁二首》：

　　久客宜旋旆，兴王未息戈。蜀星阴见少，江雨夜闻多。
百万传深入，寰区望匪他。司徒下燕赵，收取旧山河。

　　闻道并州镇，尚书训士齐。几时通蓟北？当日报关西。
恋阙丹心破，沾衣皓首啼。老魂招不得，归路恐长迷。

十一月，李光弼经过百余日的艰苦战斗，终于攻下了怀州，生擒敌将安太清。上元二年（761）二月，李光弼与史思明战于北邙山，因仆固怀恩失误，官军败绩，再失河阳、怀州。三月，史思明为其子史朝义所杀，史朝义即皇帝位，叛军内部自相残杀。宝应元年（762）四月，玄宗、肃宗相继晏驾，太子李豫即位，是为代宗。十月，天下兵马元帅雍王李适会合诸节度兵马及回纥兵讨史朝义，收复洛阳、郑州、汴州等，叛军将领纷纷投降，叛军已成溃势。次年正月，史朝义败走幽州，幽州将领李怀仙以及田承嗣等降唐，史朝义被迫自缢，李怀仙斩其首以献。至此，历时八年的安史之乱基本结束。诗人期望着回到故乡，可是远居他乡，回乡的道路实在太漫长了。

诗人的《绝句漫兴九首》很能表达此时复杂的心情。其一曰：

> 眼见客愁愁不醒，无赖春色到江亭。即遣花开深造次，便教莺语太丁宁。

诗人陷入深深客愁之中，无奈春色依旧如期来临，诗人责怪花开莺啼，惹得自己无限愁绪。春色无情，诗人的责备本是不通情理，可是，在这种喜剧气氛中无限客愁得到了缓解。其二曰：

> 手种桃李非无主，野老墙低还是家。恰似春风相欺得，夜来吹折数枝花。

春风吹折花枝，再平常不过的事情，可是诗人却留意了。若平铺直叙来写，势必平淡无味，然而诗人却写得曲折而有滋味，不但说春风欺人，有意吹折他的花枝，而且再三声明桃李乃自己手植，并非无主野花；围墙虽低，总还是野老之家，春风为何如此相欺。春风本无情，可诗人偏要一个劲地与春风论理，诗中顿生风趣。其三曰：

　　熟知茅斋绝低小，江上燕子故来频。衔泥点污琴书内，更接飞虫打著人。

生动地写出了江上燕子频频飞入书斋内，犹如故意扰人欺人的情景。其四至七曰：

　　二月已破三月来，渐老逢春能几回？莫思身外无穷事，且尽生前有限杯。

　　肠断春江欲尽头，杖藜徐步立芳洲。颠狂柳絮随风舞，轻薄桃花逐水流。

　　懒慢无堪不出村，呼儿自在掩柴门。苍苔浊酒林中静，碧水春风野外昏。

　　糁径杨花铺白毡，点溪荷叶叠青钱。笋根稚子无人见，沙上凫雏傍母眠。

好一幅初夏村景！杨花满地，似铺白毡；荷叶尚小，状如青钱。雉性好伏，幼雉的毛色又颇似竹箨，所以伏在笋根处不为人注意。凫雏依着母凫在沙滩上睡眠。此诗纯为写景，但所写的是初夏之景，与前面几首对照，则寓有春来春去、韶光难留之意，实即下面一首中"人生几何春已夏"的感叹，不过未曾明言，故而更加耐人寻味。其八、九曰：

舍西柔桑叶可拈，江畔细麦复纤纤。人生几何春已夏，不放香醪如蜜甜。

隔户杨柳弱袅袅，恰似十五女儿腰。谁谓朝来不作意？狂风挽断最长条。

这一组诗在字面上颇有怨恨春光之意，前人评点其主旨在"骂春色""骂春风""骂燕子""又骂桃柳"云云。其实杜甫并不是真的在埋怨自己的环境，乃至责骂春光，而是借此抒写心中略带愁闷的心绪。那么，这是一种什么样的愁闷情绪呢？那就是其一的"眼见客愁愁不醒"、其四的"渐老逢春能几回"和其八的"人生几何春已夏"三句所透露的那种惆怅之感。此时，杜甫已经五十岁了，他在草堂安身也已有一年。杜甫入蜀本是迫于饥寒的不得已之举，对于朝廷所在的长安和故居所在的洛阳，他始终极为怀念。"此身那老蜀？不死会归秦"（《奉送严公入朝十韵》），这样的念头时时出现在他的心中，所以此诗中的客愁比一般意义上的离乡之愁具有更为深广的内涵。杜甫胸怀大志，而如今已经年过半百，栖身草堂一无作为，眼看着春去春来、时节变换，心中的愁闷自非寻常的伤春、叹老可比。然而，烂漫的春光自身毕竟是美好、可爱的，对于饱受流离之苦的诗人来说，这毕竟是一种抚慰。所以杜甫对于春光是又嗔又喜、又怨又爱，这组诗所流露的正是无聊、惆怅与自在、喜悦交织而成的复杂情感。

杜甫又有情趣、格调与此相近的《江畔独步寻花七绝句》,这一组诗内容比较集中,七首都是写诗人在江头寻花,信步走去,自成首尾,诗中洋溢着诗人爱花惜花的一片深情。前面六首曰:

　　　　江上被花恼不彻,无处告诉只颠狂。走觅南邻爱酒伴,经旬出饮独空床。

　　　　稠花乱蕊裹江滨,行步欹危实怕春。诗酒尚堪驱使在,未须料理白头人。

　　　　江深竹静两三家,多事红花映白花。报答春光知有处,应须美酒送天涯。

　　　　东望少城花满烟,百花高楼更可怜。谁能载酒开金盏,唤取佳人舞绣筵。

　　　　黄师塔前江水东,春光懒困倚微风。桃花一簇开无主,可爱深红爱浅红?

　　　　黄四娘家花满蹊,千朵万朵压枝低。留连戏蝶时时舞,自在娇莺恰恰啼。

其五、其六分别写"黄师塔"("师塔"即僧人葬所)旁边与"黄四娘"家的花。前者只有无主的一簇桃花;后者有女主人照看,所以繁花似锦,莺啼蝶舞。显然前者的景象颇为萧索冷清,后者则风光旖旎。诗人在前一首诗中说"可爱深红爱浅红"，即对那簇无主桃花感到极为可爱，在深红、浅红两种花朵中竟难分甲乙；而在后一首诗则仅仅作描写，对自己的心情不置一词，然而在字里行间却洋溢着一片喜悦之情。这两首诗场面、写法都不相同，但都很好地体现了诗人爱花之心。那么诗人为何如此爱花呢？其七曰：

> 不是爱花即欲死，只恐花尽老相催。繁枝容易纷纷落，嫩蕊商量细细开。

原来爱花即是惜春，即是恐怕年华流逝！

这两组诗表面上似乎漫不经心，率然而成；其实是精心巧思之作，写来极有风韵，而且又受到"竹枝词"等民歌影响。"竹枝词"本为巴渝一带民歌，在玄宗时已被采入教坊。杜甫入蜀后常听《竹枝》以及类似的民歌，受其影响。写出了这两组形似七绝而不甚拘泥于平仄的诗歌，表现出心怀愁绪的诗人在明媚春光中的"颠狂"举止及心态。杜甫平生坎坷，诗写忧伤郁闷，出语大多沉痛，而在此虽写"客愁"、惜春、感慨年华流逝，却能出之以轻快诙谐，这显然是成都草堂中平静、安宁的生活环境所致。由于这种环境不久就消失了，所以此期诗歌成为一部杜诗中的别调，弥足珍贵。

2. "自笑狂夫老更狂"

蜀中平静的生活使得杜甫的诗歌主题明显发生了变化，平凡的日常生活情景被写进了诗歌。这不仅是杜诗的变化，而且也是诗歌史上的重要变化。

中国古代诗歌一向比较严肃，题材选择有着一定的传统。官员的应制诗一般涉及宫廷典礼、祭祀和宫廷生活等，一般诗人题材也不外乎感时吊古、思亲怀友等，而人们的日常生活内容、生活情景则很少在诗中得到表现。东晋陶渊明有过这方面的尝试，他在诗中时常描写自己窘困的生活情景、平常的生活情形，移居、乞食、获稻、饮酒等等，但陶诗数量不多，所咏的生活内容也比较单一。直到杜甫这里，日常生活的主题才得到大力的开拓。杜甫以独创的精神、强健的笔力为后人留下了许多这一题材的诗歌，并对后代的诗歌创作形成很大影响。日常生活情景成为诗人吟咏的主要对象，许多诗人所忽视的生活细节在杜甫笔下都成了绝妙的诗料：与老妻乘小艇出游，稚子叫怒索饭，野人送来朱樱，秋风刮走屋上茅草等，极为常见、极为平凡的事物景象，此时却充满了情趣。

如《江村》：

清江一曲抱村流，长夏江村事事幽。自去自来堂上燕，相亲相近水中鸥。老妻画纸为棋局，稚子敲针作钓钩。多病所须惟药物，微躯此外更何求？

《进艇》：

南京久客耕南亩，北望伤神坐北窗。昼引老妻乘小艇，晴看稚子浴清江。俱飞蛱蝶元相逐，并蒂芙蓉本自双。茗饮蔗浆携所有，瓷罂无谢玉为缸。

老妻在纸上画棋盘，小儿子把针敲弯了用作鱼钩，与妻子乘着小船游赏，看着孩子在江水中嬉戏，这些琐屑平常然而富有情趣的细节第一次被写进了诗中。这种题材的变化也形成了杜诗新的风格。这类诗清丽浅易、潇洒流逸，在杜诗中是一种新面目。

诗人尽管有了栖身之处，又有亲友的一些资助，可是还是不免陷入窘境之中。诗人常常对自己的生活细节、实景作真实的记录。《百忧集行》中，诗人回想起自己年十五身强体健、无忧无虑的光景，而如今年已五十，体弱多病，寄人篱下，生计窘迫。"强将笑语供主人，悲见生涯百忧集。入门依旧四壁空，老妻睹我颜色同。痴儿不知父子礼，叫怒索饭啼门东。""笑语供主人"真实反映出诗人客居他乡的苦态，"叫怒索饭"也是家中真实一景。此时所作的《茅屋为秋风所破歌》写出了诗人生活中的一个侧面：

八月秋高风怒号，卷我屋上三重茅。茅飞渡江洒江郊，高者挂罥长林梢，下者飘转沉塘坳。南村群童欺我老无力，忍能对面为盗贼。公然抱茅入竹去，唇焦口燥呼不得，归来倚杖自叹息。俄顷风定云墨色，秋天漠漠向昏黑。布衾多年冷似铁，娇儿恶卧踏里裂。床头屋漏无干处，雨脚如麻未断绝。自经丧乱少睡眠，长夜沾湿何由彻！安得广厦千万间，大庇天下寒士俱欢颜，风雨不动安如山！呜呼！何时眼前突兀见此屋，吾庐独破受冻死亦足！

秋风吹走屋上茅草、群童抱茅而去、床头屋漏、长夜难眠，诗人窘迫的生活景况又一次真实地被写入了诗中，这些细节在杜甫之前的诗歌中从没有出现过。难能可贵的是，这首诗充分体现了杜甫深广博大的仁爱之心。诗人身处穷困之中，仍然推己及人，想到遭受同样痛苦的天下寒士，并抒发出"安得广厦千万间，大庇天下寒士俱欢颜"的宏愿，甚至表示如能落成此屋，那么"吾庐独破受冻死亦足"，表现出了崇高的精神境界、仁爱博大的胸怀。

面对艰难的生活，诗人常常以旷达疏放的态度对待，让笑傲不屈的精神通过普通日常生活图景体现出来，如《狂夫》：

> 万里桥西一草堂，百花潭水即沧浪。风含翠筱娟娟净，雨裛红蕖冉冉香。厚禄故人书断绝，恒饥稚子色凄凉。欲填沟壑惟疏放，自笑狂夫老更狂。

故人享有厚禄而音书都绝，幼子恒饥而面色凄凉，自己也年老体病，客居他乡，将填沟壑，可是诗人终以"疏狂"待之。此处的"狂"不仅意味着旷达，而且也意味着一种兀傲倔强之气，是对于艰难困苦的蔑视与战胜。唯其如此，诗人才能在"欲填沟壑"的境遇中仍有心情去细细观赏"风含翠筱""雨裛红蕖"的美景。

这些平凡的生活细节许多人都曾经历过，平凡的生活感触许多人也都有过。所以，杜甫这些成功描写日常生活细节和感触的诗歌，都能够引起读者的共鸣。如《屏迹二首》曰：

> 用拙存吾道，幽居近物情。桑麻深雨露，燕雀半生成。村鼓时时急，渔舟个个轻。杖藜从白首，心迹喜双清。

> 晚起家何事？无营地转幽。竹光团野色，山影漾江流。失学从儿懒，长贫任妇愁。百年浑得醉，一月不梳头。

杜甫幽居于草堂，诗中细致刻画了江村常景及诗人的日常生活。宋代苏轼曾书写这两首诗，跋曰：

> 子瞻云："此东坡居士之诗也。"或者曰："此杜子美《屏迹》诗也，居士安得窃之？"居士曰："夫禾麻谷麦，起于神农后稷，今家有仓廪，不予而取辄为盗，被盗者为失主。若必从其初，则农稷之物也。今考其诗，字字皆居士实录，是则居士诗也，子美安得禁吾有哉？"
>
> ——《书子美〈屏迹〉诗》，《东坡题跋》卷二

苏轼之言当然是戏言，但这生动地说明了杜诗在描写日常生活细节上取得了极大的成功，所以能成为生活在三百多年后的苏轼的"实录"。

3."久客惜人情"

与秦州、同谷时候相比，杜甫在蜀中的生活安定多了。这与他在成都的不少亲朋好友的资助分不开。杜甫刚来成都不久，遇到断炊的日子，不得已只好托人顺路捎诗给高适："百年已过半，秋至转饥寒。为问彭州牧，何时救急难？"（《因崔五侍御寄高彭州一绝》）高适在离成都九十里的彭州做刺史，相距不太远，能及时给杜甫一些帮助。杜甫对此十分感激。两人关系极为密切，杜甫在《奉简高三十五使君》诗中称："行色秋将晚，交情老更亲。天涯喜相见，披豁对吾真。"杜甫既前往高适任所拜访这位知己，也借机会邀请高适前来草堂共饮、唱和。

在朋友当中给杜甫帮助最大的是严武。杜甫入蜀后约两年，严武也到成都任成都尹，兼御史大夫，充剑南节度使。严武是中书侍郎严挺之的儿子，冠弱即以门荫策名，在哥舒翰幕中任判官，后迁侍御史。肃宗即位灵武，杖节赴行在。颇受房琯的推崇，累迁给事中。收复长安后任京兆少尹兼御史大夫，此时才三十二岁。严武性格豪放，敏于闻见。他前后曾两次镇蜀，前一次自上元二年（761）十二月至宝应元年（762）七月，后一次自广德二年（764）二月至永泰元年（765）四月病卒，这段时间虽然不足两年，但他对杜甫的帮助很大。严武在政治上与房琯的关系比较密切，乾元元年（758）曾与杜甫一起受房琯牵连而遭贬谪，也许正是由于这一层关系，他对杜甫始终很关心。杜甫对严武也始终怀有深深的感激之情，两人的来往一直都比较密切。

严武到了成都后不久，就写诗《寄题杜二锦江野亭》，邀请杜甫前来，诗中说："莫倚善题《鹦鹉赋》，何须不著鵔鸃冠。"意思说杜甫有祢衡即席而作《鹦鹉赋》的文才，为何不出来做官呢？杜甫当即写诗《奉酬严公寄题野亭之作》作答：

> 拾遗曾奏数行书，懒性从来水竹居。奉引滥骑沙苑马，幽栖真钓锦江鱼。谢安不倦登临赏，阮籍焉知礼法疏？枉沐旌麾出城府，草茅无径欲教锄。

诗人说，我哪里不想出仕，只是当年做拾遗时因事见斥，现在也就没有做官的兴致了，长期懒散惯了，幽栖垂钓，登临游赏，于此特别邀请大驾光临草堂。

不久开春，严武真的要来了。杜甫乐坏了，吩咐家人打扫屋舍，清理院落，平整小路，并且备酒备菜，等候着客人的到来。

这一日，严武只带着几个随从，骑马来到草堂做客，老友相见，分外亲切。周围的村民听说成都尹到这偏僻的乡村来做客，都前来观望，平日冷冷清清的草堂此时显得特别热闹。宾主饮酒赋诗，相得甚欢。杜甫作诗曰：

> 元戎小队出郊坰，问柳寻花到野亭。川合东西瞻使节，地分南北任流萍。扁舟不独如张翰，皂帽应兼似管宁。寂寞江天云雾里，何人道有少微星？
>
> ——《严中丞枉驾见过》

严武兼摄东西川节度使，故称川合东西，而自己则从北到南，漂流到蜀中。自己只是想像张翰、管宁一样辞官避世，隐居于此。像我这样的隐士，有什么人会知道呢？少微星又叫处士星，借指隐士，末句直把严武引为知己。

此后两人情谊更深，赋诗酬答颇多。到了这年的仲夏，严武带着厨师们，备好了酒水菜肴再次来到草堂看望诗人。杜甫更是感激不尽。厨师们就在竹林边摆开了案台，洗盘作馔，随从的马匹悠闲地吃着草，卸下的金鞍堆放在一起煞是漂亮，平日寂静的草堂再次热闹起来。主客无事，欣赏风景，眺望江上渔舟度过美好的时光。杜甫有《严公仲夏枉驾草堂，兼携酒馔，得寒字》诗，记录了此次相会，诗曰：

> 竹里行厨洗玉盘，花边立马簇金鞍。非关使者征求急，自识将军礼数宽。百年地僻柴门迥，五月江深草阁寒。看弄渔舟移白日，老农何有罄交欢。

还值得一提的是，严武对杜甫的态度还影响到其他人，如梓州刺史兼东川留后章彝，在杜甫避乱至梓州时曾给予不少照顾。章彝其人并不像严武那样文采风流，为什么能对杜甫这位穷诗人颇为敬重呢？主要当在于他原是严武的僚属，对严武所重之人也不宜轻慢。所以杜甫在蜀五年，尽管也时有避乱奔走、衣食不周之苦，但多数时候尚能温饱，过着比较平静的生活。

这段时期杜甫与附近的县令、县尉、司马、长史等颇有往来，如刚来成都建草堂时，杜甫到县令萧实、绵竹县令韦续、县尉何邕、涪城县尉韦班等处要了不少树苗。此外还与成都府陶少尹、王少尹、徐少尹、虞世南之孙虞司马、魏侍御、唐兴县县令王潜、先为侍御史后为彭州刺史的王抡等都有交往。杜甫在诗中还提到了果园坊的徐卿。上元二年（761）四月，梓州刺史段子璋叛乱，成都尹崔光远率领花惊定很快平息动乱，花惊定颇有功绩。杜甫作《戏作花卿歌》，诗中描写花惊定"子璋髑髅血模糊，手提掷还崔大夫"的形象，凛凛有生气。又作《赠花卿》：

　　锦城丝管日纷纷，半入江风半入云。此曲只应天上有，人间能得几回闻？

诗人与草堂的左邻右舍的关系都很好，时有来往，彼此颇为亲切。如《南邻》诗中提到的锦里先生：

　　锦里先生乌角巾，园收芋栗未全贫。惯看宾客儿童喜，得食阶除鸟雀驯。秋水才深四五尺，野航恰受两三人。白沙翠竹江村暮，相送柴门月色新。

锦里先生显然是隐士,且是一位安贫乐道、热情好客之人。他喜爱简朴的田园生活,正是与杜甫默契之处。诗人到锦里先生家串门,主人热情待客,杜甫竟日淹留,还与主人一道乘着小船游赏,至暮方告辞,可见出主客之相得。全诗所体现的和谐气氛与清丽景色都使人感到亲切可喜。南邻如此,北邻也十分和睦融洽。杜甫《北邻》曰:

> 明府岂辞满,藏身方告劳。青钱买野竹,白帻岸江皋。
> 爱酒晋山简,能诗何水曹。时来访老疾,步屧到蓬蒿。

北面的这位邻居原是位县令,任期未满就辞了官职,在此隐居。喜爱在居处四周栽种野竹,又常常戴着平民的白头巾露出额头在江边游赏。就像晋代的山简那样好饮,又能像梁朝何逊那样赋诗,也常常穿过蓬蒿来看望诗人。

有这样的左邻右舍,又有好友故人相往还,自然就不会感到在秦州、同谷时的那种寂寞。草堂刚刚建成,就有客人过访,诗人在《有客》诗中说:

> 患气经时久,临江卜宅新。喧卑方僻俗,疏快颇宜人。
> 有客过茅宇,呼儿正葛巾。自锄稀菜甲,小摘为情亲。

客人来了,杜甫亲自到菜园地里采摘时菜为客人做饭。《宾至》诗中,写到慕名而来的客人过访草堂:

> 幽栖地僻经过少,老病人扶再拜难。岂有文章惊海内?
> 漫劳车马驻江干。竟日淹留佳客坐,百年粗粝腐儒餐。不嫌

野外无供给，乘兴还来看药栏。

"岂有"两句，既是自谦，又是自许。简朴的招待，客人却流连竟日，可见宾主情投意合。在与熟知的朋友相处时，诗人感到特别轻松、惬意，如《客至》：

舍南舍北皆春水，但见群鸥日日来。花径不曾缘客扫，蓬门今始为君开。盘飧市远无兼味，樽酒家贫只旧醅。肯与邻翁相对饮，隔篱呼取尽余杯。

此诗生动地展现了恬淡安逸、忘怀世事的情调：群鸥日来而不见猜，既形容了草堂环境之幽静，又刻画了主人胸怀之安详。诗题下原注："喜崔明府见过。"客人尽管是一位县令，但宾主相处早已无拘无束。主既高尚，客亦不俗，所以不但能待之以草草杯盘，而且隔篱唤来邻翁一起饮酒也不嫌怠慢。

杜甫为人颇为宽厚、随和，在他来往的朋友中，除了府县官吏、隐士高人外，竟还有普通的农夫。这年春天，诗人路过村子里的一位老汉家，正巧被老汉拉住，说什么都得让诗人留下喝酒，说这是社日春酒，不能不尝。古时候春秋两个祭祀土神的日子叫社日，一般在立春和立秋后的第五个戊日。杜甫拗不过老汉，盛情难却，于是坐下来饮酒。酒过三巡，老汉打开了话匣子，说："严大官人可是我老汉从没有见过的好官。"他指着大儿子，"他是严大官人手下的弓弩手，飞骑军中的，当兵已经好些日子，从未捞到轮番更换。这不，今年让他放归回家，帮助家里干农活。要不是他回来，今年的家活可是没法干了，我老了，实在干不动了。收成好了，所以今年的春社，您就干脆到我这儿来住几天。"杜甫已经喝得微醉，不想老汉还在叫老伴拿大瓶酒来。诗人几次起身告辞，老汉一把抓住他的胳膊，说什么也不让他走，还让老伴再加些酒菜来。就这样，诗人从上午喝到下午，又从下午喝到黄昏，月亮升起，老汉还不让杜甫离开，又责怪家人不拿出更多的酒来。

《遭田父泥饮美严中丞》一诗正描写诗人与老汉共饮的情景：

> 步屧随春风，村村自花柳。田翁逼社日，邀我尝春酒。酒酣夸新尹："畜眼未见有。"回头指大男，"渠是弓弩手。名在飞骑籍，长番岁时久。前日放营农，辛苦救衰朽。差科死则已，誓不举家走。今年大作社，拾遗能住否？"叫妇开大瓶，盆中为吾取。感此气扬扬，须知风化首。语多虽杂乱，说尹终在口。朝来偶然出，自卯将及酉。久客惜人情，如何拒邻叟？高声索果栗，欲起时被肘。指挥过无礼，未觉村野丑。月出遮我留，仍嗔问升斗。

这一首诗的内容与写法和《客至》完全不同：主人不是隐士而是老农，诗人不是主动专程去访问，而是偶然经过被邀，诗的形式也由整饬的七律变成宜于摹写农夫口吻的五古。然而，这两首诗中所体现的生活情趣却是相通的。虽说诗题中点明了"美严中丞"，但诗中对严武的颂扬仅放兵营农一事，所以此诗的重点并不在"美严"，而在于赞美农夫的淳朴。野老留客、田家朴直的情景，在诗人笔下再现得活灵活现。更有意义的是，此诗写出了杜甫与老农之间的亲密关系。杜甫偶然经过老农家，老农却热情邀请他留下来尝尝春酒，这一尝竟然是自晨至暮。老农语多杂乱，指挥无礼，但是诗人并不以此为村野之丑，反而深感人情的温暖。"久客惜人情"，多年飘荡，见惯了人间白眼的诗人对老农的情谊极为珍视，于是写出了这首质朴生动、情意深长的好诗。一位世代簪缨的士大夫能与乡野农夫如此亲密无间，可见杜甫这位诗圣确是属于全体人民的。

4. 晚年心境："不堪人事日萧条"

杜甫有很浓重的思乡情结。秦州、同谷生活境遇很差时，他思念家乡亲人；成都草堂生活稍好时，他还是思念家乡亲人。

他不能不思乡。思乡对于他来说，有着更为重要的意义。家乡意味着亲人，意味着自己的兄弟姐妹；家乡意味着故国，意味着朝廷以及个人的政治生涯；家乡意味着一个逝去的、繁荣鼎盛的时代，意味着美好安定的生活。所以在杜诗中，家乡、故国、兄弟姐妹、故园等等都相互联系在一起，共同构成了诗人晚年复杂的思乡情感。

中原地区的战事，使他想起家乡，更使他想到故乡难回。他在《遣兴》中说：

> 干戈犹未定，弟妹各何之！拭泪沾襟血，梳头满面丝。
> 地卑荒野大，天远暮江迟。衰疾那能久，应无见汝期。

他出郭远望：

> 霜露晚凄凄，高天逐望低。远烟盐井上，斜景雪峰西。
> 故国犹兵马，他乡亦鼓鼙。江城今夜客，还与旧乌啼。
>
> ——《出郭》

故国战事仍然未定，他从洛阳一路出来，已经走了漫长的四千里路，如今他年老体衰，一梳头就要掉很多的头发，疾病缠身，怕是支撑不了多少年了，故乡的弟妹也怕是见不着面了。举首眺望远处的云山，也不禁勾引起他的思亲之情，《野望》云：

> 西山白雪三城戍，南浦清江万里桥。海内风尘诸弟隔，天涯涕泪一身遥。惟将迟暮供多病，未有涓埃答圣朝。跨马出郊时极目，不堪人事日萧条！

中原干戈未定，而蜀中又受吐蕃侵扰，海内风尘，兄弟相隔，远在天涯，家国之恨实际上联系在一起。到了夜深人静之时，这种思乡之情实在难以排遣：

> 风色萧萧暮，江头人不行。村春雨外急，邻火夜深明。胡羯何多难？樵渔寄此生。中原有兄弟，万里正含情。
>
> ——《村夜》

在蜀期间，杜甫常常为朋友送行，当他看到朋友回乡就要与亲人团聚时，不禁又要想起自己的家人，在这些送别诗中，《送韩十四江东省觐》写得很有特色。韩十四的父母或许避乱逃到江东，因此他到江东探望父母。诗人想着朋友与父母团圆，又想到自己的弟妹。诗曰：

> 兵戈不见老莱衣，叹息人间万事非。我已无家寻弟妹，君今何处访庭闱？黄牛峡静滩声转，白马江寒树影稀。此别

> 应须各努力，故乡犹恐未同归。

诗人担心不能与朋友一道同归故乡，而事实上他确实没能再回到中原。故乡对于诗人来说象征着最美好的时光，他的《百忧集行》说：

> 忆年十五心尚孩，健如黄犊走复来。庭前八月梨枣熟，一日上树能千回。即今倏忽已五十，坐卧只多少行立。强将笑语供主人，悲见生涯百忧集。

诗写得很随意，前四句想到少年时代生活在家乡无忧无虑的情景，后面说到目前年老体弱，寄人篱下。就在诗人"悲见生涯百忧集"的之时，他想到的不是未来，而是少年时代的光景，因为那不仅是他无衣食之虞的、一生中最为快乐的时光，而且更是一个安定繁盛的时代。开元时代的强盛对诗人不是抽象的概念，而是一个切身的感受和体会。

杜甫心情索寞，常常寻幽访胜，聊以排遣。他有时去成都城里游赏，寻亲访友，还往南郊游览了武侯祠。出了城南数里，远远便见一片松柏林，郁郁葱葱掩映着青瓦红墙、屋脊飞檐。这就是武侯祠。进了祠堂，只见殿宇宏伟，院中碧草萋萋，隔叶禽鸣。诗人徜徉在柱间廊前，千古人物已经随风而去，诸葛亮的音容无从追寻，只有这祠堂数楹之间，还可以让人临风结想。伴随着黄鹂的几声动人的叫声，诗人低吟道：

> 丞相祠堂何处寻，锦官城外柏森森。映阶碧草自春色，隔叶黄鹂空好音。三顾频烦天下计，两朝开济老臣心。出师

未捷身先死，长使英雄泪满襟。

——《蜀相》

高适时任蜀州（今四川崇庆）刺史，蜀州在成都西南，相互毗邻，仅距百里。上元元年（760）深秋，杜甫专程前往，与高适相会。时诗人裴迪在蜀州，两人又同往蜀州南部的新津县，同游酬唱，甚相得。新津县内有修觉寺，诗人曾两次游赏。后一次游览写下了《后游》一诗：

寺忆曾游处，桥怜再渡时。江山如有待，花柳更无私。野润烟光薄，沙暄日色迟。客愁全为减，舍此复何之？

当然，杜甫的这些出行并非仅仅为了游赏访友，更多的是为生计所迫。杜甫居草堂，一无官职，二无足够的田产，衣食之需大多得依靠亲朋好友的资助。他在诗中说："故人分禄米，邻舍与园蔬。"（《酬高使君相赠》）《狂夫》中说"厚禄故人书断绝"，只有厚禄故人才有能力给予他一些帮助。高适任彭州刺史时，杜甫曾托人寄诗给他，曰："为问彭州牧，何时救急难？"（《因崔五侍御寄高彭州一绝》）诗人还作《敬简王明府》诗，向唐兴县宰王潜求助，大约没有什么消息，诗人不得已再投《重简王明府》："甲子西南异，冬来只薄寒。江云何夜尽，蜀雨几时干？行李须相问，穷愁岂自宽。君听鸿雁响，恐致稻粱难。"末联以谋食艰难的鸿雁自比，哀辞恳请，可想而知，诗人的境况实在太差。从这里可以看出杜甫的生计艰难，杜甫自称"强将笑语供主人"，实在包含了太多的辛酸！

上元二年（761）秋，曾往青城县（今四川灌县）、唐兴县

（今四川蓬溪）等地。年底，蜀州李司马于皂江上建竹桥，使往来的行人免于冬天蹚水过河，杜甫应邀前往新津，并作诗以贺；顺道再访高适。这些奔走，大多与衣食有关，只是奔波之间，或作游赏，聊以遣兴。此时作有后来广为流传的《春夜喜雨》：

> 好雨知时节，当春乃发生。随风潜入夜，润物细无声。野径云俱黑，江船火独明。晓看红湿处，花重锦官城。

当然，难得也会遇到让诗人喜出望外的事情。

一天成都徐九少尹带着一大堆礼物到草堂来看望他，若是故人，那很自然，可徐少尹是一位新相识的朋友。初次上门，却是雪中送炭，实在让杜甫感激得很。他作《徐九少尹见过》诗曰："晚景孤村僻，行军数骑来。交新徒有喜，礼厚愧无才。赏静怜云竹，忘归步月台。何当看花蕊，欲发照江梅。"唐太宗时的名臣虞世南的玄孙在成都做司马，这天他特意邀请杜甫喝了一整天的酒，诗人很高兴，写了一首词意恳切的五言排律《赠虞十五司马》相赠。杜甫的一位朋友王抡曾答应带酒到草堂来聚，可是过了些日子，还不见来。杜甫写了一首诗催促他，这回王抡很快带着酒来了，还应诗人的邀请把刚到成都暂代崔光远署理尹事的高适也请来了。三人在草堂把酒言笑，共韵赋诗。

杜甫与裴迪的关系很融洽，相见则一同游赏，分别则常有诗歌往还。杜甫有《和裴迪登蜀州东亭送客逢早梅相忆见寄》：

> 东阁官梅动诗兴，还如何逊在扬州。此时对雪遥相忆，送客逢春可自由？幸不折来伤岁暮，若为看去乱乡愁。江边一树垂垂发，朝夕催人自白头。

这是一首和诗，而且也不是专咏梅诗，可是句句是梅，句句和咏梅，而又不着痕迹，所以前人以此诗为咏梅诗的上品。东阁即题中东亭，首二句称赞裴迪的诗可与何逊相比。诗人接下来说，此时就是相对飞雪也会思念故人，何况又是送客逢早梅花开，那就更不能自已。幸亏你没有折梅相寄，否则更会引起我无限的乡愁。我眼前江边一株梅花正在盛开，我早晚对着它，无不引起我万千愁绪，如此这般忧伤能不白发满头吗？

此时杜甫已经五十多岁，年华已逝、年老体衰常常成为此时诗歌中极为深沉的悲叹，也是他晚年心境的主要方面。他在《奉酬李都督表丈早春作》中说：

力疾坐清晓，来诗悲早春。转添愁伴客，更觉老随人。
红入桃花嫩，青归柳叶新。望乡应未已，四海尚风尘。

时节之愁，思乡之念，年华之感，伤时之痛，统统都融汇在一起，当新居草堂的喜悦淡去时，这种灰色的忧郁就在"红入桃花嫩，青归柳叶新"的新鲜中显得更加醒目。

5. 漂泊梓阆

草堂宁静，但此时整个国家并不太平。

动荡了八年的安史之乱在广德元年（763）被平息了，但朝廷上下，仍是一片混乱，宦官李辅国、程元振、鱼朝恩相继专权乱政，国家政治已无清明可言。国家内部动乱，外族更是借机侵扰，形势比以前更为严重，自上元元年（760）始，党项、吐蕃等不断骚扰边陲。广德元年（763）七月，吐蕃入寇，尽取河西、陇右之地。十月，吐蕃寇奉天，代宗出奔陕州，吐蕃攻入长安，大肆焚掠，直到郭子仪收拾散兵，反攻长安，吐蕃才退去。可是次年十月，仆固怀恩引吐蕃、回纥寇奉天，长安为之戒严。直到郭子仪击退吐蕃，才算稍稍喘了一口气。大唐帝国已经穷于应付，然而更令其不安的是，各地藩镇割据的形势却越来越严重。唐帝国已经走到了风雨飘摇的末途。

事实上，成都也并非世外桃源。蜀中地近边鄙，吐蕃的威胁始终都很严重，地方上大大小小军阀的叛乱此起彼伏，整个蜀中也日夜不得安宁。上元二年（761）四月，梓州刺史段子璋叛乱，刚刚被崔光远平定。杜甫在诗中常常流露出对这些外族侵扰、内部叛乱的忧虑与不安。即使他面对草堂幽静、渔樵暮归的景象也会自然隐现出深深的忧患。《野老》曰：

> 野老篱前江岸回，柴门不正逐江开。渔人网集澄潭下，贾客船随返照来。长路关心悲剑阁，片云何意傍琴台？王师未报收东郡，城阙秋生画角哀。

此诗作于上元元年（760），末二句正表达了诗人对去年洛阳再次失陷，至今尚未收复，而此地又受吐蕃侵扰的忧虑。萧瑟的秋风中成都城头画角声起，寓含着战乱的危机。

严武于宝应元年（762）七月入朝任职，杜甫作《奉送严公入朝十韵》诗以送行，诗中曰："四海犹多难，中原忆旧臣。"又嘱咐严武说："此生那老蜀，不死会归秦。公若登台辅，临危莫爱身。"杜甫从成都一直把严武送到绵州（今四川绵阳）。绵州杜使君邀请他们一起登江楼宴饮，杜甫席间作诗，《送严侍郎到绵州同登杜使君江楼宴得心字》曰："野兴每难尽，江楼延赏心。归朝送使节，落景惜登临……灯光散远近，月彩静高深。城拥朝来客，天横醉后参。穷途衰谢意，苦调短长吟。"严武也作诗酬别诗人，对于杜甫"临危莫爱身"的嘱咐，表示"但令心事在，未肯鬓毛衰"（《酬别杜二》）。两人依依惜别，杜甫又送了三十里到奉济驿才与严武分手，并吟诗道：

> 远送从此别，青山空复情。几时杯重把？昨夜月同行。
> 列郡讴歌惜，三朝出入荣。江村独归处，寂寞养残生。
>
> ——《奉济驿重送严公四韵》

严武走后，两人还作诗酬唱，各表相思之意，但是杜甫在蜀中的生活从此失掉了最主要的依靠。

杜甫从奉济驿独归江村，正赶上剑南兵马使徐知道叛乱。徐知道以兵守要害，人们无法通行，杜甫只得滞留巴山一带，不得前行。严武也为乱军所阻，八月，徐知道被他手下的将领李忠厚所杀，直到九月，严武才得以入朝。杜甫径往成都不成，只好先逗留在绵州。可是蜀乱一时难以平定，绵州也不是久留之地，此时得知汉中王李瑀在梓州（今四川三台）。汉中王原与杜甫相识，梓州离成都又稍近一些，于是诗人决定先到梓州避乱。

途中经过光禄坂（今四川盐亭）时，作《光禄坂行》：

> 山行落日下绝壁，西望千山万山赤。树枝有鸟乱鸣时，暝色无人独归客。马惊不忧深谷坠，草动只怕长弓射。安得更似开元中，道路即今多拥隔。

诗人仓促奔逃之际，草木皆兵，十分狼狈。他在梓州时又作有《去秋行》：

> 去秋涪江木落时，臂枪走马谁家儿？到今不知白骨处，部曲有去皆无归。遂州城中汉节在，遂州城外巴人稀。战场冤魂每夜哭，空令野营猛士悲。

诗人对那些在战乱中无辜丧生的兵士深感哀悯。这两首诗都蒙上了惊恐、哀伤的惨淡色彩，是那个乱离时代蜀地的"诗史"。尽管此时杜甫反映战乱的作品不多，但是他常常在诗中提到当时的形势，并且表达自己的忧虑。战乱的描写不再是他此时诗歌的主题，但动荡的战乱形势却一直作为真实的背景出现在他的感怀、遣兴、思乡、送别等诗中。

诗人再次陷入孤独之中。他事先给家中写信，告诉家人自己一时无法回去，这天他终于收到了妻子的回信。他读着妻子的来信，无法入睡，独自坐在客栈中，隔着帘子望着院中的月光，远远听着江水声，度过了又一个不眠之夜。《客夜》云：

> 客睡何曾著？秋天不肯明。入帘残月影，高枕远江声。计拙无衣食，途穷仗友生。老妻书数纸，应悉未归情。

诗人思念草堂，想念亲人，又记起儿子宗武的生日："小子何时见？高秋此日生。自从都邑语，已伴老夫名。诗是吾家事，人传世上情。熟精《文选》理，休觅彩衣轻。"杜甫对宗武十分钟爱，很想把诗艺传给他，都邑中的人们提起著名诗人杜甫时，也没有人不知道他的儿子宗武，这对于老诗人而言实在是莫大的安慰。

可是眼下兵荒马乱，自己与家人各在一方，实在令人担忧。看着窗前微微的曙色，感受秋天徐徐的寒风，想着自己如同飘萍一样东飘西荡，衰老的诗人又一阵心酸：

　　秋窗犹曙色，落木更天风。日出寒山外，江流宿雾中。
圣朝无弃物，衰病已成翁。多少残生事，飘零任转蓬。

——《客亭》

杜甫到了梓州后不久，汉中王就要离开梓州到蓬州去上任了，杜甫写《玩月呈汉中王》为他送行："夜深露气清，江月满江城。浮客转危坐，归舟应独行。关山同一照，乌鹊自多惊。欲得淮王术，风吹晕已生。"前人评此诗淡语而有深致耐人寻味。汉中王虽然走了，好在梓州前任李刺史、继任章彝对杜甫还算不错，所以这年秋末，杜甫把全家都接到梓州居住。离开草堂时，一家人恋恋不舍："我行入东川，十步一回首。成都乱罢气萧索，浣花草堂亦何有？"（《相从行赠严二别驾》）

　　在梓州闲居无事，诗人便到附近玄武县城东的玄武庙游览，还在玄武禅师屋子的壁画上题了一首诗。梓州东六十里的射洪是诗人陈子昂的故乡，冬天里杜甫来到这里凭吊这位有名的诗人。射洪县城北面不远有一座金华山，山上的金华观中有陈子昂学堂的遗迹。陈子昂进士及第之后，曾居家学仙，金华山上曾是他读书的地方。杜甫登上高高的金华山，放眼远望，山下一道涪江如练，两岸群山连绵，山上道观中的琼楼玉宇在日光照耀下熠熠生辉，远处的雪岭发出白色耀眼的光亮，近旁道观中香雾缭绕。射洪县东面不远的东武山下是陈子昂的故宅。陈子昂出身于当地的豪富，少年时奇杰过人，任侠使气，到了十七岁尚不知书。后慨

221

然立志，折节读书，谢绝门客，专心典籍。数年之间，经史百家，无所不读，学问大有长进。二十四岁时游东都洛阳，举进士对策高第，擢麟台正字，后任右拾遗。曾从建安王武攸宜讨契丹，因谏不纳，降为军曹，甚是抑郁。因登蓟北楼，感昔乐生（毅）、燕昭之事，泫然流涕，而歌《登幽州台歌》。后带官归故乡，为当地县令段简所害，屈死狱中。陈子昂是唐代重要的诗人，对于唐诗发展有着突出的贡献，杜甫在诗中称他："位下曷足伤？所贵者圣贤。有才继骚雅，哲匠不比肩。公生扬马后，名与日月悬……终古立忠义，感遇有遗篇。"（《陈拾遗故宅》）对陈子昂给予了极高的评价。

杜甫又去梓州东南一百三十里的通泉县游览，通泉县有通泉山，东临涪江，悬崖直立，景致幽胜。诗人作《通泉驿南去通泉县十五里山水作》诗，描写这一带山水风光：

溪行衣自湿，亭午气始散。冬温蚊蚋集，人远凫鸭乱。登顿生曾阴，欹倾出高岸。驿楼衰柳侧，县郭轻烟畔。一川何绮丽！尽日穷壮观。山色远寂寥，江光夕滋漫。伤时愧孔父，去国同王粲。我生苦飘零，所历有嗟叹。

杜甫一早就沿溪而行，雾霭弥漫，衣服都被打湿了；到了中午，雾气方散，登高远眺，也可以看见绮丽的山川。唐玄宗时的一位宰相郭震字元振，曾辅助玄宗平息太平公主的谋反，他曾在通泉县做过县尉，当地还保留着他的故宅。杜甫来到故宅，睹物思人，不胜感慨，写诗称赞他："迥出名臣上，丹青照台阁。"（《过郭代公故宅》）杜甫还在通泉县观看薛稷的壁画，又陪王侍御登临东山，携酒泛江，于野亭宴饮。

活动安排得很多，但杜甫此时的心情并不轻松："世乱郁郁久为客，路难悠悠常傍人。"（《九日》）诗人寄人篱下，解决生计问题十分艰难，他无法在一处待得很久，过一段时间，就得换地方，寻找机会，这也是避免主人厌烦的办法。广德元年（763）春夏间，杜甫把家安置在梓州，自己穿梭来往于阆州、盐亭、绵州、汉州、涪城等地。

开春时，杜甫听到了史朝义自缢、官军收复河南河北的喜讯，万分高兴，写下了生平第一首快诗《闻官军收河南河北》：

> 剑外忽传收蓟北，初闻涕泪满衣裳。却看妻子愁何在？漫卷诗书喜欲狂。白日放歌须纵酒，青春作伴好还乡。即从巴峡穿巫峡，便下襄阳向洛阳。

真是一首难得的好诗！一般说来，律诗形式严整，特别是中间二联的对仗，对律诗的表现力形成了某种限制、障碍，容易造成语气、意脉中断。然而杜甫的这首律诗不但通首合律，而且尾联也对仗工稳，语气流转自如，意脉贯若连珠，明显具有近于古诗的特征。颔联虽为对仗，但"看妻子"与"卷诗书"实为两个连续性的动作，而且正是在"涕泪满衣"后才有的动作；颈联承"喜欲狂"而来，因喜而放歌纵酒，且思及还乡；尾联遂筹划还乡的路径，不但用"流水对法"，而且还一连嵌入四个地名，"巴峡"与"巫峡"，"襄阳"与"洛阳"，既各自对仗，又前后对偶，极为工整，一气贯注，活泼流畅，足以见出思绪之飞扬，同时也将诗人此时的欣喜与迫切回乡的情思展露无遗。从首至尾，感情如突然开闸后泻出的洪流，意脉随之一气流注。七律严整的形式竟然丝毫没有束缚诗人跳动的情思，真是难能可贵。

这年（广德元年）十月，吐蕃大举进犯奉天、武功，京城受到严重威胁。代宗下诏以雍王李适为关内元帅，郭子仪为副元帅，出镇咸阳，加强防御。可是郭子仪长期闲废，部曲离散，临时招募，只得二十骑而行。到了咸阳，吐蕃率领吐谷浑、党项、氐、羌二十余万军队，漫山遍野，延绵数十里，唐军哪里能够招架，而且吐蕃军队已经渡过了渭水，形势十分危急。渭北的驻军奋勇抵抗吐蕃，可是寡不敌众。敌军长驱直入，渡过便桥。朝廷无力抵挡，代宗只得逃到陕州避难。吐蕃占领长安。唐军用计疑敌，吐蕃惶骇，逃离长安。到了十二月，代宗重新回到长安。

为了在西南方向牵制吐蕃，朝廷任命高适为西川节度使，在蜀中加紧练兵，从吐蕃的南面进行牵制。可是蜀军失利，松州吃紧。杜甫连作《王命》《征夫》《西山三首》等反映当时局势的诗作，对时局表现了极大的关心。"血埋诸将甲，骨断使臣鞍""西南背和好，杀气日相缠""辛苦三城戍，长防万里秋。烟尘侵火井，雨雪闭松州"，反映了战斗的艰苦，同时，诗人又对百姓表示了极大的怜悯：

十室几人在？千山空自多。路衢惟见哭，城市不闻歌。漂梗无安地，衔枚有荷戈。官军未通蜀，吾道竟如何！

——《征夫》

诗人能到什么地方去呢？可是，内忧外患，蜀中实在无法住下去。事实上这几年来诗人一直在筹划离开蜀地，湖北襄阳一带本是他祖上所居之地，中原去不成，他就想到那里去。但是，最终还是没有去成。

萦绕在诗人心头的只是一片没有尽头的愁绪。薄暮寒风，客舍冷清，诗人只能在孤寂中守着无人能够理会的愁情苦意：

> 江水最深地，山云薄暮时。寒花隐乱草，宿鸟择深枝。
> 故国见何日？高秋心苦悲。人生不再好，鬓发自成丝。
>
> ——《薄暮》

到了夜晚，愁苦的心情更是难以排遣：

> 竹凉侵卧内，野月满庭隅。重露成涓滴，稀星乍有无。
> 暗飞萤自照，水宿鸟相呼。万事干戈里，空悲清夜徂。
>
> ——《倦夜》

"别家三月一得书"，好不容易得到住在梓州的家人的来信，却是女儿病重、妻子焦虑的消息。"江风萧萧云拂地，山木惨惨天欲雨。女病妻忧归意速，秋花锦石谁复数？"（《发阆中》）诗人迫不及待地返回梓州。

诗人与家人相聚之时，已经到了广德元年（763）的年底。女儿的病稍好，他又开始鞍前马后，应酬梓州刺史、兼侍御史、留后东川章彝。此时国家危难，蜀中形势正紧，可章留后不想着练兵防卫，却偏偏想要打猎。深夜章留后率领精兵三千在百里方圆的地方大狩猎："君不见东川节度兵马雄，校猎亦似观成功。夜发猛士三千人，清晨合围步骤同。禽兽已毙十七八，杀声落日回苍穹。"大到青兕（犀牛）、黑熊，小到八哥儿，统统都捉来了，"东西南北百里间，仿佛蹴踏寒山空"，整个山林仿佛为之一空。可是诗人认为这样的兵马正当用于勤王敌忾："飘然时危一老翁，十年厌见旌旗红。喜君士卒甚整肃，为我回轡擒西戎。草

225

中狐兔尽何益？天子不在咸阳宫。朝廷虽无幽王祸，得不哀痛尘再蒙！呜呼！得不哀痛尘再蒙！"（《冬狩行》）

诗人哪里也没有去，只是默默地忍受着客居他乡的悲愁。

回乡的梦想总是不断出现。诗人年老体衰，此时蜀中又是"群盗尚纵横"，所以杜甫还是打算离蜀北归。实际上，当时严武一走，蜀中兵乱起来，杜甫就想着离开了。在绵州时他作《悲秋》，表达了出峡的想法：

> 凉风动万里，群盗尚纵横。家远传书日，秋来为客情。
> 愁窥高鸟过，老逐众人行。始欲投三峡，何由见两京？

中原未靖，诗人有家不能归。实际上，就是在成都那几年较为安定的时候，尽管他对辛苦经营起来的草堂怀有深厚的感情，但他的内心深处是不愿终老于斯的。

诗人困于梓州，想起早年游历过的吴越，又作东游之想。这一次，他真的准备启程了："波涛未足畏，三峡徒雷吼……终作适荆蛮，安排用庄叟。"（《将适吴楚留别章使君留后兼幕府诸公》）章彝听说诗人要下峡东游，于是拿来了一捆有名的桃竹手杖，在座的宾客见了无不赞叹。章彝挑了两根送给诗人留作纪念，诗人作诗《桃竹杖引赠章留后》表示感激。杜甫不停地忙碌着，下峡的行李船总算准备好了，章彝特意为诗人在楼上设宴饯行。宴会上来了很多客人，楼上坐不下，就在楼下设帐张席，楼上楼下，坐得满满的，觥筹交错，花红酒绿。宾主又是豪饮，又是唱歌，席间还进行赛马、比武、簸旗等军中竞技表演，好不热闹。杜甫与幕府诸公赋诗唱和，聊以话别。

梓州就在涪江边，诗人乘船沿涪江顺流而下，到了渝州（今重庆）就可以汇入长江，再从长江一路顺水，到达吴越。可是诗人没有这样走，他先到了阆州。嘉陵江经过阆州，从嘉陵江而下，也可以进入长江。除了梓州，惟阆州留居时间最久，与阆州王刺史比较相知，理应与他话别，同时还可以得到刺史及其幕府诸公的资助。

杜甫携全家抵达阆州时，已近第二年（广德二年，即764年）的春天，诗人在《岁暮》一诗中表达自己对动乱的忧虑："岁暮远为客，边隅还用兵。烟尘犯雪岭，鼓角动江城。天地日流血，朝廷谁请缨？济时敢爱死，寂寞壮心惊。"春节到了，诗人少不了与诸公饮酒赋诗迎新年。他在《游子》一诗中说："巴蜀愁谁语，吴门兴杳然。九江春草外，三峡暮帆前。"诗人仿佛已经看到东下的情景。

6. 重归草堂："殊方又喜故人来"

然而不久，杜甫却意外地听到严武再次被任命为东西川节度使的消息。愁闷不安的诗人仿佛又看到了希望，重新点燃起信心，振奋起来：

> 殊方又喜故人来，重镇还须济世才。常怪偏裨终日待，不知旌节隔年回。欲辞巴徼啼莺合，远下荆门去鹢催。身老时危思会面，一生襟抱向谁开？
>
> ——《奉待严大夫》

应该说，诗人很了解严武，他对严武再次镇蜀充满了信心。他一直都希望朝廷能够派经验丰富、沉着果断的大臣来安定巴蜀，恢

227

复秩序，所以像严武这样的"济世才"出来，蜀中的形势一定会很快好转。事实上也像杜甫预料的，这年严武率领蜀军大破吐蕃七万余众，拔当狗城；十月，又取盐川城，成功地遏制了吐蕃的进犯，稳定了巴蜀的形势。严武由此加检校吏部尚书，封郑国公。

杜甫收到邀请，携全家匆匆赶回成都。将回草堂，诗人的心情很激动，一路上抑制不住兴奋，随着自己油然而起的诗兴，写下了《将赴成都草堂途中有作先寄严郑公五首》寄给严武，第二首想象着回到久日不见的草堂时的情景，并表达邀请严武来游之意：

处处清江带白蘋，故园犹得见残春。雪山斥候无兵马，锦里逢迎有主人。休怪儿童延俗客，不教鹅鸭恼比邻。习池未觉风流尽，况复荆州赏更新。

孩子们回到家里，邀来一帮子吵吵闹闹的伙伴，留在家中的鹅鸭难免会在邻居的田地里糟蹋，还得再看守好。诗人将草堂比作习池，将严武比作晋代的山简将军，山简曾管辖荆州一带，末句谓草堂尚有可以欣赏之处，期待着严武的光临。

赶了近五百里路，诗人终于又回到熟悉的草堂。虽然熟悉可又陌生，小径院落已经长满了蒿草，暮春的草花遍地盛开，看看草堂边的小松树："四松初移时，大抵三尺强。别来忽三岁，离立如人长。"（《四松》）小松长高了不少，可是林竹蔓延却漫无节制："新松恨不高千尺，恶竹应须斩万竿。"（《将赴成都草堂途中有作先寄严郑公五首》）门前的桃树长得很茂盛："高秋总馈贫人实，来岁还舒满眼花。"（《题桃树》）推开屋门，老鼠四处奔窜，屋壁家具上都布满了蜘蛛网；打开书籍，书页上留着蛀虫眼；解开药囊，灰尘四扬。"昔我去草堂，蛮夷塞成都。今我归草堂，成都适无虞……入门四松在，步屧万竹疏。旧犬喜我归，低徊入衣裾。邻里喜我归，沽酒携胡芦。大官喜我来，遣骑问所须。城郭喜我来，宾客隘村墟。"（《草堂》）诗人忙着收拾清扫，颇多感慨，作《归来》：

> 客里有所适，归来知路难。开门野鼠走，散帙壁鱼干。
> 洗杓开新酝，低头著小冠。凭谁给曲糵，细酌老江干？

初回家中，确有一番喜悦，穿着便服，开坛小酌，多么舒坦！这与奔波梓阆之间的窘迫拘谨相比，又是多么地洒脱惬意！

诗人心情很好，就与刚来成都、初建草堂时一般，内心流动着一丝丝恬静、欣喜。此时所作的一些小诗，大多明丽轻快，颇能反映出诗人的心情。如《绝句二首》：

> 迟日江山丽，春风花草香。泥融飞燕子，沙暖睡鸳鸯。

> 江碧鸟逾白，山青花欲燃。今春看又过，何日是归年？

《绝句六首》曰：

> 日出篱东水，云生舍北泥。竹高鸣翡翠，沙僻舞鹍鸡。
> ——《绝句六首》其一

> 舍下笋穿壁，庭中藤刺檐。地晴丝冉冉，江白草纤纤。
> ——《绝句六首》其五

江动月移石，溪虚云傍花。鸟栖知故道，帆过宿谁家？

——《绝句六首》其六

风和日丽的景致使诗人有了颇为愉悦的心情，但愉悦就像这些绝句一样短暂，更多的时候，诗人还是摆脱不了那忧郁与伤感。《登楼》表达了当时的心境：

> 花近高楼伤客心，万方多难此登临。锦江春色来天地，玉垒浮云变古今。北极朝廷终不改，西山寇盗莫相侵。可怜后主还祠庙，日暮聊为《梁甫吟》。

诗人登高远望，只见锦江两岸春色一片，繁花似锦，盎然春色仿佛滚滚江水一样从天边汹涌而来。可是诗人目睹着这满目春光，却伤心至极，吐蕃入侵、皇帝出奔、巴蜀连连失地、宦官专权误国、藩镇割据严重，内外交困，灾难深重，真是万方多难之时，时代变迁、风云变幻有如眼前玉垒山上的浮云一样，让人捉摸不定。面对着这样的形势不禁令人想起三国时蜀国的后主，可是后主刘禅有诸葛亮辅弼，而此"万方多难"之时却找不到那样的贤相。这是杜甫极有名的一首律诗，气象雄伟，笼盖宇宙，声宏势阔，格调高峻，极好地表现了诗人当时寂寞忧伤的心情。

7. 去蜀："残生随白鸥"

六月，严武表荐杜甫为节度参谋、检校工部员外郎、赐绯鱼袋。这是杜甫一生中得到的最高的官阶（从六品上）。既任幕府，物质上可以得到帮助，杜甫对此很感激。尽管诗人晚年并不想出来做官，但接受此职，多少还得到衙门里去办公。

这一来，诗人要忙碌一些了。严武再次镇蜀，主要为了加强对吐蕃的防御。作为幕僚，杜甫作《东西两川说》，向严武提出了抵御吐蕃的建议和看法。严武到蜀之后，积极练兵，"公来练猛士，欲夺天边城"（《扬旗》）。军中的大旗做好了，幕僚们随同严武一同在堂上看士兵练武、骑士试旗。堂上诸公正襟危坐，神情严肃，堂下将士们一色崭新戎装，队列整齐，雄姿焕发，精神抖擞地进入广场。紧接着，鲜艳的大旗在六名骑兵的护卫下入场，战旗挥舞，呼呼地发出声响，大旗回旋起来就像飞盖一样形成了圆圈，旗上的装饰在阳光照耀下就像流星飞进。大旗飞卷，风驰电掣，势如排山倒海。再看马上挥旗手，左右挥舞，却是那样轻松自如，在场的将士们看了无不为之振奋鼓舞。诗人也特意写了《扬旗》一诗，表现场上壮观的情景。

很快，严武亲自部署，反击吐蕃，他任命崔旰为汉州刺史，使其将兵进攻占领西山一带的吐蕃军队。崔旰率领部队奋勇作战，连连夺得好几个城镇，一下子击退敌军数百里。严武闻讯，作诗《军城早秋》："昨夜秋风入汉关，朔云边月满西山。更催飞将追骄虏，莫遣沙场匹马还。"杜甫随即和诗一首《奉和严郑公军城早秋》："秋风袅袅动高旌，玉帐分弓射虏营。已收滴博云间戍，欲夺蓬婆雪外城。""滴博"即维州之"的博岭"，"蓬婆"即大雪山。作为幕府，杜甫还陪同严武泛舟，于北池临眺，并且赋诗唱和，吟咏松竹等。

但入幕后，杜甫的心情有时还是颇为沉重。立秋的那一天正好下着大雨，雨急飘瓦，树湿风凉，朦胧的雨雾随着乍寒的秋风吹来，让人感到些许伤感的秋意。雨雾笼罩着江面，满目苍茫之中只传来近处的雨声和远处江水喧腾的声音。诗人迎着秋风，听着秋声，想着目前的处境：唉，人生坎坷，穷途末路之时幸亏有知己帮助，可是年纪一大把了，做了幕府，却又不能出谋划策，看着自己每天进进出出、忙忙碌碌，却是什么忙也帮不上呀！诗人打开屋门，走到廊下，缓缓踱着步子，低声吟道：

> 山云行绝塞，大火复西流。飞雨动华屋，萧萧梁栋秋。穷途愧知己，暮齿借前筹。已费清晨谒，那成长者谋。解衣开北户，高枕对南楼。树湿风凉进，江喧水气浮。礼宽心有适，节爽病微瘳。主将归调鼎，吾还访旧丘。
>
> ——《立秋雨院中有作》

"主将"指严武，意谓日后他入朝做了调和鼎鼐的宰相之后，我还是回到浣花溪畔的草堂去隐居。此诗多少已经表现出诗人不耐幕府生涯。到了夜晚，当诗人独宿幕府时，望着夜空，回想身世，更是一阵悲伤：

> 清秋幕府井梧寒，独宿江城蜡炬残。永夜角声悲自语，中天月色好谁看？风尘荏苒音书绝，关塞萧条行路难。已忍伶俜十年事，强移栖息一枝安。
>
> ——《宿府》

井梧寒影，蜡炬已残，悲凉的画角声划破清秋之夜，中天如此好的月色有谁与我同看？战火动乱，家乡音信已绝，回去的道路多么漫长！十年动荡，我忍受各种痛苦，如今权且在幕中，好像深林之鸟勉强借一枝栖身而已。诗人只是把在幕府作为隐居，即所谓吏隐，他相信自己不久会回到幽静的草堂。渐渐地他身在幕府，而心却越来越思念起草堂：

> 幕府秋风日夜清，淡云疏雨过高城。叶心朱实看时落，阶面青苔先自生。复有楼台衔暮景，不劳钟鼓报新晴。浣花溪里花饶笑，肯信吾兼吏隐名？
>
> ——《院中晚晴怀西郭茅舍》

他想象浣花溪畔的鲜花正在盛开，它们岂能相信诗人能够吏隐，而不赶快回到草堂完全隐居起来呢？

他在幕中待不下去了。

严武年轻有为，他再次出镇还不到四十岁，比杜甫要小十三四岁。幕僚中有不少年轻人，年龄的巨大差距往往造成彼此之间意见不合，而年轻的同僚们对于这位年老位卑的诗人又不免有些轻视。严武很敬重这位老诗人，对他极为优待，但这却容易引起他人的不满。尽管杜甫一直渴望从政，并怀有远大的政治理想，但他确实难以适应官场。他正直耿介，秉性刚毅，十分倔强，性格又很疏放，不谙人情世故，待人接物不甚圆滑，不经意之处容易得罪人。想当年在凤翔行在，就是当着肃宗的面，他也要面折廷争，直到龙颜大怒，他甚至还想说明自己并没有什么错。别说在官场上，就是住在杜曲时，村里的少年也与他过不去；在长安时，与亲戚之间也有些误会、摩擦，原因肯定是多方面的，但与杜甫直率的性格、快直的处事方式却大有关系。他是一位诗人，在政治上常常理想化地看待有些问题，即使在其他方面，他也总是怀着最美好的愿望，把事情看得过于完美。作为诗人，这是最可贵的地方，但作为官员，这却是他的弱点。

老诗人一向自许甚高，此时在幕中，面对年轻幕僚们的轻侮，自然大不乐意。杜甫常向同僚们表示自己钟情山水，向往归隐，并非意在幕府生涯。他在《正月三日归溪上有作简院内诸公》中说：

　　野外堂依竹，篱边水向城。蚁浮仍腊味，鸥泛已春声。药许邻人劚，书从稚子擎。白头趋幕府，深觉负平生。

杜甫晚年虽然十分关心时局，但却无意从政，只想能有一处幽静以终老，白头入幕，实在是不得已。他又说："郊扉存晚计，幕府愧群材。"（《春日江村五首》其四）认为自己的才具不及幕府其他诸公，所以在草堂又增盖了几间房准备终老于此了。杜甫确实无意于仕途的升迁，但这并没有消除幕僚们的误解。杜甫写诗《莫相疑行》，称："男儿生无所成头皓白，牙齿欲落真可惜。忆献三赋蓬莱宫，自怪一日声烜赫……晚将末契托年少，当面输心背面笑。寄谢悠悠世上儿，不争好恶莫相疑。"诗人并不想与同僚竞争，也不怕别人看轻他，可是，就是容不得别人轻视他的诗歌，轻视他作诗的才能。诗人说，你们别看我垂垂老矣，头白齿落，就什么都看不起我，年轻时，我可是比你们不知要强多少，当年我的三大赋献上朝廷，集贤殿的学士们在中书堂看我挥笔对策，我的文采都让皇帝吃惊。如今我已经不与你们相争什么了，你们不用猜忌。《赤霄行》中，诗人又说："老翁慎莫怪少年，葛亮贵和书有篇。丈夫垂名动万年，记忆细故非高贤。"我也不会轻易地怪罪你们，诸葛亮写过《贵和篇》，大家都讲和气，紧紧抓住这些"细故"也不是大丈夫所为。

　　入幕之后，诗人多感不适应，于是写诗《遣闷奉呈严公二十韵》给严武，称自己闲散惯了，还是不适应在幕中，还是让我回到草堂吧。"白水渔竿客，清秋鹤发翁。胡为来幕下？只合在舟中。"

半年后他辞去幕僚，回草堂去了。第二年，即永泰元年（765）四月，严武卒，巴蜀对于杜甫失去了意义。草堂虽好，失去依靠的诗人对此也无所依恋，他决计携家离开成都。严武卒、离草堂这两件事，杜集中都没有留下相关的诗作，诗人只吟唱道：

　　五载客蜀郡，一年居梓州。如何关塞阻，转作潇湘游？
　　世事已黄发，残生随白鸥。安危大臣在，何必泪长流！

——《去蜀》

中原一带关塞阻隔，无法回到长安，只好先往潇湘，潇湘即荆楚一带。世事哪里还用得着我这样衰老的诗人去关心呢？不都有那些朝中重臣在吗？我还是像白鸥一样自在飞翔，漂泊江湖，以度余生。

诗人无可奈何地离开了巴蜀。

第八章 夔府孤城：人生和历史的反省

1. 沿江而下："天地一沙鸥"

五月，诗人一家告别亲朋好友启程，离开了成都。

行船沿岷江南下，经嘉州（今四川乐山）时稍做盘桓，又沿江东行。江水滔滔，日落千山之外，船只停泊在江边的小码头——青溪驿，已经到了犍为县（今四川犍为）。月明星稀，山野寂静，诗人想着远方的朋友，低吟着：

> 漾舟千山内，日入泊枉渚。我生本飘飘，今复在何许？
> 石根青枫林，猿鸟聚俦侣。月明游子静，畏虎不得语。中夜
> 怀友朋，乾坤此深阻。浩荡前后间，佳期赴荆楚。
>
> ——《宿青溪驿奉怀张员外十五兄之绪》

船行江上，江水东流，两岸青山连绵西去，有如拉开的一轴无尽的山水画卷。经过戎州（今四川宜宾）、渝州（今四川重庆），好不容易到达了忠州（今四川忠县）。这一路上，有时能得到款待，如戎州杨使君、忠州使君的侄子等都招待过诗人，但有时不免受到冷遇。行旅之中的诗人对此格外敏感，悲苦、担忧、牢骚，一寓于诗，提笔便在所住的寺院壁墙上题写道：

236

忠州三峡内，井邑聚云根。小市常争米，孤城早闭门。
空看过客泪，莫觅主人恩。淹泊仍愁虎，深居赖独园。

———《题忠州龙兴寺所居院壁》

小市争米说明年成不好，城门早闭意谓盗贼出没，旅途中还有什么比此更令人担忧的吗？忠州南面不远有禹庙，诗人就此登临，作《禹庙》：

禹庙空山里，秋风落日斜。荒庭垂橘柚，古屋画龙蛇。
云气嘘青壁，江声走白沙。早知乘四载，疏凿控三巴。

中间二联虽写庙景，但又绝非单纯写景，写景同时又在用典，贡橘柚、驱龙蛇都是大禹的功绩，而"嘘青壁""走白沙"都是描写神禹治水的气势，环环紧扣大禹事迹。由此形成这首诗如草蛇灰线、似断实连的意脉：首联慨叹禹庙之古老荒凉；中二联既是写景，也是缅怀禹治水安民的事迹，并想象禹凿山导江之气势；末联以正面赞颂禹功作结。全诗用思细密，气象宏壮，达到了很高的艺术境界。

严武是京师附近华阴县人，去世后，他的棺椁运回老家。杜甫刚好遇到运送的船只，当他看到用素幔裹着的行舟驶过时，不胜感慨，作《哭严仆射归榇》："素幔随流水，归舟返旧京。老亲如宿昔，部曲异平生。风送蛟龙匣，天长骠骑营。一哀三峡暮，遗后见君情。"对严武之卒表示了极大的悲哀。不久杜甫在云安听说房琯灵柩归葬洛阳，于是作《承闻故房相公榇自阆州启殡归葬东都有作二首》，沉痛地哀叹道："尽哀知有处，为客恐长休。"

既是悲房琯，又是自悲。

又开船了，杜甫站在船头，面对浩荡的江水不禁自叹：

> 细草微风岸，危樯独夜舟。星垂平野阔，月涌大江流。
> 名岂文章著，官应老病休。飘飘何所似？天地一沙鸥。
>
> ——《旅夜书怀》

去蜀时诗人自谓"残生随白鸥"，此时又说"天地一沙鸥"，诗人心目中的白鸥已经不再如早年的诗句"白鸥没浩荡，万里谁能驯"那样具有豪情英气和飘逸色彩，而变成了孤独、飘零的象征。

到了云安，已是秋天。杜甫终因旅途辛苦，肺病与风痹发作，致使双脚麻痹，只好留滞养病。卧病云安，诗人心情郁闷索寞，时而怀想家乡，又想念草堂。诗人在云安住的客舍建在江岸的悬崖上，背靠山岩、面对大江，江上苍波翻腾、两岸林木青葱，树木缝隙之中时而可见铁青色的山岩。诗人在病床上卧久了，就到小园中观望，日落黄昏，树林间传来子规的啼叫，那是一种奇特的鸣叫。诗人赋诗曰：

> 峡里云安县，江楼翼瓦齐。两边山木合，终日子规啼。
> 眇眇春风见，萧萧夜色凄。客愁那听此？故作傍人低。
>
> ——《子规》

风格爽隽，笔触流畅，绝无艰涩之态，通过幽深凄凉的景色描写细致地表现出诗人当下凄楚的愁绪。

杜甫衰老体弱、病魔缠身，可是他对于政治的热情、对于参

238

与朝政的幻想却没有因此减弱，甚至王朝虚弱、政治混乱、时局不稳、战火不断等现状也没有制止他不时冒出来的幻想。他真的希望辗转荆楚，有朝一日返回故国京师、重返朝中，并像他心中仰慕的人物那样辅佐社稷、安邦定国。他知道这是幻想，但仍会情不自禁地沉浸在幻想之中。他担心自己真的回不了故乡，担心自己客死异乡，但他耐心地忍受着、耐心地等待着，等待着有一天这个幻想突然实现。江浪拍岸，山云变幻，这一路上的风波云雨反而好像更给诗人增添了幻想的背景和机会。将晓时分，他面对"鼓角愁荒塞，星河落曙山""寒沙蒙薄雾，落月去清波"的景色，想着自己要是回到朝廷、立朝辅君，不知道到那时，自己的身体还能否支撑得了："归朝日簪笏，筋力定如何？"（《将晓二首》其二）他在小园中漫步之时，也会沉浸在有生之年立一番大事业的幻想之中："览物想故国，十年别荒村。日暮归几翼，北林空自昏。安得覆八溟，为君洗乾坤？稷契易为力，犬戎何足吞？儒生老无成，臣子忧四藩。箧中有旧笔，情至时复援。"（《客居》）当诗人腿脚已经走不动路的时候，他还想象着倾倒八溟之水，奋力为君一洗乾坤！他得着严重的消渴（糖尿病），但仍然说："我虽消渴甚，敢忘帝力勤。尚思未朽骨，复睹耕桑民。"（《别蔡十四著作》）就在他"欲起惭筋力"，无法回到故乡之时，他仍然说："尚想趋朝廷，毫发裨社稷。"（《客堂》）就在他整日受着疾病折磨的时候，他仍然说："我多长卿病，日夕思朝廷。"（《同元使君春陵行》）就在他根本不知道是否能够回到故乡时，他还一个劲地想象："抱病江天白首郎，空山楼阁暮春光。衣冠是日朝天子，草奏何时入帝乡？"（《承闻河北诸道节度入朝欢喜口号绝句十二首》其七）就在他在夔州等了两年，也没有北归的希望时，他仍旧要说："寒空见鸳鹭，回首忆朝班。"（《自瀼西荆扉且移居东屯茅屋四首》其四）他偶尔看到一位官员的石砚，也引起来了无限的遐想："公含起草姿，不远明光殿。致于丹青地，知汝随顾盼。"（《石砚》）诗人想象着石砚处在明光殿中常常得到天子顾盼的情景。这就是杜甫的眷恋、杜甫的精神。或许正是这种幻想、这种永不消失的抱负，才促使他晚年写出了许多不朽的诗篇。

2. 夔州："且就土微平"

诗人在云安住了半年左右，第二年（大历元年/永泰二年，766）春末，还是决定离开那里。

杜甫一家大大小小十口人，搬起家来还真不少事情。雇人借船等事情幸亏云安的王判官帮助，忙碌好一阵子，这才总算把大裹小包、锅碗瓢杓搬到了船上。船公开船，大人孩子站在船舷上向岸上的人挥着手，仿佛镶在山崖上的云安小城渐渐地离他们远去了。

到达夔州时，不巧正是晚上，这时卸行李、找住处都不方便，于是诗人一家就在船上过夜了。船就停靠在夔州城郭外的沙滩边，许久没有在船上过夜，江上之景重新显得那么新鲜，夜已经深了，可是诗人兴致很高，望着沙滩上的鹭鸶，听着船尾的鱼跳，诗人写道：

江月去人只数尺，风灯照夜欲三更。沙头宿鹭联拳静，船尾跳鱼拨剌鸣。

——《漫成一首》

诗人正低吟着，只听见船篷顶上"啪啦啪啦"的雨点声，好一场夜雨！第二天一清早传来寺院的钟声，附近石堂名胜雨烟缭绕。大雨之后，江岸泥泞道滑，诗人一时上不了岸，只得滞留船上，看着江上柔橹轻鸥，想起王判官对自己莫大的帮助，临行不及作别，于是写诗道：

依沙宿舸船，石濑月娟娟。风起春灯乱，江鸣夜雨悬。
晨钟云岸湿，胜地石堂烟。柔橹轻鸥外，含凄觉汝贤。
——《船下夔州郭宿雨湿不得上岸别王十二判官》

诗人在夔州（今四川奉节）住了下来："伏枕云安县，迁居白帝城。春知催柳别，江与放船清。农事闻人说，山光见鸟情。禹功饶断石，且就土微平。"（《移居夔州作》）三峡一带，山多田少，唯夔州土地稍平。春天仿佛知道诗人将行，催柳成条；大江仿佛知道诗人将行，伴随以一路清澈的江水。春天来到，诗人的心情稍好一些，漂泊的行船暂时停靠在夔州。

夔州在唐代属山南东道，州治在今奉节县城东十余里处，靠近瞿塘峡。瞿塘峡口北岸的白帝山山腰上，即是白帝城旧址。白帝山峙立江边，山势陡峭，从江边可沿石阶拾级而上，直达山顶。山顶有白帝庙，庙门南向，正对浩浩荡荡的长江。杜甫刚来夔州时，借居在城内的西阁。住了大约一年，到了第二年春，移居赤甲，又搬到瀼西草堂，后又移居东屯。到了大历三年（768）正月，才出峡东下。杜甫在夔州居住了近两年，此时他的生活还算比较安定。当时任夔州都督兼御史中丞的柏茂琳待杜甫甚厚，杜甫得以在瀼西买下果园四十亩，又主管东屯公田一百顷，还有一些奴仆，如獠奴阿段，隶人伯夷、辛秀、信行，女奴阿稽等。

夔州多山石，无法凿井，居民饮水皆用竹筒前后相接，引山泉至家。竹筒盘曲于山间，有时竟达数百丈。杜甫在《引水》中说："白帝城西万竹蟠，接筒引水喉不干。人生留滞生理难，斗水何值百忧宽。"说的正是此事。但是这种竹筒有时也会损坏，泉水流不到家里，这对于患有糖尿病的诗人而言，更是难以忍受，所以他的几个仆人都曾为他再寻水源或修理水筒。诗人非常感激，特意写了诗送给他的仆人。如《示獠奴阿段》："山木苍苍落日曛，竹竿袅袅细泉分。郡人入夜争余沥，竖子寻源独不闻。病渴三更回白首，传声一注湿青云。曾惊陶侃胡奴异，怪尔常穿虎豹群。"晋时将军陶侃有胡奴，胡僧见而惊曰："此海山使者也。"侃异之，至夜失奴所在。诗人用此典故称赞阿段神异，能够穿行于虎豹出没的山间。

　　诗人来到夔州后，对当地风俗颇不习惯，不免抱怨那里风土的恶劣："形胜有余风土恶！"（《峡中览物》）诗人不但埋怨那儿的人情："此乡之人气量窄，误竟南风疏北客"（《最能行》），而且埋怨那里的习俗："异俗吁可怪，斯人难并居。家家养乌龟，顿顿食黄鱼"（《戏作俳谐体遣闷二首》其一）。对妇女的遭遇更是感到伤痛与不解："夔州处女发半华，四十五十无夫家。更遭丧乱嫁不售，一生抱恨长咨嗟。土风坐男使女立，应当门户女出入。十犹八九负薪归，卖薪得钱应供给。"（《负薪行》）有时甚至连山水自身也使诗人感到厌烦："卷帘惟白水，隐几亦青山。"（《闷》）然而尽管如此，诗人还是不得不在夔州定居下来，一住就是两年多。东下荆楚、北归京洛的计划一再拖延，岁月在烦闷苦恼中悄悄流逝，但是诗人的创作热情却出现了新的高潮，他在此地写成的四百三十多首诗篇使夔州这个江边小城成为文学史上的圣地。

3. 怀古："怅望千秋一洒泪"

白帝城是汉代公孙述修建的城池，到了唐代已有七八百年的历史，附近古迹很多，诗人常常登览怀古，以抒怀抱。

夔州有个县叫鱼复，传说洞庭湖的黄鱼每年都要沿长江溯游到此产卵，然后复返洞庭，鱼复县由此得名。这种黄鱼形体很大，据说有一两丈长，数量也多，于是夔州人"顿顿食黄鱼"，杜甫很不习惯。鱼复县的平沙之上有垒石布成特殊的阵势，传说是诸葛亮的八阵图，诗人咏此曰："功盖三分国，名成八阵图。江流石不转，遗恨失吞吴。"借此兵阵及诸葛亮之力，蜀国本可以并吴以成大业，但英雄已去，大江东流，只有这八阵图的垒石依旧，留下千古遗恨。

夔州有先主庙，杜甫游览并作《谒先主庙》，诗曰：

> 惨淡风云会，乘时各有人。力侔分社稷，志屈偃经纶。复汉留长策，中原仗老臣。杂耕心未已，欧血事酸辛。霸气西南歇，雄图历数屯。锦江元过楚，剑阁复通秦。旧俗存祠庙，空山泣鬼神。虚檐交鸟道，枯木半龙鳞。竹送清溪月，苔移玉座春。闾阎儿女换，歌舞岁时新。绝域归舟远，荒城系马频。如何对摇落，况乃久风尘。孰与关张并，功临耿邓亲。应天才不小，得士契无邻。迟暮堪帷幄，飘零且钓缗。向来忧国泪，寂寞洒衣巾。

风云际会，英雄崛起，先主刘备与曹操、孙权分别建立蜀、魏、吴三国，三足鼎立，风云变幻。刘备先逝，他把复汉的使命交给了诸葛亮。诸葛亮鞠躬尽瘁,雄图终究没能实现。诗人伫立庙前,称叹先主的功业,更赞颂诸葛亮鞠躬尽瘁的事迹,字里行间有无限的同情与敬仰。诗人抚景远思,不禁叹息自己:"迟暮堪帷幄,飘零且钓缗。向来忧国泪,寂寞洒衣巾。"年齿虽衰,未尝无心用世,然而绝域远舟,荒城系马,多年飘零他乡,唯有忧国之思深沉,不禁泪洒衣巾。

白帝城西郊有武侯庙,杜甫寄居在西阁,相距很近。诗人多次到武侯庙来,庙前有古柏,诗人作诗《古柏行》以吟咏:

> 孔明庙前有老柏,柯如青铜根如石。霜皮溜雨四十围,黛色参天二千尺。君臣已与时际会,树木犹为人爱惜。云来气接巫峡长,月出寒通雪山白。忆昨路绕锦亭东,先主武侯同閟宫。崔嵬枝干郊原古,窈窕丹青户牖空。落落盘踞虽得地,冥冥孤高多烈风。扶持自是神明力,正直原因造化功。大厦如倾要梁栋,万牛回首丘山重。不露文章世已惊,未辞翦伐谁能送?苦心岂免容蝼蚁?香叶终经宿鸾凤。志士幽人莫怨嗟:古来材大难为用!

成都和夔州都有孔明庙,庙前都有古柏,诗人因咏此地之柏而并及成都,虽咏古柏,又非仅咏古柏。诗人睹物思人,情不能已。孔明庙前古柏为人爱惜,犹如召伯之甘棠,而且古柏自身也正是孔明的象征:古柏高大参天,孔明则英才盖世;古柏正直劲挺,孔明则忠贞鲠亮;古柏屹立于烈风之中,孔明则受命于危难之际;等等。在诗人眼中,树即人,人即树,他们已融合成一个诗歌意象了。所以《古柏行》虽题为咏物,实则怀古,并且兼及咏怀。杜甫平生非常推崇诸葛亮,盖有窃比之意。孔明材大而不尽其用，诗人自比稷与契，材与孔明相当，而世人终莫用之，所以诗最后发出"古来材大难为用"的感慨。杜甫虽然惋惜诸葛亮"运移汉祚终难复""出师未捷身先死"（《蜀相》），但他十分歆慕诸葛亮"君臣已与时际会"的际遇，所以"古来材大难为用"的慨叹既是借题发挥，为己而发，也是为古来无数怀才不遇之士发出的不平之鸣。

诗人来到夔州后，又游览其他古迹，心灵为之震颤，感慨生平，于是创作了《咏怀古迹五首》，其一曰：

> 支离东北风尘际，漂泊西南天地间。三峡楼台淹日月，五溪衣服共云山。羯胡事主终无赖，词客哀时且未还。庾信平生最萧瑟，暮年诗赋动江关。

这组咏古诗实即咏怀，手法上受到左思《咏史》的启发。在这里不仅咏古、咏史，也表达了诗人的情怀。这首诗直接从咏怀入手，前四句写自己漂泊生涯；因躲避战乱而自东北漂泊西南，淹留于异乡殊俗之地。安史之乱引起的动荡局面使自己不能还乡，只好作诗哀时。"羯胡"明指安史，暗指南朝梁侯景之叛梁。"词客"则兼指自己与庾信，从而转入咏史，绾合无迹。末二句叹庾信之坎坷遭遇，亦借以自叹平生。庾信初仕梁，诗文绮艳，梁亡后，留居北朝达二十七年之久，心境萧瑟，作《哀江南赋》，常有乡关之思，诗文风格一变而为悲壮苍凉，倾动当时。夔州并没有与庾信有关的古迹，杜甫也只是因庾信的生平与自己相似而连类及之，这体现了杜甫咏史诗的咏怀实质。

第二首：

摇落深知宋玉悲，风流儒雅亦吾师。怅望千秋一洒泪，萧条异代不同时。江山故宅空文藻，云雨荒台岂梦思？最是楚宫俱泯灭，舟人指点到今疑。

宋玉是战国楚顷襄王的侍臣，继屈原之后杰出的辞赋家，有故宅在归州（今湖北秭归，湖北江陵亦存故宅），在三峡之间，宋玉《高唐赋》中的阳台即在夔州附近的巫山上。这首诗专咏宋玉，又处处映带自己。首句言两心之相通，宋玉《九辩》有"悲哉，秋之为气也！萧瑟兮草木摇落而变衰"句，两人同遇萧瑟，摇落之感相同，故"深知宋玉"。次句明师承之渊源，宋玉的文采风流也是自己的楷模。颔联写尚友古人，恨不同时之悲。后四句咏尚存之宋玉宅与泯灭之楚宫，句中亦注入深切之感慨。

第三首：

群山万壑赴荆门，生长明妃尚有村。一去紫台连朔漠，独留青冢向黄昏。画图省识春风面，环珮空归夜月魂。千载琵琶作胡语，分明怨恨曲中论。

专咏汉时王昭君。昭君是湖北秭归人，其生长的村庄后人称为昭君村。首联写昭君乃山川钟灵毓秀而生，颔联伤其远嫁异域，后二联写昭君之不遇及其怨恨心情。此诗只叙明妃，始终无一语涉议论，也无一语涉己，然而，叹美人沦落的同时也暗喻自己终不为世用，咏史咏怀，无所不包。

第四首：

蜀主窥吴幸三峡，崩年亦在永安宫。翠华想像空山里，

246

玉殿虚无野寺中。古庙杉松巢水鹤，岁时伏腊走村翁。武侯
祠屋长邻近，一体君臣祭祀同。

蜀主刘备欲报孙权袭关羽之仇，东征吴国，沿三峡而进，兵败卒
于夔州永安宫。当年刘备的仪仗行进在空山之中，如今玉殿也成
了野寺，即卧龙寺。寺庙虽古，但至今村翁仍祭祀不衰。此咏先
主庙，兼及武侯祠，深慕其君臣相得。

末首：

> 诸葛大名垂宇宙，宗臣遗像肃清高。三分割据纡筹策，
> 万古云霄一羽毛。伯仲之间见伊吕，指挥若定失萧曹。运移
> 汉祚终难复，志决身歼军务劳。

赞叹诸葛亮的功业、才能和忠贞不渝的品德，对那一对风云际会
的君臣，尤其是那位尽瘁王事的忠臣表示由衷的仰慕。第五句
"伊"即伊尹，曾辅弼商汤建立王业；"吕"指吕尚，曾辅佐周文
王、武王治理天下。此句谓诸葛亮与伊吕不相上下，可相伯仲。
下句萧曹即萧何与曹参，皆汉初之重要谋臣，此句谓诸葛亮的策
划指挥才能非萧曹可比。但汉运已终，帝祚归于他姓，诸葛亮只
能鞠躬尽瘁、死而后已。

很显然，这五首诗咏古兼咏怀，然而已不限于杜甫一己之情
怀。庾信生逢乱世，漂泊异国，欲归故国而不能，只能寄悲苦于
诗赋。宋玉遭荒淫之主，才能不为世用，徒能以文字讽谏，终于
国事无补。王昭君以国色而见嫉、因直行而见弃，终于埋骨塞
外，遗恨无穷。这三位人物的悲剧命运具有典型的历史意义，对
于杜甫而言，又具有强烈的现实意义，因为贤才遭斥正是唐帝国

走向衰落的重要原因。这说明杜甫有着深沉的历史意识和强烈的当代意识。

如果说庾信、宋玉、王昭君三位历史人物主要提供了历史教训，那么诸葛亮、刘备二位人物则提供了正面的借鉴。显然，对于热切地希望唐室中兴的杜甫来说，后者理应受到更多的关注。事实也是这样，杜甫定居于草堂之初，就迫不及待地往谒武侯祠堂，为之一洒英雄之泪。如今他移居夔州，怀旧情多，又看到刘备、诸葛亮君臣二人留下的各种古迹：先主庙、武侯庙、永安宫、八阵图，更是思如潮涌。杜集中咏及诸葛亮的诗十之八九作于夔州，绝非偶然。这些咏诸葛亮的诗，把对诸葛亮的评价提到前所未有的高度，并常常把刘备与诸葛亮作为"一体君臣"予以咏叹。在第五首诗中，杜甫用极其崇敬的口吻对诸葛亮的功业、品德进行赞颂，"诸葛大名垂宇宙""万古云霄一羽毛"，这样的赞颂可谓无与伦比。又称诸葛亮方驾伊尹、吕望，俯视萧何、曹参，也是极高的评价。从陈寿作《三国志》以来，历代史家、学者从未有人对诸葛亮做出如此高的评价，此论为杜甫独创。

杜甫歆慕刘备、诸葛亮的君臣相际，赞颂诸葛亮尽忠王事，其实都是对国家命运的一种希冀。"向来忧国泪，寂寞洒衣巾"，这是杜甫作夔州怀古诗的心理状态。陆游说杜甫"落魄巴蜀，感汉昭烈、诸葛丞相之事，屡见于诗，顿挫悲壮，反复动人，其规模志意岂小哉"（《东屯高斋记》，《渭南文集》卷十七）！这也是后人对杜诗的共同感受。

4. 回忆：《壮游》与《八哀诗》

青年喜爱展望未来，老人喜欢回忆过去，这本是人之常情。

然而对于夔州时的杜甫来说，经常回忆过去，不仅仅因为晚年的心态，而且也缘于对于国家和个人前途的深深失望。诗人常常陷入深思，回首往事。

此时，一件书画作品、一次歌舞表演，甚至时序节令和普通物件等等都会为诗人打开记忆的闸门。一件张旭的草书使他发出"斯人已云亡，草圣秘难得"（《殿中杨监见示张旭草书图》）的慨叹。几幅画鹰使他"忆昔骊山宫，冬移含元仗。天寒大羽猎，此物神俱王"（《杨监又出画鹰十二扇》）。而李十二娘的舞姿不但使他回忆起其师公孙大娘高超的舞蹈艺术，而且也由此联想起"五十年间似反掌，风尘澒洞昏王室"的不幸历史（《观公孙大娘弟子舞剑器行》）。社日与九日本是普通的节日，但前者使他想到了历史人物东方朔和陈平（《社日两篇》），后者又使他追忆与亡友苏源明、郑虔采菊痛饮的经历（《九日》）。"寒空见鸳鹭"使他"回首忆朝班"（《自瀼西荆扉且移居东屯茅屋四首》其四）；"侧生野岸及江浦"的荔枝又令他悲叹"劳人害马翠眉须"的历史悲剧（《解闷十二首》其十二）。甚至春菜、秋瓜也使他沉浸到回忆之中，写下了"春日春盘细生菜，忽忆两京梅发时"（《立春》）和"一辞故国十经秋，每见秋瓜忆故丘"（《解闷十二首》其三）的动人诗句。

诗人在萧瑟的秋风中登上夔府孤城，望着那一轮冉冉下沉的落日时，他对大唐帝国与自己的凄惨命运深有所感。向前展望几乎看不到一点光明，于是诗人就回首反顾，让过去那些令人怀念和激动的日子来填充此刻空虚、哀愁的心灵，通过对国家兴亡盛衰的反思来总结经验教训，或者干脆以对于历史人物、历史事件的吟咏来代替对于时局的评说和对于未来道路的朦胧希望。杜甫在夔州时积压在心头的失望、压抑、苦闷促使他写作了大量的怀旧与咏史诗。

诗人老了,他真切地感到了自己的人生之旅即将结束。但他不愿就这样结束。他热爱诗歌创作,并且竭尽全力从事写作,他要用诗歌为自己作一篇大传记。事实也是这样。杜甫到秦州、同谷之后,特别是入蜀以来,倾注了全部的精力进行创作,所到之处,所见所闻,所思所感,皆诉之于诗,各种题材、万千思绪都在他笔下驱走。从秦州到成都的纪行诗,犹如"图经";居于成都、梓州时,往来各地的游踪历历可考;出峡途中所历之事又皆有诗。尤其是在入蜀的途中道路艰险、贫病交迫,在那种根本无法作诗的条件下,杜甫还是写出了许多精彩的诗章,这些都表明了诗人明确的创作意识。诗人越写越多,越写越好。此时名篇佳作之多实在令人叹止。蜀中与夔州诗加在一起,占了杜诗的三分之二,仅数量也说明了这一点。杜诗是当时社会生活、特别是动乱年代的一部"诗史",但首先是他自身经历的一部"诗史"。

杜甫晚年诗作不仅是其行踪与心路历程的真实记录,具有"诗史"的性质,而且,他也确实在用诗写传。自己走过的人生旅程又一幕幕重新浮现在他的眼前,他回首当年,写了许多回忆自己往事的诗歌,如《壮游》、《昔游》("昔者与高李")、《遣怀》、《昔游》("昔谒华盖君")等。这些作品不仅展现出诗人生平事迹(尤其是早年事迹),也提供了关于诗人的心路历程的清晰轨迹。如《壮游》:

> 往昔十四五,出游翰墨场。斯文崔魏徒,以我似班扬。
> 七龄思即壮,开口咏凤凰。九龄书大字,有作成一囊。性豪
> 业嗜酒,嫉恶怀刚肠。脱略小时辈,结交皆老苍。饮酣视八

极，俗物都茫茫。东下姑苏台，已具浮海航。到今有遗恨，不得穷扶桑。王谢风流远，阖闾丘墓荒。剑池石壁仄，长洲荷芰香。嵯峨阊门北，清庙映回塘。每趋吴太伯，抚事泪浪浪。蒸鱼闻匕首，除道哂要章。枕戈忆勾践，渡浙想秦皇。越女天下白，鉴湖五月凉。剡溪蕴秀异，欲罢不能忘。归帆拂天姥，中岁贡旧乡。气劘屈贾垒，目短曹刘墙。忤下考功第，独辞京尹堂。放荡齐赵间，裘马颇清狂。春歌丛台上，冬猎青丘旁。呼鹰皂枥林，逐兽云雪冈。射飞曾纵鞚，引臂落鹙鸧。苏侯据鞍喜，忽如携葛强。快意八九年，西归到咸阳。许与必词伯，赏游实贤王。曳裾置醴地，奏赋入明光。天子废食召，群公会轩裳。脱身无所爱，痛饮信行藏。黑貂不免敝，斑鬓兀称觞。杜曲换耆旧，四郊多白杨。坐深乡党敬，日觉死生忙。朱门务倾夺，赤族迭罹殃。国马竭粟豆，官鸡输稻粱。举隅见烦费，引古惜兴亡。河朔风尘起，岷山行幸长。两宫各警跸，万里遥相望。崆峒杀气黑，少海旌旗黄。禹功亦命子，涿鹿亲戎行。翠华拥吴岳，螭虎啖豺狼。爪牙一不中，胡兵更陆梁。大军载草草，凋瘵满膏肓。备员窃补衮，忧愤心飞扬。上感九庙焚，下悯万民疮。斯时伏青蒲，廷争守御床。君辱敢爱死，赫怒幸无伤。圣哲体仁恕，宇县复小康。哭庙灰烬中，鼻酸朝未央。小臣议论绝，老病客殊方。郁郁苦不展，羽翮困低昂。秋风动哀壑，碧蕙捐微芳。之推避赏从，渔父濯沧浪。荣华敌勋业，岁暮有严霜。吾观鸱夷子，才格出寻常。群凶逆未定，侧伫英俊翔。

此诗对自己的生平作了相当详尽的回顾，分别叙述了"少年之游"（起句至"俗物都茫茫"）、"吴越之游"（至"欲罢不能忘")、"齐赵之游"（至"忽如携葛强"）、"长安之游"（至"引古惜兴亡"）以及"奔赴凤翔及扈从还京"（至"鼻酸朝未央"）、"贬官之后久客巴蜀"（"小臣议论绝"至结句）的经历，成为杜甫为自己写的"列传"。

此诗充满了强烈的感情色彩，篇幅宏大、语多悲壮，跌宕豪放超过了前人。诗的后半部说到凄凉之处时，萧瑟之风中饱含着"烈士暮年，壮心不已"意思，可以想见诗人当时"酒酣耳热，击碎唾壶"的情形。可见"壮游"之壮并非但指壮年或豪壮，也含有悲壮之意。诗中将自己坎坷、动荡的生平与所处时代的风云变幻融为一体，具有双重的感慨和惋惜，词气也格外地抑塞起伏。尤其是自己旅食京华的经历，时时映带着朝政的黑暗和皇族的奢靡；在叙述自己在安史乱起后的遭遇时，更着重回忆了国家危难的形势；即使叙述自己暮年漂泊西南的心情时，也念念不忘"群凶逆未定"的局面，并希望有英俊之才出来力挽危局。正由于诗人把自己的荣辱沉浮与国家的盛衰兴亡如此紧密地联系在一起，所以此诗的意义不仅仅是"自为列传"，而且也从个人遭遇的角度映带出唐王朝由盛转衰的历史过程。全诗由此获得了一种深沉的历史感。这样，诗中"秋风动哀壑，碧蕙捐微芳"之类的句子，就不仅仅在为一个才人志士被埋没的个人悲剧而感到惋惜、悲伤，也为那个由鼎盛走向衰败的时代悲剧而感到惋惜、悲伤。这类杜诗都具有这一共同特点。

与成都、梓州相比，杜甫在夔州时的交往少多了，诗人生活十分寂寞。深夜，他仰望星河，浮想联翩：

岁暮阴阳催短景，天涯霜雪霁寒宵。五更鼓角声悲壮，三峡星河影动摇。野哭千家闻战伐，夷歌几处起渔樵。卧龙跃马终黄土，人事音书漫寂寥！

——《阁夜》

这是寓居西阁时所作，寂寞寒冷的冬夜，诗人脑海中都浮着各种影像。冬天短促的日光，寒夜飞雪刚停，露出晴朗的夜空，五更鼓角，星河影动，峡江急流，夷歌处处，血腥征战，村落野哭，往昔卧龙跃马的英雄，如今寂寞孤独的诗人……都在这黑夜中浮现。这首律诗吸收了大开大阖、波澜起伏的古诗章法，极具独创性。颔联上句写所闻之声，以时间为背景，下句写所见之象，以空间为背景，跨度极大，但合进来则声情摇曳地写出了一个雄浑的夜境。颈联一哭一歌，诗人的感情也随之抑扬起伏。尾联上句尤称奇绝：写历史上的英雄人物，英姿飒爽，意气风发，竟以"终黄土"三字一笔兜转，句中自为开阖，何等笔力！全诗从岁暮异乡之凄寂写到三峡夜景之悲壮，又从眼前之萧瑟写到历史上的雄杰，最后归于寂寥，真有上天入地、俯仰古今之慨。

诗人生活非常孤独寂寞，但其内心充满了想象、回忆，充满了各种声音、各种萌动。他回首往事，常常会想起当年的朋友。这些朋友很多都是自己所敬爱的优秀人物。诗人在《昔游》《遣怀》中回忆了早年与高适、李白一起漫游的浪漫举动，在《解闷十二首》中回忆了孟浩然、王维、薛据、孟云卿等诗人的文采风流，在《存殁口号》中回忆了席谦、毕曜、郑虔、曹霸及他们的艺术才能。

这方面最重要的作品首推《八哀诗》。这是有八首诗的组诗，依次追忆了王思礼、李光弼、严武、李琎、李邕、苏源明、郑虔、张九龄八位著名的人物。诗人不仅给自己作传，也为时贤作传。第一首《赠司空王公思礼》中，称王思礼："短小精悍姿，

253

屹然强寇敌。贯穿百万众，出入由咫尺。马鞍悬将首，甲外控鸣镝。洗剑青海水，刻铭天山石。"第二首《故司徒李公光弼》，述其功业是"胡骑攻吾城，愁寂意不惬。人安若泰山，蓟北断右胁。朔方气乃苏，黎首见帝业。二宫泣西郊，九庙起颓压"，而其功业凋零则是"青蝇纷营营，风雨秋一叶"。第三首《赠左仆射郑国公严公武》中曰："公来雪山重，公去雪山轻……四郊失壁垒，虚馆开逢迎。堂上指图画，军中吹玉笙。岂无成都酒？忧国只细倾。时观锦水钓，问俗终相并。"第四首《赠太子太师汝阳郡王琎》描写李琎："汝阳让帝子，眉宇真天人。虬髯似太宗，色映塞外春。"其五《赠秘书监江夏李公邕》中称赞道："长啸宇宙间，高才日凌替。古人不可见，前辈复谁继？"第六首《故秘书少监武功苏公源明》，叹息苏源明之猝亡："结交三十载，吾与谁游衍？"第七首《故著作郎贬台州司户荥阳郑公虔》，诗人称其"嗜酒益疏放，弹琴视天壤。形骸实土木，亲近惟几杖。未曾寄官曹，突兀倚书幌"。最后一首《故右仆射相国张公九龄》，称张九龄："仙鹤下人间，独立霜毛整。矫然江海思，复与云路永。寂寞想土阶，未遑等箕颍。"赞其有致君尧舜之志，又称其"诗罢地有余，篇终语清省。一阳发阴管，淑气含公鼎。乃知君子心，用才文章境"。

《八哀诗》诗题严整、风格凝重，体现出碑文一般的传记性质。然而，《八哀诗》不仅是八位优秀人物的传记，而且还有着更为深广的内容。诗人在序中说其写作动机是"叹旧怀贤"，严武、汝阳王李琎、李邕、苏源明、郑虔都与诗人交往，属于怀旧；王思礼、李光弼、张九龄等与诗人没有直接来往，属于怀贤。诗人所以哀悼这八位人物，主要因为他们都是诗人敬重的人物，他们在唐帝国由盛大转衰的历史过程中各自具有某一方面的代表性。王思礼、李光弼、严武三人都是良将，在平定叛乱与抵御外侮的战争中战功赫赫；李琎是皇族中最称贤德之人，且以"谨洁"见称；李邕是誉满天下的名士，具有刚直不阿的风范和嫉恶如仇的品格；苏源明、郑虔两人都是孤贫笃学之士，在陷贼时苏拒伪命，郑则托病不就伪职且以密章达灵武，都能保持操守；张九龄为开元贤相，以其才能和忠贞品德为开元盛世做出了贡献。然而，这八位人物生前都有才能不得施展、抱负未能实现的悲哀：王思礼功名未就，年寿不永；李光弼忠而见谤，忧惧而殁；严武曾遭贬谪，英年早逝；李琎佯狂避祸，无所作为；李邕名高招忌，惨遭杖杀；苏源明屈居下僚，饿死长安；郑虔远谪海隅，至死未还；张九龄被谗罢相，远离朝廷。杜甫正是在才能不为世用这一点上与八位人物之间产生了强烈的共鸣。而这种个人的悲剧事实上也正是唐帝国由盛转衰的一个重要的原因，所以《八哀诗》还有两个未曾明言的哀悼对象：诗人自己和整个国家。

5. 秋兴："每依北斗望京华"

大历元年（766）的秋天，随着萧瑟的寒风染上巫山巫峡的枫林，诗人登上夔府孤城，目睹江城秋色，万分感慨，浮想联翩。这是诗人来到江城后的第一个秋天。他心潮起伏，日夜苦吟，写出了八首律诗——《秋兴八首》。

这是最能代表诗人晚年创作水平、最能体现杜诗忆旧怀古之丰富内涵与飞动思绪的作品，也最能体现杜甫七律"不烦绳削而自合"的创作境界。

因为愁闷，才去写诗；只有在写诗的时候，他才暂时忘掉了烦闷、忘掉了哀伤、忘掉了自己，仿佛找到了一个可以栖身的快乐之地；然而，也因为写诗，诗人才会比其他同样沉浸于痛苦之中的人更加痛苦，创作逼着他一遍又一遍地咀嚼着伤痛。

诗歌已经成了年老体衰、垂暮漂泊的诗人的生活方式。他用最后的生命在诗国中建造了一座雄伟壮观、永远让人惊叹的殿堂，这就是《秋兴八首》。其一曰：

> 玉露凋伤枫树林，巫山巫峡气萧森。江间波浪兼天涌，塞上风云接地阴。丛菊两开他日泪，孤舟一系故园心。寒衣处处催刀尺，白帝城高急暮砧。

白露既降，时已深秋，首句点明时节。巫山在今重庆巫山县东，即巴山山脉特起处，有十二峰。江水历峡而向东，其间首尾一百六十里，即为巫峡。杜甫自永泰元年（765）五月离开成都，出峡东去，已两见秋景，故曰"丛菊两开"。"寒衣处处"写出了对百姓生计的关切，所以"急暮砧"既是以传统意象来烘托羁旅愁思，也是当时忧国忧民的诗人的实际见闻。

其二曰：

> 夔府孤城落日斜，每依北斗望京华。听猿实下三声泪，奉使虚随八月槎。画省香炉违伏枕，山楼粉堞隐悲笳。请看石上藤萝月，已映洲前芦荻花。

诗人依北斗星而思念长安。三峡两岸多猿，古代就有"巴东三峡巫峡长，猿鸣三声泪沾裳"的民歌。诗人身临其境，听猿三声而实落泪。相传古时有人居于海边，见每年八月有浮槎浮来，乃登之而浮至天河。杜甫入严武幕为参谋，本拟随严武还朝，不料严武卒，还朝之事遂成泡影，故云"虚随八月槎"。"画省"即指尚书省，"香炉"是尚书省中用具。杜甫此时名义上仍是检校工部员外郎，但远在异乡不能往京师尚书省供职。暮色渐浓，皎月东升，诗人仍痴痴地站在楼头，心中充满了漂泊江湖、远离京师的悲哀。

其三曰：

千家山郭静朝晖，日日江楼坐翠微。信宿渔人还泛泛，清秋燕子故飞飞。匡衡抗疏功名薄，刘向传经心事违。同学少年多不贱，五陵衣马自轻肥。

匡衡是西汉丞相，多据义谏净，杜甫觉得自己曾像匡衡那样上疏救房琯，但却没有匡衡之显达。西汉刘向曾讲论五经于石渠，后领校中五经秘书，杜甫悲叹自己虽世习儒业，但未能如刘向那样讲论经学。最后他想起往日的同学少年如今都置身通显，不过他们仅知追求裘马轻肥，又何足为道！

其四曰：

闻道长安似弈棋，百年世事不胜悲。王侯第宅皆新主，文武衣冠异昔时。直北关山金鼓振，征西车马羽书驰。鱼龙寂寞秋江冷，故国平居有所思。

此首感叹政局多变。从太宗贞观之治至玄宗开元盛世，又从国富民强的鼎盛时期转入此动荡不安的衰败年头，使人不胜悲哀。朝廷政治日趋黑暗，像宦官李辅国竟然拜相、鱼朝恩竟然为帅，当政非人，异于昔时。况且此时边境多事，连京师地区都烽火不断，吐蕃入侵的危险始终存在，诗人对此无可奈何。他蛰居荒江，回忆故国、追念平居而不胜感慨。

其五曰：

> 蓬莱宫阙对南山，承露金茎霄汉间。西望瑶池降王母，东来紫气满函关。云移雉尾开宫扇，日绕龙鳞识圣颜。一卧沧江惊岁晚，几回青琐点朝班？

唐大明宫亦称蓬莱宫，"承露金茎"指汉代仙人承露盘及其立柱，此借汉喻唐。相传周时函谷关的关令登楼四望，只见东面有紫气向西而来，便称有圣人来，果然是老子入关。"紫气"用老子故事，暗讽玄宗迷信道教。前四句言宫阙之雄伟盛大，宫阙在龙首冈，前对南山，西眺瑶池，东瞰函谷，极言气象之巍峨轩敞。五六句回忆入朝时的情景，"雉尾"指帝王的仪仗之一雉尾扇，仪仗出行、宫扇张合如云之移动。"龙鳞"指皇帝衮袍上的龙纹，拂晓早朝，待日光照到龙袍上，始能看见皇帝的容貌。杜甫曾任左拾遗，参与班列，入宫朝见，传呼点名，顺序入朝。此时诗人病卧夔州，惊感秋深，时时回想起入朝时事，为之黯然销魂。

其六曰：

> 瞿塘峡口曲江头，万里风烟接素秋。花萼夹城通御气，芙蓉小苑入边愁。珠帘绣柱围黄鹄，锦缆牙樯起白鸥。回首可怜歌舞地，秦中自古帝王州。

诗人自如地在诗中往来于过去与现在、夔州与长安之间，灵活多变的笔法、鲜明生动的意象使他的诗歌超越了时空的限制，"万里风烟"使诗人一下子从现在的"瞿塘峡口"回到了昔时的"曲江头"。玄宗当年常自花萼楼循夹城游曲江及芙蓉园,但安逸懈怠终于引发了安史之乱。昔日锦绣楼台、豪华游船如今唯余一片萧条。

其七曰:

> 昆明池水汉时功,武帝旌旗在眼中。织女机丝虚夜月,石鲸鳞甲动秋风。波漂菰米沉云黑,露冷莲房坠粉红。关塞极天唯鸟道,江湖满地一渔翁。

昆明池为汉武帝时凿,玄宗曾置战船于此中练兵攻南诏。"织女""石鲸"皆昆明池边石刻。这些都是诗人当年常去游赏、十分熟悉之景,如今漂泊荒远,无路可归。于夔州望秦中,关塞连天,唯有鸟道可通,自己只能漂泊于江湖之间。

其八曰:

> 昆吾御宿自逶迤,紫阁峰阴入渼陂。香稻啄余鹦鹉粒,碧梧栖老凤凰枝。佳人拾翠春相问,仙侣同舟晚更移。彩笔昔曾干气象,白头吟望苦低垂。

昆吾、御宿、紫阁、渼陂皆长安附近诗人早年曾游赏的胜境,当地物产之富、士女游览之乐,皆足以称胜地。自己当日即在此环境中写出了气冲云霄的诗作,而今却只能白头低垂!

《秋兴八首》不纯是怀旧,但笼罩着浓重的怀旧气氛。前三首皆描写夔州秋景:第一首从朝露初降写到暮砧声起;第二首从夕阳西下写到月映芦花;第三首接写次日清晨,写出了江城秋景朝暮阴晴的百千姿态。这三首诗在描摹秋景时处处嵌入"兴"字，一曰"故园心"，二曰"望京华"，三曰"五陵衣马"，诗人的思绪已飞向了长安。于是从第四首开始，遂以回忆长安往事为主要内容。前三首诗，详夔州而略长安；后五首诗，详长安而略夔州，极有层次；而第四首又是前后之间的过渡。后五首诗都是由怀旧而引起感伤，且思且叹，这与前三首见秋景而引起的感兴同样具有沉重、悲凉的特点，于是前后两组诗浸于同样的情感氛围之中。

诗人站在夔府，思绪飞动奔涌，朝向一个方向：长安。诗人心中浮现出的不是零星的回忆片段，而是一个完整而清晰的历史画卷。因此，《秋兴八首》就展现出无比壮阔的时空，展现出诗人对唐帝国由盛转衰之历史的整体思考。王嗣奭说"故园心"是八首诗的主旨，而钱谦益则称"每依北斗望京华"一句是八首诗的中心，两种说法意思相同。诗中"故园"主要指洛阳，"故国"主要指长安，两地相去甚近。诗人政治经历主要集中在京洛，特别是长安，唐帝国的兴盛和衰败也集中体现在那里。所以长安是诗人魂梦所系之地，是《秋兴八首》歌咏的中心。在诗中，诗人对长安极摹其盛，所以这样，正是以昔日之富丽繁盛与今日之寂寞凄凉形成反衬，从而表现诗人对变幻不定的百年世事的深哀巨痛。《秋兴八首》以飞动的思绪纵横于上下千年、南北万里之间，无论是视野之广阔，还是思考之深刻，都堪称杜甫夔州诗的代表作。

杜甫到了夔州，诗歌与在长安、成都时都有所不同。此时的诗作较少直接反映与揭露社会矛盾，诗人收视反听，把注意力转向了内心世界，诗中着重表现诗人内心深处的思维活动和情感波澜。

诗人写眼前的事情减少了，而回忆之作大量涌现。人到晚年，常常爱回顾自己走过的历程，杜甫也是如此。夔州诗中，诗人着重回顾、总结自己的人生道路，回顾并思索唐帝国盛衰过程及历史原因。如果说"三吏""三别"等作品是诗人对黑暗现实的愤怒控诉，那么夔州诗就是对这种黑暗原因的思索。前者好像一个血气方刚的青年目睹人民苦难而发出的怒吼，后者犹如一位阅历丰富的老人对苦难原因的分析。夔州诗因这种现实批判的历史性，也就更为鞭辟入里、入木三分。诗为心声，夔州诗正是杜甫晚年的内心独白，这种独白融入了深广的历史意识和社会内容，所以更加深沉、博大，余响不绝。千载以下，读者仍能感受到诗人心灵的强烈震颤。

6. 愁思："泣血迸空回白头"

夔州气候并不好，日子很难挨。杜甫到了这里不久，就遇到大旱。当地风俗，遇到大旱，则要举行各种仪式来向天神求雨。百姓又是击鼓，又是鞭石，但是都没有效果。当地人无奈，于是烧山。"青林一灰烬，云气无处所。入夜殊赫然，新秋照牛女。风吹巨焰作，河汉腾烟柱。势欲焚昆仑，光弥燬洲渚。"（《火》）天气干旱，又值闷热，生长于北方的杜甫实在难以忍受："南方六七月，出入异中原。老少多暍死，汗逾水浆翻"（《贻华阳柳少府》）；"雷霆空霹雳，云雨竟虚无。炎赫衣流汗，低垂气不苏！"（《热三首》其一）

即使气候适宜，诗人也会满腹心事、深怀忧虑而夜不能寐：

暝色延山径，高斋次水门。薄云岩际宿，孤月浪中翻。

鹳鹤追飞静，豺狼得食喧。不眠忧战伐，无力正乾坤。

——《宿江边阁》

诗人听着江涛的声音，听着豺狼的嗥叫，担心着动荡的形势，毫无睡意。他常在诗中提到自己睡得很少，有些诗则整个都在描写夜中枯坐或辗转反侧的情景：

露下天高秋气清，空山独夜旅魂惊。疏灯自照孤帆宿，新月犹悬双杵鸣。南菊再逢人卧病，北书不至雁无情。步檐倚杖看牛斗，银汉遥应接凤城。

——《夜》

恍惚寒江暮，逶迤白雾昏。山虚风落石，楼静月侵门。击柝可怜子，无衣何处村。时危关百虑，盗贼尔犹存。

——《西阁夜》

诗人不是站在屋檐下看着牛斗，听着用双杵捣衣的声音，就是听着击柝声，看着门缝中月光移影，打发着一个又一个不眠之夜。

少眠与杜甫的身体状况有关。诗人的确到了风烛残年，健康状况变得很糟，患有肺病、风痹、疟疾、消渴等多种疾病，移居夔州后，对那里的水土、气候很不适应，疾病时时发作，身体越来越衰弱，眼昏耳聋，牙齿半落，行路需要倚杖，甚至需要人扶，连浇愁的酒也不敢常喝了。

病弱的身体、烦闷的心情常使他无意再去欣赏山城美景。当他看到"城峻随天壁，楼高望女墙"的情景时，竟是："老去闻悲角，人扶报夕阳"（《上白帝城》）；"不是烦形胜，深愁畏损神"。诗人害怕江城美景触动心底的愁绪。

所以，一旦登高远望，诗人往往不是心情舒畅，而是变得更加郁闷、痛苦。他登上白帝城中最高处时，竟然抑制不住血泪要迸洒到空中：

> 城尖径仄旌旆愁，独立缥缈之飞楼。峡坼云霾龙虎卧，江清日抱鼋鼍游。扶桑西枝对断石，弱水东影随长流。杖藜叹世者谁子？泣血迸空回白头。
>
> ——《白帝城最高楼》

城角耸立，山路崎岖险峻，军营旗帜笼罩在愁云惨雾之中。诗人伫立在高楼之上，当阴云弥漫之时，山峡断裂突兀，仿佛藏龙卧虎；而当江清日照之时，可以看见鼋鼍拍浪游走之姿。极目远望，可见极东的扶桑神木之枝，而向西则可眺见最西的弱水波光。宇宙茫茫，诗人触景生情，生发出无尽的忧伤。还有一首《白帝》诗，也表现了诗人在夔府孤城面对高江急峡时的忧心忡忡：

> 白帝城中云出门，白帝城下雨翻盆。高江急峡雷霆斗，古木苍藤日月昏。戎马不如归马逸，千家今有百家存。哀哀寡妇诛求尽，恸哭秋原何处村！

尽管夔州的生活没有太大的困难，但是诗人这些深深的忧愁、痛苦却怎么也抹不去。他情绪压抑，心境悲凉。四百年之后，诗人陆游来到此地，凭吊杜甫遗迹，不胜感慨地说：

> 少陵，天下士也……然去国寝久，诸公故人，熟睨其穷，无肯出力。比至夔，客于柏中丞、严明府之间，如九尺丈夫俯首小屋下，思一吐气而不可得。予读其诗，至"小臣议论绝，老病客殊方"之句，未尝不流涕也。嗟夫，辞之悲乃至是乎！荆卿之歌，阮嗣宗之哭，不加于此矣。

——《东屯高斋记》，《渭南文集》卷十七

的确，杜甫在夔州过着寄人篱下、仰人鼻息的生活，而依附的对象又是柏茂琳之流的小军阀，这对于年过半百、自许甚高的诗人来说，那是极其委曲、辛酸的经历。然而诗人如此烦闷、抑郁，并非仅仅是依附他人、风土恶劣、思念故乡等造成的，诗人心头还有更大的忧虑与隐痛。

"江边老翁错料事，眼暗不见风尘清。"（《释闷》）唐帝国的形势非但没有如诗人所希望的那样有所好转，反而继续恶化。宦官权势日炽，仅能执笔辨章句的鱼朝恩竟然到国子监升座讲经。宰相元载专权，奏请百官论事须先白宰相。第五琦行什一税法，民苦其重，多流亡。代宗生日，诸道节度使广献奇珍，中书舍人常衮上言谏之，不听。代宗迷信佛教，常于禁中饭僧百余人，贼寇来了就让他们诵经祈祷，贼寇逃走却对他们大加赏赐。胡僧官位显赫，势移权贵，官吏于是皆废人事而奉佛。永泰元年（765），吐蕃、回纥兵至奉天，京师震恐。河北诸镇割据形势依然如故，大历元年（766）有周智光作乱，扰乱关中。大历二年（767），吐蕃围灵州，京师戒严。蜀中亦因汉州刺史崔旰攻杀西川节度使郭英乂，军阀互相征讨，形势大乱。几年前唐军收复长安、洛阳后，一度出现的曾令杜甫兴奋不已的"中兴"局面就像海市蜃楼一样转瞬即逝了。

诗人曾经目睹鼎盛的帝国竟然在短短的十年里衰败到如此地步，这能不让杜甫感到扼腕悲痛吗？同时，诗人自己也日益感到生命的衰竭。过去的交游此时已经大半凋零。李白卒于宝应元年（762）十一月，第二年储光羲、房琯卒。房琯卒后，杜甫曾往吊之，作祭文。广德二年（764），挚友郑虔卒于台州贬所，苏源明也饿死于长安，消息传来，杜甫万分悲痛，写下了"飘零迷哭处，天地日榛芜"（《哭台州郑司户苏少监》）这样沉痛的诗句。杜甫在出蜀途中经过忠州时听说高适也去世了，作《闻高常侍亡》一诗，叹息道："独步诗名在，只令故旧伤！"永泰元年（765）秋天，严武的灵柩归葬故里。故旧凋零，使杜甫感到异常寂寞、孤独，同时也深感自己已到风烛残年了。

秋雨过后，夕阳返照，江岸上抹上余晖的断崖显得特别清晰，岭上飘云时而掩住山中村落，诗人情不自禁咏叹眼前之景，又不由自主地浮现起内心的伤悲：

> 楚王宫北正黄昏，白帝城西过雨痕。返照入江翻石壁，归云拥树失山村。衰年肺病惟高枕，绝塞愁时早闭门。不可久留豺虎乱，南方实有未招魂。
>
> ——《返照》

诗中反复诉说忧思不能除去，正见忧思之深；诗中横说竖说，总是在说，正见忧思萦怀，日夜不离。

大历二年（767）的春天，诗人从西阁搬到赤甲。新居背靠着赤甲山，正对着白盐山的断崖，春暖花开，竹林鸟鸣，景致颇佳。诗人在赤甲住了不多久，就搬到了瀼西。这里环境比较好一些，土地宽平，便于耕种，又有桃树橘树。自到夔州以来，夔州都督兼御史中丞柏茂琳待杜甫甚厚，所以诗人稍有积蓄，便在瀼西买得柑林果园四十亩，租了几间草屋住了下来。每搬一次家，诗人都不免会联想起自己的身世，颇有些伤感：

> 久嗟三峡客，再与暮春期。百舌欲无语，繁花能几时？
> 谷虚云气薄，波乱日华迟。战伐何由定，哀伤不在兹。
> ——《暮春题瀼西新赁草屋五首》其一

但不论怎样，新居草堂毕竟是诗人栖身之处，多少给诗人带来一些欣慰：

> 彩云阴复白，锦树晓来青。身世双蓬鬓，乾坤一草亭。
> 哀歌时自惜，醉舞为谁醒？细雨荷锄立，江猿吟翠屏。
> ——《暮春题瀼西新赁草屋五首》其三

虽有些哀伤，但却自有一种倔强。江峡断云，花树晓青，落落乾坤一草亭，细雨朦胧，猿声断续，孤独诗人荷锄而立，这正是诗人处境的写照。

这年春天，诗人心境确实稍好了一些。杜甫夔州诗几乎首首有"愁"，难得有纯然一片清丽而充满喜悦的诗作，《晴二首》其一是少有的例子：

> 久雨巫山暗，新晴锦绣文。碧知湖外草，红见海东云。
> 竟日莺相和，摩霄鹤数群。野花干更落，风处急纷纷。

《即事》也写得清新美丽：

266

暮春三月巫峡长，皛皛行云浮日光。雷声忽送千峰雨，花气浑如百和香。黄莺过水翻回去，燕子衔泥湿不妨。飞阁卷帘图画里，虚无只少对潇湘。

杜甫在夔州有一个表弟崔评事，他邀请诗人一同于江阁饮酒，说好了派马过来接诗人，可是等了好久，也没有见到人影。望着门外连绵细雨，诗人忍不住在诗中与崔评事调侃起来：

　　江阁邀宾许马迎，午时起坐自天明。浮云不负青春色，细雨何孤白帝城。身过花间沾湿好，醉于马上往来轻。虚疑皓首冲泥怯，实少银鞍傍险行。
　　——《崔评事弟许相迎不到应虑老夫见泥雨怯出必愆佳期走笔戏简》

诗人戏谑地说，老弟要请我喝酒，说好了派马来迎，我太高兴了，深更半夜就起来坐等了，可是等到天亮也没见人影。春风细雨，浮云怎么辜负春色不下雨呢？而一片细雨扫过大江，又怎么会单单漏掉白帝城呢？下雨没有什么不好，走在春花当中沾上雨水岂不很好？醉酒骑马会觉得轻松自在。你怕我白头老人摔倒在地上，实际上，为了饮酒，骑马走在险峻的山路上我也不会害怕。此诗虽非杜甫名篇，却非常生动地反映了诗人当时的情趣。
　　不几天，诗人又与群公在城中相聚，酒逢知己，不由得开怀畅饮，大醉而归。诗人骑在马上，意犹未尽，走着走着，不禁想起少年骑马驰骋的光景……仿佛回到了青年时代。诗人忘掉了自己的衰老疾病，忘掉了自己的忧虑烦恼，出了白帝城门，不由自主地拍马便跑，直冲瞿塘："白帝城门水云外，低身直下八千尺。"诗人在马上看时，只觉得城墙粉堞一闪而过，江村屋舍拼命冲入眼帘。这么一位白发老人还能这样纵马狂奔，村落里人看得惊奇。众人眼中，只见缰绳的一道紫色从粉堞旁划过，犹如闪电一样，马蹄追风。众人看着入迷，不料，马蹄一滑，一个踉跄，白发骑手从马背猛地摔了下来，观者一声惊呼，全都围了过来。好在伤得不重，诸人扶起他时，他竟然忍不住笑起来。与他一道喝酒的人得知消息，特意带着酒肉前来看他，诗人又打趣道："朋知来问腆我颜，杖藜强起依僮仆。语尽还成开口笑，提携别扫清溪曲。酒肉如山又一时，初筵哀丝动豪竹。共指西日不相贷，喧呼且覆杯中渌。何必走马来为问？君不见嵇康养生被杀戮！"（《醉为马坠群公携酒相看》）

还有一件事情更让诗人感到欣喜。他收到弟弟杜观的来信，说人已经到了江陵，不久就可以到夔州来。诗人很兴奋。赋诗即事，情见乎词。可是，高兴的诗人还是坐不下来，又写了两首诗，抒发内心的喜悦与激动："巫峡千山暗，终南万里春。病中吾见弟，书到汝为人。意答儿童问，来经战伐新。泊船悲喜后，款款话归秦。"（《喜观即到复题短篇二首》其一）杜观夏天到了夔州，兄弟久别重逢，格外亲近。杜观住了一阵后，八月即回蓝田去接妻子到江陵来住，此时，杜甫与弟兄商议也到江陵居住。

瀼西在郊外，景致幽静，诗人在这里颇感自在。有时他竟想索性隐居于此："我今远游子，飘转混泥沙。万物附本性，约身不愿奢。茅栋盖一床，清池有余花。浊醪与脱粟，在眼无咨嗟。山荒人民少，地僻日夕佳。贫穷固其常，富贵任生涯。老于干戈际，宅幸蓬荜遮。石乱上云气，杉清延月华。赏妍又分外，理惬夫何夸？足了垂白年，敢居高士差。书此豁平昔，回首犹暮霞。"

(《柴门》)可见颇满足于蓬荜间的起居逸致。

7. 诗即生命

诗人为诗而活着。

他孜孜不倦、笔不停辍地写作了一生。青年时代，他十分勤于诗歌创作。中年以后，他要在政治上取得成就的希望越来越渺茫，而且他也颇感自己直率、坦诚、有时还近乎固执的性格与官场的环境格格不入，所以，他更是把作为自己的使命、儒家所谓的"立言"当作他的终极追求。他越发刻苦地进行创作，全身心地投入对诗艺的探索。在某种意义上讲，杜甫成为诗歌史上的集大成者，与他那种远远超过他人的投入、专注、视诗歌为自己生命的精神是分不开的。

他几乎任何时候都在进行创作，境遇好的时候，他写诗；处境艰难的时候，他也是诗兴泉涌、佳作不断。在成都时，他的生活相对稳定，他没有忘掉吟诗，草堂周围的一草一木常常带着露水、带着泥土的芬芳跃入他的诗中。在长安十年中，与朋友短暂而愉快的出游，例如与郑虔游何将军山林，与岑参兄弟游渼陂，他总是留下动人的诗章。悲辛的生活使他更加珍爱这些转瞬即逝的美好时光，也使他更悉心地捕捉每一个幽美而愉悦的景象。当眼前之景勾起他满腹的心事时，他便作诗以抒幽愤、悲痛。难能可贵的是，杜甫在极为艰苦的条件下仍然继续他的创作。安史之乱爆发，他携家避难，路经三川县时，还作有形象飞动、气势磅礴的《三川观水涨二十韵》。他自洛阳回华州，当时兵荒马乱，行色匆匆，他竟然写出了"三吏""三别"这样的千古绝唱。在同谷县时，诗人"岁拾橡栗随狙公，天寒日暮山谷里"，饥寒交迫、心力疲惫，他仍然以非同寻常的毅力创作出《乾元中寓居同谷县作歌七首》这样一组奇崛顿挫、富有独创性的诗歌。

杜甫垂垂老矣！漂泊异乡，忍受着病魔的折磨，怀抱着濒于绝望的心情，孤独寂寞地蛰居在偏僻的夔州山城里，独对大江、送迎日月，他已经无事可做，除了写诗。除了写诗，他也无法再做其他事情。

他已经老了，疾病缠身，中原干戈未靖，巴蜀动乱又起，诗人无法回到故乡，无法回到朝廷，也无法在巴蜀荆楚的某个地方长住，他只能漂泊、休息、再漂泊，在一个不太喜欢的地方稍事休整，再漂泊到另一个不太喜欢的地方。或许只有梦中的故乡才是他最想留居的地方。早年的政治理想如今成了只能在诗中谈论的事情，君主昏聩、奸臣当道、政治黑暗、诸镇分裂，对于时局，他有许多的想法，有许多议论。但是他能有什么作为呢？有谁会来听他这些中肯而精辟的话呢？年轻时代，他怀才不遇，到了晚年，更是英雄无用武之地。衰老与疾病、压抑与苦闷、孤独与忧伤，所有这些，诗人只能用诗来排遣："愁极本凭诗遣兴，诗成吟咏转凄凉。"（《至后》）诗歌成为诗人在极度哀伤失意中唯一的排遣。

在诗人所有的理想都破灭的地方，在诗人所有的努力都失败的地方，在诗人一无所有的地方，他还剩有诗歌。诗歌成为诗人最后的存在方式，成为诗人实现自我的唯一途径，成为诗人的生命。

尽管他对人说："文章一小技，于道未为尊。"（《贻华阳柳少府》）但这是谦辞。实际上他把诗歌看得很重，"诗是吾家事"（《宗武生日》）；他把所有价值实现都集中在了诗歌创作上，"吾人诗家流，博采世上名"（《同元使君春陵行》）；他的千古名声

只有可能通过不朽的诗歌来实现，"诗卷长留天地间"，"词人取佳句，刻画竟谁传？"（《白盐山》）

到了晚年，杜甫把所有的希望寄托在诗歌上。

正因此，当他头白齿落、耳聋眼花之时，他的那颗诗心却丝毫没有老，他的感受还是那么细腻，情思还是那么飞涌，想象还是那么丰富，创作欲望还是那么强烈，他的如椽诗笔还是那么强健。正因此，尽管他老病淹留于僻远的山城，与外界交往很少，故旧音讯杳然，没有多少人知道他在此时此地的情况，可是，所有这一切都没能限制他那深广博大的情怀，没能束缚他那纵横驰骋的想象的翅膀。他在诗中，丝毫也没有一点点衰退的迹象。

诗心不老，诗兴正浓。

赏心乐事可以触发诗兴："郑县亭子涧之滨，户牖凭高发兴新……更欲题诗满青竹，晚来幽独恐伤神"（《题郑县亭子》）；"东阁官梅动诗兴，还如何逊在扬州"（《和裴迪登蜀州东亭送客逢早梅相忆见寄》）。

悲苦失意也能触发诗兴，他在"金谷铜驼非故乡""楶蕣一别永相望"的处境中说："愁极本凭诗遣兴，诗成吟咏转凄凉。"（《至后》）他在愁极时说："宽心应是酒，遣兴莫过诗。"（《可惜》）诗人不为世用，只能放情于诗酒，而杜甫《醉时歌》中"但觉高歌有鬼神，焉知饿死填沟壑"二句正是对这类"诗兴"的绝妙说明。

杜甫的"诗兴"或"兴"，主要还不在兴致、兴趣，而是指一种激发诗情的精神状态，也即是现代所说的灵感。杜甫在安史之乱后目睹了一幕幕使人心碎的人间惨剧，写出了"三吏""三别"等杰作，他晚年回忆说："曾为掾吏趋三辅，忆在潼关诗兴多。"（《峡中览物》）明确指出他所目睹的民间疾苦是其"诗兴"

的源泉。这种若有神遣的"诗兴"，正是"来不可遏，去不可止"的创作灵感。

杜甫"诗兴"的范围无比广阔。杜诗题材丰富、内容广泛，但是诗人绝不是有见即书，一部杜诗中绝少有为文造情、无病呻吟之作，其奥妙正在于他是有"兴"才作诗，有了灵感才进行创作。不同于一般诗人，杜甫的感觉特别细腻，感情极为丰富，艺术感受非常灵敏，所以灵感也常常如泉涌一般。有时，他也会没有灵感，他就搁笔罢吟，所谓"稼穑分诗兴"（《偶题》），就是指的这种情形。有时杜甫本无意于作诗，但受到外物的感动、触发，灵感倏忽而生，"药裹关心诗总废，花枝照眼句还成"（《酬郭十五判官》），结果还是写成了诗。

正是这样的诗兴，正是这样不倦努力的精神，所以越到晚年，他的创作越显出勃勃生机。在夔州的两年之间，他共创作了四百三十多首诗歌，约占其传世诗篇的百分之三十，表现出前所未有的创作热情。夔州的创作不仅数量大，而且内容丰富，举凡以前在他笔下出现过的内容，从朝政国事、民生疾苦到生活经历、亲友之情，应有尽有。此时出现的大量回忆作品，不仅体现着诗人浓厚的怀旧情愫，而且也代表了诗人晚年创作所达到的新的高度。在很大程度上可以说，夔州诗歌代表了诗人成熟的境界。

入蜀之后，杜诗老成的境界日趋成熟，尤其是到了夔州以后，他的创作确实达到了炉火纯青的境地。杜甫在《戏为六绝句》中曾说："庾信文章老更成，凌云健笔意纵横。"这虽是评价庾信诗赋，却也是他自己创作境界的准确概括。所谓"老成"，不再是一种艺术风格，而是一种艺术创作境界，即能够随心所欲地表现各种内容，传递复杂情思，而不受形式、技巧，乃至于题材走向等传统的束缚，变化神妙，纵意所如。

纵意所如不是随便粗率，而是浑成的创作境界。这种境界更加需要艺术上刻苦锤炼，精益求精。杜甫喜欢律诗，诗集中现存九百一十六首，远远超过古诗四百零四首。而且，越到后期，律诗的比重就越大。在夔州以后的五年内，律诗竟有四百首，几乎是同期古体一百三十六首的三倍。可见越到晚年，杜甫越喜爱律诗。律诗创作要求严格，特别是声律、对仗方面的限制，所以杜甫对律诗创作倾注了大量的心血。

大历二年（767）秋天，也就是他来到夔州后的第二个秋天，诗人登高望远，吟唱出苍老稳健的《登高》：

> 风急天高猿啸哀，渚清沙白鸟飞回。无边落木萧萧下，不尽长江滚滚来。万里悲秋常作客，百年多病独登台。艰难苦恨繁霜鬓，潦倒新停浊酒杯。

前人评此诗为"古今七言律诗第一"，诚非虚誉。从形式上看，此诗特别严整精致。全诗四联都用对仗，即以首联而言，不但两句对仗工稳，而且首句中"风急"对"天高"，次句中"渚清"对"沙白"，句中自对也极精当。诗中没有使用虚字来斡旋语气，而且前二联写景，后二联抒情，章法井然有序。尽管格律精严，然而诗的意脉并未被截断、阻隔，反而更见流动、顿挫之妙：前四句写登高所见，目光从高到低，又由近及远，写景极有层次，而且首句主要写听觉，次句则写视觉，三、四句既写所见之景，又含所闻之声，错综复杂地写出了一幅有声有色的寥廓秋景。后四句转入抒情，由于"不尽长江滚滚来"一句所写视野极为辽远，所以下接"万里"二字，过渡无痕。层次之间脉络通畅，上句以"客"字收尾，下句即转入自身多病之意，句与句之间承接自然。激荡起伏的感情、百折千回的思绪、流动贯穿的意脉竟被整合到如此严整工细的形式之中，实在令人惊叹！

8. 出峡

大历二年（767）秋天到了，无论是秋雨寒江、白露菊黄，还是风扉不定、疏帘萤火，还是送别李秘书、王判官等，都会引起诗人的思乡之情。秋风一起，诗人吟咏道：

> 秋风淅淅吹我衣，东流之外西日微。天清小城捣练急，石古细路行人稀。不知明月为谁好？早晚孤舟他夜归。会将白发倚庭树，故园池台今是非？
>
> ——《秋风二首》其二

看见萤火，他也想起故乡：

> 巫山秋夜萤火飞，疏帘巧入坐人衣。勿惊屋里琴书冷，复乱檐前星宿稀。却绕井栏添个个，偶经花蕊弄辉辉。沧江白发愁看汝，来岁如今归未归？
>
> ——《见萤火》

诗人不禁问起井栏边、花丛中的萤火：明年此时，我是否已经回到了故乡？

他有时想，索性就在瀼西隐居，终老于斯，但他没法消除回家的念头。八月送杜观回蓝田接妻子的时候，他就与弟兄商量好了，杜观回蓝田后，秋末就能再赶回来，至迟初冬十月，两家可以一同往江陵定居。他在送别杜观的诗中说：

> 汝去迎妻子，高秋念却回。即今萤已乱，好与雁同来。
> 东望西江水，南游北户开。卜居期静处，会有故人杯。
> ——《舍弟观归蓝田迎新妇送示二首》其一

他加紧做出峡的准备。东屯在白帝城东北十来里的地方，这里有百顷公田。杜甫接受柏茂琳的委托，代管东屯的这片公田。他督促稻田灌溉、除草，管理公田很负责。这片公田管理好了，还有瀼西四十亩果园的收成，不仅一家的生计可以解决，而且出峡的旅资也能有所指望。

为了照看方便，诗人搬到了东屯来住，瀼西草堂让给了自己的亲戚住着，因为这边有果园，所以诗人还不时回来照看。

到了重阳节，诗人思归心情更切。他低吟道：

> 重阳独酌杯中酒，抱病起登江上台。竹叶于人既无分，
> 菊花从此不须开。殊方日落玄猿哭，旧国霜前白雁来。弟妹
> 萧条各何在，干戈衰谢两相催。
> ——《九日五首》其一

杜甫一天一天数着日子，等着杜观回来，原计划十月可以回来，可已经到了九月的最后一天，还没有杜观的消息。这一天，诗人以日期为题作诗《大历二年九月三十日》，诗曰：

> 为客无时了，悲秋向夕终。瘴余夔子国，霜薄楚王宫。

草敌虚岚翠，花禁冷蕊红。年年小摇落，不与故园同。

客居他乡不知道什么时候才是了结，每天都是这样看着秋色，等着黄昏降临，打发日子，南国"小摇落"终与故乡的秋天大不相同。没有了家，还向哪里去问弟兄的消息呢？只好听天由命了。

黄昏落日，余晖斜映，陡峭的巫峡山崖抹着最后的霞色，反倒变得更加清晰起来。霞色渲染上东边的暮云，似有似无，变幻不定；霞色落尽，蜿蜒的峡江在夜幕中变得黯然，仿佛止住了声息，村落里只传来牧童招呼牛羊的声音：

反照开巫峡，寒空半有无。已低鱼复暗，不尽白盐孤。
获岸如秋水，松门似画图。牛羊识童仆，既夕应传呼。

——《反照》

总算得到了弟弟杜观的消息，他已经带着妻子回到了江陵。诗人心里很高兴，终于可以出峡了！诗人顿时感到振奋，望着江峡紧逼着的山崖和湍急的江水，看着峡中透露出一方蓝天和远处的重峦叠嶂，诗人顿时觉得峡江从没有过这样狭小：

闻说江陵府，云沙静眇然。白鱼如切玉，朱橘不论钱。
水有远湖树，人今何处船？青山各在眼，却望峡中天。

——《峡隘》

诗人真恨不得立即扬帆而去。不多时，杜观又来信说，已经在江陵西北边的当阳（今湖北当阳）找到了住处，请他带着家人一同前来（《续得观书，迎就当阳居止，正月中旬，定出三峡》）。杜甫决定正月中旬定出三峡。他等着第二年春天的到来。

大历三年（768）正月里，诗人将瀼西果园送给了南卿兄，告别夔州，告别白帝城，放船出峡了。杜甫写诗记下了这一值得纪念的启程——《大历三年春，白帝城放船出瞿塘峡，久居夔府，将适江陵，漂泊有诗，凡四十韵》：

老向巴人里，今辞楚塞隅。入舟翻不乐，解缆独长吁。窄转深啼狖，虚随乱浴凫。石苔凌几杖，空翠扑肌肤。叠壁排霜剑，奔泉溅水珠。杳冥藤上下，浓淡树荣枯……

尾　声

行舟一路顺水，诗人一家很快就在一个春雨淅沥的早晨到了江陵。

只要启程，仿佛就是北归。

若是滞留，北归就只能是诗中的想象、梦中的情形。但行船解缆，就真的可以回到京城，回到故乡吗？杜甫也迷惘："归路非关北，行舟却向西。暮年漂泊恨，今夕乱离啼。"（《水宿遣兴奉呈群公》）

杜甫的族弟杜位在江陵卫伯玉节度使府任行军司马，两人早先一直有书信和诗作来往，船一靠岸，杜甫就冒雨奔到杜位家里。

实际上，临行前，江陵之行就已经变得不再令人乐观了。杜观从江陵来到夔州看望哥哥，并回蓝田接妻子，看起来他在江陵的生活大体上已有着落。正因为杜氏兄弟在江陵有一些关系，可以得到较好的帮助，情形颇为乐观，所以在夔州犹豫了多次之后，杜甫下决心同来江陵。至少，没有出发前，杜甫想象江陵要比夔州好。

但是，杜观此时并没有定居江陵，而是在当阳。似乎在杜观离开的这段时间里，江陵情况发生了一些变化，原有的安排好像落了空，杜甫原先的设想也难以兑现。但一切准备就绪，诗人已经无法留居夔州，而且心理上他也无法再在夔府孤城住下去。杜甫似乎没有往当阳与兄弟见面。由于情况变化，诗人在江陵的生活大大出乎意料。

经过巫山县，又路经峡州（今湖北宜昌），终于在三月，抵达江陵。江陵还有一些故旧，所以尚有人设宴为诗人洗尘接风。诗人又想多多联络当地亲朋好友、官绅士人，以求得帮助，所以忙于交往应酬。上巳日应邀参加徐司录的林园宴集；在胡侍御的书堂与尚书李之芳、秘监郑审等一同宴集，并赋诗唱和，饮酒至夜，诗人意犹未尽，又邀李之芳下马步月，并作七绝；送李长史往苏州赴任；送江陵马大卿公赴京城，又与诸公一道参加江陵宋少府的宴集；暮春时节还陪着李尚书、李中丞过郑审湖亭泛舟，并赋诗。

诗人将家人留在当阳，可是不久孩子们就频频来信说，连糠菜粥也吃不上了。杜甫无奈，只得到附近各地去化缘。这年夏季，雨多水涨、潮湿闷热，诗人乘着船前往武陵（今湖南常德）。炎热、疲劳、辛酸、艰难，实在难以忍受。武陵在洞庭湖西面，地处水乡泽国，水道复杂，诗人所乘之船不巧搁浅，没有办法，只好下了船在长堤上过了一夜。世态炎凉，诗人又算重新经历一遍。所到之处，情况好的尚能得到一些救济，可是就像车辙中的雨水，哪里能救活其中的小鱼呢？不多时这些救济就光了；情况不好时诗人拄着杖就连大门也进不了，若乘着轿子，应门人还能看得上眼，可是哪还有轿子钱呢？在夔州尽管有种种不如意的事情，可是饭总能吃上，还有不爱吃的黄鱼，还有瀼西所置的四十亩果园，还能租借几间草屋打发余生。可是如今，却到了这步田地。一家的生计没有着落，生活窘困。

诗人心情沉重地从武陵返回江陵。《江边星月二首》其二曰：

江月辞风缆，江星别雾船。鸡鸣还曙色，鹭浴自晴川。
历历竟谁种，悠悠何处圆？客愁殊未已，他夕始相鲜。

诗人客愁难遣，仰望星空，不禁发问：一川繁星竟是谁在天上植种？一轮明月又在什么地方变圆？

江陵变得冷清，杜甫的应酬少多了。

诗人独坐黄昏，目送归鸟，只觉得在霜黄碧梧的秋色中一片愁绪久久萦怀。他在《暮归》中念叨：

霜黄碧梧白鹤栖，城上击柝复乌啼。客子入门月皎皎，谁家捣练风凄凄？南渡桂水阙舟楫，北归秦川多鼓鞞。年过半百不称意，明日看云还杖藜。

南行缺钱买舟，北上世乱未平，末句中诗人已有离开江陵的意思。诗为拗体，律中带古，洒落清丽，倾敧错落，而有疏斜之致。诗人想念家园、想念故国，他甚至认真考虑过漂泊江湖、云游四方，最后回到北方的计划。他在一些诗中透露出自己的设想：自峡至荆，沿长江之吴越，重游江东，兼访五弟杜丰，然后经梁宋返洛入京。

但这只能是一个梦想。

诗人没有办法在江陵定居下来，故人郑审此时任江陵少尹，杜甫写诗作别，并叙述自己的窘困与苦衷。到哪里去？诗人茫茫然。只是沿着长江漂流而下，行近百里，到了公安县（今属湖北）。时已深秋，天风肃杀，诗人低唱：

南国昼多雾，北风天正寒。路危行木杪，身远宿云端。

山鬼吹灯灭，厨人语夜阑。鸡鸣问前馆，世乱敢求安！

——《移居公安山馆》

公安的亲朋故旧也只能略备水酒为诗人接风而已。杜甫的生活同样没有依靠，境遇更加不佳。诗人叹息道："羁旅知交态，淹留见俗情。衰颜聊自哂，小吏最相轻。"（《久客》）

滞留些时日，已到冬天，诗人不得不离开：

北城击柝复欲罢，东方明星亦不迟。邻鸡野哭如昨日，物色生态能几时？舟楫眇然自此去，江湖远适无前期。出门转盼已陈迹，药饵扶吾随所之。

——《晓发公安》

流光易逝，前程未定，诗人晨起闻见村落中鸡鸣野哭与平日一样，可是物事人生又能持续多久？诗人漂泊千里，所过之处转眼之间已为陈迹，然而诗人还将继续漂泊。

诗人携全家沿江继续东下，于岁暮到达岳阳（今属湖南），泊舟于城下。一家老小暂居于船上，又遇上北风刮个不停。诗人本要东下北上，可是这时却是南下。系舟岳阳城下，诗人于此曲折艰危的处境中忽然又出壮语，希望命运能够发生转机："留滞才难尽，艰危气益增。图南未可料，变化有鲲鹏。"（《泊岳阳城下》）就在这漂泊艰难之时，杜甫登上了著名的岳阳楼，并写下了著名的《登岳阳楼》。岳阳楼建在岳阳西门城楼上，立于洞庭湖畔。岳阳楼与黄鹤楼、滕王阁并为江南三大楼阁，历来有"洞庭天下水，岳阳天下楼"之称。孟浩然曾有《望洞庭湖赠张丞相》诗，其中"气蒸云梦泽，波撼岳阳城"，成为人们传诵的名句，而杜甫的这首《登岳阳楼》则后来居上：

> 昔闻洞庭水，今上岳阳楼。吴楚东南坼，乾坤日夜浮。
> 亲朋无一字，老病有孤舟。戎马关山北，凭轩涕泗流。

诗中流露的感情极为沉痛，孤独衰老、漂泊无定、亲友音讯杳然、国家干戈未靖，这一切都沉重地压在诗人的心头上，无怪他凭栏远眺，不禁老泪纵横！可是，如此年迈体衰，如此境遇艰难，如此孤独愁苦，诗人却还能有如此雄强的笔力，又实在令人惊叹！诗人创作活力可谓至老不衰。杜甫为诗而活着，一走进诗中，他的生命力就大放异彩。

大历四年（769）正月，杜甫过洞庭湖，沿湘江南下，三月抵达潭州（今湖南长沙），又至衡州（今湖南衡阳）。杜甫本想去投奔任衡州刺史的友人韦之晋，可是当他到达那里时，韦之晋已经调任潭州刺史。杜甫一家在衡州举目无亲，只好折回潭州，可是更没有想到韦之晋已在潭州病卒。从夏至冬，杜甫一家只好一直住在停泊在潭州的一叶扁舟之中。其《江汉》一诗写出了漂泊中的愁苦之状及思归之情，诗曰：

> 江汉思归客，乾坤一腐儒。片云天共远，永夜月同孤。
> 落日心犹壮，秋风病欲苏。古来存老马，不必取长途。

末两句谓古人存老马，并非因为它能奔走长途。诗人自觉虽然年老，不能驰骋，却当有他用。诗人境遇虽然如此，但内心中隐然还有一股豪气与倔强。

杜甫漂泊江湘一带时，境遇很差，病魔缠身，这使他更想念北方，梦归故园。他自离开长安之后，对京城的眷恋可谓至死不渝：

> 佳辰强饮食犹寒，隐几萧条戴鹖冠。春水船如天上坐，老年花似雾中看。娟娟戏蝶过闲幔，片片轻鸥下急湍。云白山青万余里，愁看直北是长安。
>
> ——《小寒食舟中作》

杜甫在潭州结识了韦迢、苏涣等人。韦迢新任韶州（治在今广东韶关西南）刺史，赴任途中经过潭州；苏涣应湖南观察使崔瓘之召而来潭州。苏涣此人极富有传奇色彩，少年时喜剽盗，擅长于白色弩弓，巴蜀一带的商人都怕他，称他为"白跖"。但后来他折节读书，不几年竟然进士及第，累迁侍御史。他是诗人，曾作《变律》十九首，长于讽刺，人以为有陈子昂的一鳞半爪。韦迢、苏涣都会写诗，对老诗人也相当敬重，彼此都有诗歌往来，但他们没办法给予诗人的生活以很大的帮助，诗人一家常常忍饥挨饿。

大历五年（770）四月，湖南兵马使臧玠据潭州作乱，五十九岁的诗人又一次携家眷逃难："五十白头翁，南北逃世难。疏布缠枯骨，奔走苦不暖。已衰病方入，四海一涂炭。乾坤万里内，莫见容身畔。妻孥复随我，回首共悲叹。故国莽丘墟，邻里各分散。归路从此迷，涕尽湘江岸。"（《逃难》）诗人复至衡州，写下了"丧乱死多门，呜呼泪如霰"（《白马》）的沉痛诗句。

其时杜甫的舅氏崔玮任郴州（今属湖南）刺史，诗人欲往投之。于是沿耒水而上，至耒阳（今属湖南），正值江水大涨，只得泊舟于方田驿，四周汪洋一片，诗人一家竟有五日不得食。幸亏耒阳县令聂某闻讯，即驰书慰问，并送来了牛炙白酒，一家人方免于饿死。因水阻不能南行，于是回棹北归。

冬天到了。诗人病倒了，病倒在行往岳阳的舟中。诗人把生命的最后一息献给了诗歌，他作绝笔诗《风疾舟中伏枕书怀三十六韵奉呈湖南亲友》。湖上的景象，脑海中的记忆，一生曲折坎坷的经历，心中无数感慨与叹息，无论是青岸枫林、白屋水乡，还是祭鬼歌舞、伤心丝竹，统统都浮现在他的眼前，奔走在他的笔下。"书信中原阔，干戈北斗深。畏人千里井，问俗九州箴。战血流依旧，军声动至今。"诗人对自己漂泊他乡的命运以及疮痍满目的乾坤表示了最后的哀痛。

一颗巨星就在这无限的孤独、寂寞中陨落了。

诗人的灵柩旅殡于岳阳，四十多年后才由他的孙子杜嗣业归葬于偃师首阳山之下。"千秋万岁名，寂寞身后事！"（《梦李白二首》其二）这本是杜甫对李白命运的不平之鸣，但此时竟成了他自身命运的确切写照。然而，诗人不死，他的精神永存，他的影响久远。

杜甫的诗歌在中唐时就影响了元白与韩孟两大诗派，刘禹锡、李贺、贾岛、姚合等人都倾心于杜诗，晚唐李商隐更是学杜最有成就的诗人，其他如杜牧、许浑、罗隐、陆龟蒙等都受到杜甫不同程度的影响。

宋人重新发现了杜甫的价值、杜甫的意义，杜诗也因此在宋代产生了更为广泛深入的影响。王安石、苏轼、黄庭坚、陈师道等人都竭力推崇杜甫，并且指出了在诗歌创作上学杜的必要性。北宋中叶开始，学杜尊杜的倾向已经不是少数诗坛巨子的个人选择了，而是整个诗坛的共识，同时讨论杜诗也蔚然成风。南宋靖康事变发生后，山河破碎、社会动荡，许多诗人更容易在杜诗中找到忧国忧民的感情共鸣。吕本中、陈与义接受了杜甫沉郁诗风的影响；陆游的忧国情怀与报国无路的忠愤堪称杜甫的异代知己，其创作也以沉郁顿挫为主导诗风。南宋灭亡前后，文天祥、汪元量、林景熙等都有与杜诗风格、情怀极为一致的诗歌作品。

经过宋人的重新认识与评价，杜甫的人格典范也被确立起来。不仅是"一饭未尝忘君"的思想，更主要的是忧国忧民的精神、以天下为己任的胸怀深深地影响了一代代仁人志士。特别是在民族危亡之际，杜甫的精神更加富有感召力。

历代对于杜甫的研究极多，在中国文学史上，没有哪位文学家的作品能拥有像杜诗那么多的注本。自从南宋出现《黄氏补千家集注杜工部诗史》等注本后，"千家注杜"的说法就广为流传。虽说黄氏注本中实收注家仅一百五十一人，但自宋迄今，杜诗的注家、选家及研究专著作者确已超过了千人，成为文学史上罕见的壮观。

杜甫早年壮游、晚年漂泊，行踪所到之处遍布大半中国，各地也都保留了他的遗迹。在诗人曾结庐居住的地方，后人修建了许多祠宇以纪念诗人，其中最著名的就是成都的杜甫草堂。杜甫离蜀后，草堂一度荒芜，五代前蜀诗人韦庄觅得旧址重结茅屋，草堂胜迹得以保存下来。宋、元、明、清各代，草堂经过多次重建修葺，保存至今。新中国成立后辟为杜甫纪念馆，1985年，更名为杜甫草堂博物馆。此外，陕西延安、甘肃天水与成县、四川三台等地也建有杜甫草堂或祠堂等纪念性建筑物，有的地方（如天水）还不止一处，而且屡毁屡建，祭祀不绝。杜甫的诞生地河南巩县南瑶湾村，建有杜甫故里纪念馆。湖南耒阳、平江，河南巩县、偃师等地都保存有杜甫墓。

历代书法家多喜爱书写杜诗，画家也多有杜甫诗意图传世，各地收藏颇富，且多出自名家之手。杜甫的影响还进入了通俗文学的领域，从金院本《杜甫游春》开始，杜甫成为戏剧人物，元杂剧、明清传奇等敷演杜甫故事的剧作，共有八种之多，反映了广大群众对杜甫的热爱。

随着中华文化向海外传播，杜甫的影响早已超出了国界。从十三世纪开始，杜诗就在日本、朝鲜、越南等国广泛流传，受到各国人民的喜爱。从十九世纪起，杜诗又被译成各种欧洲文字介绍给西方人民，并受到了西方汉学家越来越多的关注。1961 年在斯德哥尔摩举行的世界和平理事会主席团会议上，决定将杜甫列为次年纪念的世界文化名人。1962 年，在杜甫诞生 1250 周年之际，世界各地举行了广泛的纪念活动。杜甫不仅是中华文化的杰出代表，而且也是一位赢得国际声誉的伟大诗人。

杜甫不仅在国内，而且在国外产生了极为广泛的影响；不仅在诗歌、文学领域，而且在中华民族文化形态的各个领域中也都产生了极为深远的影响。尤其重要的是，对中华民族的性格塑造也具有潜移默化的作用。杜甫坚定踏实的人生态度、推己及人的仁爱精神、以天下为己任的责任感以及忧国忧民的忧患意识，这些素质正是中华民族性格中最有光辉的部分。虽说这种民族性格的陶铸不能归因于个人，但其中杜甫的影响无疑是不可或缺的。而且，在传统文化领域中，中国文学，特别是诗歌又是传播最为广泛、感召力最为巨大的一种。因此杜甫在中国传统文化史上占有极为显著的地位，在中国文化的建构上具有十分突出的文化意义。诚如闻一多先生所云，杜甫是"四千年文化中最庄严、最瑰丽、最永久的一道光彩"！

还是让我们重温一下昔人的感叹吧——

子美诗以意为主，以独造为宗，以奇拔沉雄为贵……使人慨慷激烈、歔欷欲绝者，子美也！

——清·田同之《西圃诗说》

也让我们细细品味一下杜甫非常自负、也颇有先见的诗句吧——

文章千古事，得失寸心知。

丈夫垂名动万年，记忆细故非高贤。

附录一

杜甫简谱

一岁　唐睿宗太极元年/延和元年/唐玄宗先天元年（712）

　　正月一日，杜甫生于河南巩县瑶湾村。

四岁　唐玄宗开元三年（715）

　　寄养于洛阳姑母家，得重病几死。

六岁　开元五年（717）

　　寄居河南郾城，得观公孙大娘舞《剑器浑脱》。

七岁　开元六年（718）

　　始学作诗，曾咏凤凰。

九岁　开元八年（720）

　　能书大字。

十四岁　开元十三年（725）

　　在洛阳与崔尚、魏启心等交游。曾于歧王李范、秘书监崔涤宅听李龟年歌。

十九岁　开元十八年（730）

　　游晋至郇瑕，未几返洛阳。

二十岁　开元十九年（731）

　　始漫游吴越，历时四年。

二十一岁　开元二十年（732）

　　漫游吴越。

二十二岁　开元二十一年（733）

　　漫游吴越。

二十三岁　开元二十二年（734）

　　漫游吴越。

二十四岁　开元二十三年（735）

　　自吴越返洛阳，赴京兆贡举，不第。

二十五岁　开元二十四年（736）

　　始游齐越，至兖州省父。与苏源明结交。

二十六岁　开元二十五年（737）

　　游齐赵。

二十七岁　开元二十六年（738）

　　游齐赵。

二十八岁　开元二十七年（739）

　　游齐赵，秋于汶上会高适。

二十九岁　开元二十八年（740）

　　游齐赵。

三十岁　开元二十九年（741）

　　自齐赵归洛阳，筑陆浑山庄于偃师首阳山下，作文祭远祖杜
预。与司农少卿杨怡之女结婚。

三十一岁　天宝元年（742）

　　居洛阳。

三十二岁　天宝二年（743）

　　居洛阳。

三十三岁　天宝三年（744）

春遇李白于洛阳。秋与李白同往王屋山访华盖君，因华盖君已死，乃返梁园，遇高适，同游梁、宋。曾同登吹台，又登单父琴台。

三十四岁　天宝四年（745）

再游齐赵，会李邕于历下亭。秋与李白重逢于鲁郡，作《赠李白》诗。秋末与李白别，归洛阳。

三十五岁　天宝五年（746）

至长安，与王维、郑虔等游。《饮中八仙歌》当作于是年或以后数年间。

三十六岁　天宝六年（747）

在长安。正月，应诏就试，不第。作《春日忆李白》等诗。

三十七岁　天宝七年（748）

约于是年归偃师陆浑山庄，作《奉寄河南韦尹丈人》。

三十八岁　天宝八年（749）

在洛阳，作《冬日洛城北谒玄元皇帝庙》。

三十九岁　天宝九年（750）

春复至长安，生计渐困。秋以《雕赋》投延恩柜，不报。冬作《奉赠韦左丞丈二十二韵》。

四十岁　天宝十年（751）

在长安。献《三大礼赋》，玄宗奇之。命待制集贤院。作《兵车行》。

四十一岁　天宝十一年（752）

在长安。秋与高适、岑参等同登慈恩寺塔，作《同诸公登慈恩寺塔》。

四十二岁　天宝十二年（753）

在长安。作《丽人行》。

四十三岁　天宝十三年（754）

在长安。冬献《封西岳赋》。作《渼陂行》《秋雨叹》等诗。

四十四岁　天宝十四年（755）

在长安。秋往奉先省亲，十月返长安，被任河西尉，不就。旋改任右卫率府兵曹参军。十一月复往奉先省亲。作《自京赴奉先县咏怀五百字》。

四十五岁　天宝十五年/唐肃宗至德元年（756）

二月自奉先返长安，就右卫率府兵曹参军职。四月赴奉先，携家至白水依舅氏崔顼。六月携家避乱至鄜州羌村。八月闻肃宗即位于灵武，只身赴之，中途为叛军所获，送至长安。作《哀王孙》《悲陈陶》《悲青坂》《月夜》等诗。

四十六岁　至德二年（757）

春在长安，作《哀江头》《春望》。四月逃至凤翔，谒肃宗。五月授左拾遗。作《喜达行在所三首》《述怀》。旋因谏房琯事忤肃宗，诏三司推问，宰相张镐救免。闰八月，往鄜州省亲，作《羌村三首》《北征》。十一月，携家返长安。

四十七岁　至德三年/乾元元年（758）

春、夏在长安。任左拾遗，与王维、岑参、贾至等唱和。六月贬华州司功参军。冬由华州赴洛阳。

四十八岁　乾元二年（759）

春自洛阳返华州，作"三吏""三别"。七月，弃官，携家往秦州。作《秦州杂诗》《梦李白》等诗。十月，往同谷，沿途作纪行诗一组。至同谷后作《乾元中寓居同谷县作歌七首》。十二月往成都，途中复作纪行诗一组。岁末至成都。

四十九岁　乾元三年/上元元年（760）

春，建草堂于成都浣花溪畔。秋往新津会裴迪，又往彭州会高适，旋返成都。作《蜀相》《江村》等诗。

五十岁　上元二年（761）

在成都。作《春夜喜雨》《茅屋为秋风所破歌》等诗。冬，高适代成都尹，访杜甫。冬末严武为成都尹，时访杜甫。

五十一岁　唐代宗宝应元年（762）

春夏在成都。作《遭田父泥饮美严中丞》。七月，送严武入朝至绵州，会徐知道反，赴梓州。秋末迎家至梓州。曾访陈子昂故宅。

五十二岁　宝应二年/广德元年（763）

春在梓州，作《闻官军收河南河北》。八月往阆州吊房琯，十二月返梓州。作《冬狩行》。

五十三岁　广德二年（764）

春初携家往阆州。作《伤春五首》《忆昔二首》。拟出蜀。三月严武复镇蜀，来书相邀，乃携家返成都。六月，严武荐杜甫为节度参谋、检校工部员外郎。作《丹青引》《哭台州郑司户苏少监》等诗。

五十四岁　永泰元年（765）

正月，辞严武幕职。四月严武卒。五月，携家东下，经嘉州、戎州、渝州、忠州而至云安。作《三绝句》。

五十五岁　永泰二年/大历元年（766）

春居云安。夏初移居夔州。作《咏怀古迹五首》《诸将五首》《秋兴八首》《壮游》等诗。

五十六岁　大历二年（767）

在夔州，曾数度移居。作《登高》《公孙大娘弟子舞剑器行》等诗。

五十七岁　大历三年（768）

正月，出峡东下。三月至江陵。秋移居公安。冬末至岳州。作《登岳阳楼》《岁晏行》等诗。

五十八岁　大历四年（769）

正月离岳州，沿湘江南下。三月至潭州，又至衡州。夏复返潭州。识苏涣等人。

五十九岁　大历五年（770）

春，仍泊舟潭州。作《江南逢李龟年》。四月避臧玢乱，往衡州。又欲往郴州依舅氏崔玮，阻水耒阳，复返潭州。冬，自潭州赴岳州。作绝笔诗《风疾舟中伏枕书怀三十六韵奉呈湖南亲友》，卒于舟中。

附录二

杜甫著作（古今）重要版本

1. 《九家集注杜诗》三十六卷（原名《杜工部诗集注》），[宋] 郭知达撰，宝庆元年（1225）曾噩重刻本。

2. 《杜工部草堂诗笺》五十卷，[宋] 蔡梦弼编，开禧（1205—1207）刻本。

3. 《黄氏补千家集注杜工部诗史》三十六卷，[宋] 黄希、黄鹤父子撰，宋、元刻本。

4. 《集千家注批点杜工部诗集》二十卷，[宋] 刘辰翁评点、高崇兰编，元至元年（1308）校刻本。

5. 《杜臆》十卷，[清] 王嗣奭撰，上海古籍出版社1983年。

6. 《钱注杜诗》二十卷，[清] 钱谦益笺注，上海古籍出版社1979年。

7. 《杜工部诗集辑注》二十二卷，[清] 朱鹤龄撰，康熙年间叶永茹刻本。

8. 《杜诗详注》二十五卷，[清] 仇兆鳌撰，中华书局1979年。

9. 《读杜心解》六卷，[清] 浦起龙撰，中华书局1961年。

10. 《杜诗镜铨》二十卷，[清] 杨伦撰，上海古籍出版社1962年。

11. 《杜甫传》，冯至著，人民文学出版社1952年。

12.《杜甫评传》，陈贻焮著，上海古籍出版社1982年。

13.《杜甫评传》，莫砺锋著，南京大学出版社1993年。

14.《杜甫研究》，萧涤非著，齐鲁书社1980年。

15.《杜诗散绎》，傅庚生著，陕西人民出版社1979年。

16.《杜甫叙论》，朱东润著，人民文学出版社1981年。

17.《被开拓的诗世界》，程千帆、莫砺锋、张宏生著，上海古籍出版社1990年。

18.《杜甫诗选》，冯至编选，浦江清、吴天五注，作家出版社1956年。

19.《杜甫诗选注》，萧涤非选注，人民文学出版社1979年。

20.《杜甫选集》，聂石樵、邓魁英选注，上海古籍出版社1983年。